Kohlhammer

**Die Autorin**

Inge Seiffge-Krenke ist Professorin für Entwicklungspsychologie. Sie hat 2020 den EARA Lifetime Achievement Award für ihre herausragenden Beiträge zur Erforschung des Jugendalters erhalten. Sie ist Psychoanalytikerin (DPV) für Erwachsene, Kinder und Jugendliche und als Supervisorin in der Aus- und Weiterbildung tätig.

Inge Seiffge-Krenke

# Die Jugendlichen und ihre Suche nach dem neuen Ich

## Identitätsentwicklung in der Adoleszenz

Verlag W. Kohlhammer

Dieses Werk einschließlich aller seiner Teile ist urheberrechtlich geschützt. Jede Verwendung außerhalb der engen Grenzen des Urheberrechts ist ohne Zustimmung des Verlags unzulässig und strafbar. Das gilt insbesondere für Vervielfältigungen, Übersetzungen, Mikroverfilmungen und für die Einspeicherung und Verarbeitung in elektronischen Systemen.

Die Wiedergabe von Warenbezeichnungen, Handelsnamen und sonstigen Kennzeichen in diesem Buch berechtigt nicht zu der Annahme, dass diese von jedermann frei benutzt werden dürfen. Vielmehr kann es sich auch dann um eingetragene Warenzeichen oder sonstige geschützte Kennzeichen handeln, wenn sie nicht eigens als solche gekennzeichnet sind.

Es konnten nicht alle Rechtsinhaber von Abbildungen ermittelt werden. Sollte dem Verlag gegenüber der Nachweis der Rechtsinhaberschaft geführt werden, wird das branchenübliche Honorar nachträglich gezahlt.

Dieses Werk enthält Hinweise/Links zu externen Websites Dritter, auf deren Inhalt der Verlag keinen Einfluss hat und die der Haftung der jeweiligen Seitenanbieter oder -betreiber unterliegen. Zum Zeitpunkt der Verlinkung wurden die externen Websites auf mögliche Rechtsverstöße überprüft und dabei keine Rechtsverletzung festgestellt. Ohne konkrete Hinweise auf eine solche Rechtsverletzung ist eine permanente inhaltliche Kontrolle der verlinkten Seiten nicht zumutbar. Sollten jedoch Rechtsverletzungen bekannt werden, werden die betroffenen externen Links soweit möglich unverzüglich entfernt.

1. Auflage 2020

Alle Rechte vorbehalten
© W. Kohlhammer GmbH, Stuttgart
Gesamtherstellung: W. Kohlhammer GmbH, Stuttgart

Print:
ISBN 978-3-17-035713-6

E-Book-Formate:
pdf:   ISBN 978-3-17-035714-3
epub:  ISBN 978-3-17-035715-0
mobi:  ISBN 978-3-17-035716-7

# Inhalt

| | | |
|---|---|---|
| 1 | Einleitung: Adoleszenz – die Zeit, in der die Identitätsentwicklung zentrale Bedeutung gewinnt | 13 |

| | | |
|---|---|---|
| 2 | Theorien zur Identitätsentwicklung | 16 |
| 2.1 | Identitätsentwicklung als Lebensaufgabe nach Erik H. Erikson | 17 |
| 2.1.1 | Erik H. Erikson: Der Begründer der psychoanalytischen Identitätstheorie und seine ganz persönliche Identitätskrise | 18 |
| 2.1.2 | Das Phasenmodell der menschlichen Entwicklung | 22 |
| 2.2 | Die klassischen Theorien der Identitätsentwicklung: Erikson und Marcia | 27 |
| 2.2.1 | Eriksons Konzept der Identitätsentwicklung im Jugendalter | 28 |
| 2.2.2 | Der Ansatz von Marcia | 32 |
| 2.2.3 | Weitere Identitätskonzeptionen | 34 |

| | | |
|---|---|---|
| 3 | Selbst und Identität in der Kindheit und im jungen Erwachsenenalter und die Zentralität der adoleszenten Identitätsentwicklung | 36 |
| 3.1 | Selbst- und Identitätsentwicklung in der Kindheit | 37 |
| 3.1.1 | Selbstwahrnehmung in der frühen Kindheit | 38 |

| | | |
|---|---|---|
| 3.1.2 | Selbstwahrnehmung und Selbstcharakterisierung in der mittleren Kindheit | 40 |
| 3.2 | Die Zentralität der Adoleszenz für die Selbst- und Identitätsentwicklung | 43 |
| 3.2.1 | Bedeutende Entwicklungsvoraussetzungen für die Zentralität der Adoleszenz | 44 |
| 3.2.2 | Spannungsbogen zwischen nicht abgeschlossener Hirnentwicklung, Verfrühung der körperlichen Reife und Verspätung der Identitätsentwicklung | 47 |
| 3.3 | Und wie geht's weiter im jungen Erwachsenenalter? | 49 |
| 3.3.1 | Identität als Kombination von Exploration und Commitment | 49 |
| 3.3.2 | Auffallende Veränderungen in den letzten Jahren: Mehr Exploration, Instabilität und eine starke Selbstfokussierung bei jungen Erwachsenen | 51 |

| | | |
|---|---|---|
| **4** | **Die Suche nach dem neuen Ich bei männlichen Jugendlichen** | **54** |
| 4.1 | Die Veränderung der Beziehungen zwischen Vätern und Söhnen und ihre Folgen für die Identitätsentwicklung | 55 |
| 4.1.1 | Sind Söhne noch der »Spiegel« des Vaters? | 56 |
| 4.1.2 | Sind »neue Väter« förderlicher für die Identität von Söhnen? | 58 |
| 4.1.3 | Exploration und die Bedeutung des Väterlichen | 60 |
| 4.1.4 | Väter, die die Identitätsentwicklung ihrer Söhne nicht stützen können | 62 |

| | | |
|---|---|---|
| 4.2 | »Haben und Zeigen«: Identitätsentwicklung und Körperselbst im Kontext von Freunden und der Clique | 65 |
| 4.2.1 | Veränderte Selbstwahrnehmung und Körperwahrnehmung | 65 |
| 4.2.2 | Freunde als Ansprechpartner, mit Freunden geteilte neue Erfahrungen | 67 |
| 4.2.3 | Bedeutung der Jungenclique: »Haben und Zeigen« | 68 |
| 4.3 | Oszillieren zwischen Identitätsbarrieren und -erweiterungen: Homophobie und riskantes Verhalten | 70 |
| 4.3.1 | Vermeidung zu großer Nähe bei der Identitätskonstruktion, riskante Explorationen | 70 |
| 4.3.2 | Identität im Gewaltkontext: Bullying | 73 |
| 4.4 | Erweiterung der Identität durch Zugang zu romantischen Partnern | 75 |
| 4.5 | Aggression, die »Leerstelle Vater« und ihre Bedeutung für die Identitätsentwicklung | 77 |
| 4.6 | Stabilität und Veränderung der Identitätsdimensionen im Jugendalter, langsamere Entwicklung der Jungen | 79 |

| | | |
|---|---|---|
| **5** | **Die Suche nach dem neuen Ich bei weiblichen Jugendlichen** | **83** |
| 5.1 | Identitätsherausforderungen durch die körperliche Reife: Bedeutung der Körperscham, von Narzissmus und Entfremdung | 84 |
| 5.1.1 | Attraktivität, Figurprobleme und Körperentfremdung als typische Merkmale des adoleszenten Körperkonzeptes | 85 |
| 5.1.2 | Bedeutung der Körperscham | 86 |

| | | |
|---|---|---|
| 5.1.3 | Das negativere Körperbild von Mädchen: Seit Jahrzehnten konstant | 88 |
| 5.1.4 | Die Vermarktung des weiblichen Körpers | 91 |
| 5.2 | Ein neuer Blick auf das Selbst: Die relationale Identität der Mädchen in Freundschaftsbeziehungen | 92 |
| 5.2.1 | Die Berücksichtigung des Erlebens anderer, Schamentwicklung und Fortschritte in der Kontrolle von negativen Emotionen | 93 |
| 5.2.2 | Strenge Normen und starke Geschlechtstypisierungen in der Gruppe der Mädchen | 94 |
| 5.2.3 | Intimer Austausch und Co-rumination: Potentiale und Gefahren für die Identitätsentwicklung | 96 |
| 5.3 | Identifikatorische Prozesse, aber auch Gefahren durch die Gleichgeschlechtlichkeit von Mutter und Tochter | 99 |
| 5.3.1 | Eltern als Identitätsbremse – besonders stark bei Mädchen | 100 |
| 5.3.2 | Wenn die Differenzierung misslingt: Die Tochter als Selbstobjekt der Mutter | 102 |
| 5.4 | Unterstützung der Weiblichkeit und die selektive Identifizierung mit dem Vater | 104 |
| 5.4.1 | Die Bedeutung des Vaters für die Entwicklung der Weiblichkeit seiner Tochter | 105 |
| 5.4.2 | Die tüchtige Tochter: Identifizierung mit Differenz | 107 |
| 5.5 | Der Beitrag der romantischen Partner: Noch Platz fürs Selbst? | 109 |
| 5.5.1 | Positive und negative Einflüsse von Partnerschaften | 110 |
| 5.5.2 | Verwirrende Gefühle: »Freunde« oder »Lover«? | 112 |
| 5.5.3 | Noch Platz fürs Selbst: Ein spezifisch weibliches Problem? | 114 |

| | | |
|---|---|---|
| 5.6 | Verringerung der Geschlechtsunterschiede über die Jugendzeit, verstärkte Exploration der Mädchen | 117 |
| **6** | **Sexuelle Identität und bisexuelles Schwanken als normales Entwicklungsphänomen** | **120** |
| 6.1 | Männliche oder weibliche Identität | 121 |
| 6.1.1 | Entwicklungsverlauf und Unterschiede zwischen männlichen und weiblichen Jugendlichen | 122 |
| 6.1.2 | Homosexualität und Bisexualität als sexuelle Orientierung | 124 |
| 6.1.3 | Transgender und das dritte Geschlecht | 127 |
| 6.2 | Bisexuelles Schwanken als Entwicklungsphänomen | 129 |
| 6.2.1 | Ursprünge des Konzepts der Bisexualität bzw. des bisexuellen Schwankens | 130 |
| 6.2.2 | Bisexuelles Schwanken speziell im Jugendalter: das Fünfphasenmodell von Blos | 132 |
| 6.3 | Einige Illustrationen: Bisexuelles Schwanken bei Horney und Colette, ihre Verdeutlichung im Mädchentagebuch | 135 |
| 6.3.1 | Bisexuelles Schwanken bei Karen Horney | 135 |
| 6.3.2 | Bisexuelles Schwanken bei Colette | 137 |
| 6.3.3 | Bisexuelles Schwanken in Mädchentagebüchern | 139 |
| 6.4 | Bisexuelles Schwanken und der Verzicht auf die Phantasie, beide Geschlechter zu sein | 140 |
| 6.4.1 | Bisexualität und vollständiger Ödipuskomplex | 141 |
| 6.4.2 | Die Bedeutung der Doppelidentifikation und der Optimierungsdruck | 142 |

Inhalt

| 7 | **Schule, Werte, Sinn** | **145** |
|---|---|---|
| 7.1 | Identität und Schule | 146 |
| 7.1.1 | Bloß kein Streber sein | 147 |
| 7.1.2 | Schulstress, Zukunftsangst und Orientierungsprobleme | 148 |
| 7.2 | Werte, Ideale, Religion – noch eine Stütze der Identität? | 151 |
| 7.2.1 | Jugendliche Identitäten im Veganismus | 152 |
| 7.2.2 | Politische Verantwortung übernehmen: Fridays for future | 153 |
| 7.2.3 | Sinnkrisen und religiöse Werte | 155 |

| 8 | **Auf der Suche nach Resonanz: Identitätskonstruktion durch alte und neue Medien** | **158** |
|---|---|---|
| 8.1 | Identitätsexploration: Die Sicht auf das Selbst in Tagebüchern | 159 |
| 8.1.1 | Das fortgesetzte Gespräch zur Exploration der eigenen Identität | 160 |
| 8.1.2 | Analysen zur Ich-Entwicklung in Jugendtagebüchern verschiedener Generationen | 162 |
| 8.2 | Das Internet als ideales Medium zur Identitätsentwicklung? | 165 |
| 8.3 | Im Spiegel der anderen: Soziale Medien und Smartphones | 167 |
| 8.3.1 | In ständiger Verbindung bleiben: das Smartphone | 168 |
| 8.3.2 | Im Spiegel der anderen: Selbstvergewisserung mit der Kamera | 169 |
| 8.3.3 | Narrative Identität, die Verführung zur beschönigenden Selbstdarstellung und die Erfindung von Biographien | 170 |
| 8.4 | Gefährliche Foren | 172 |

| | | |
|---|---|---|
| 8.5 | Warum in der Adoleszenz und warum mehr Mädchen? | 174 |

## 9 Das »narzisstische Zeitalter« und ein verändertes Elternverhalten als Einflussfaktoren auf die Identitätsentwicklung — 178

| | | |
|---|---|---|
| 9.1 | Identitätsentwicklung und narzisstische Phänomene in der Adoleszenz | 179 |
| 9.1.1 | Empirische Belege für die Perspektive der Spiegelung des Selbst im anderen | 180 |
| 9.1.2 | Weitergehende starke Selbstfokussierung und Exploration der eigenen Identität im jungen Erwachsenenalter | 182 |
| 9.2 | Das »Zeitalter des Narzissmus« und familiendynamische Veränderungen, die zu einer erhöhten Selbstfokussierung und einer verzögerten Identitätsentwicklung beitragen | 185 |
| 9.2.1 | Gesellschaftliche Veränderungen: Das »narzisstische Zeitalter« | 186 |
| 9.2.2 | Familiendynamische Einflüsse: narzisstischer »Missbrauch« durch die Eltern, elterliche Separationsängste und zu viel Unterstützung | 188 |
| 9.3 | Ineinandergreifen von normaler und pathologischer Entwicklung | 191 |
| 9.3.1 | Der ganz normale Narzissmus? | 191 |
| 9.3.2 | Wenn man nichts wert ist | 194 |

## 10 Der Einfluss des kulturellen Kontexts auf die Identitätsentwicklung — 198

| | | |
|---|---|---|
| 10.1 | Entwicklung der ethnischen Identität: Besonderheiten bei adoptierten Jugendlichen | 200 |

Inhalt

| | | |
|---|---|---|
| 10.2 | Herausforderungen für Jugendliche mit Migrationshintergrund | 202 |
| 10.3 | Identität und Familienbeziehungen in verschiedenen Kulturen | 203 |
| 10.3.1 | Ähnliche Identitätsentwicklung bei Jugendlichen aus vielen Ländern | 204 |
| 10.3.2 | Eltern als Identitätsbremse – ein universelles Phänomen? | 207 |
| 10.4 | Identitätsstress: Der Blick über den Tellerrand | 209 |

**11  Integration und Ausblick**     **212**

Die Bedeutung konzeptueller Differenzierungen    213
Die Schnittstelle zwischen Normalität und Pathologie    214
Warum ist die Adoleszenz so zentral für die Identitätsentwicklung?    215
Differentielle Befunde: Unterschiede in der Identitätsentwicklung von Jungen und Mädchen    216
Geschlechtsidentität – keine einfache Entwicklung    217
Wertorientierungen und ihre Bedeutung für die Identitätsentwicklung    218
Die Spiegelmetapher und die neuen Medien    219
Sind Eltern hilfreich bei der Identitätskonstruktion?    221
Universalität von Identitätsexploration und problematischem elterlichen Einfluss    223

**12  Literatur**     **225**

# 1

## Einleitung: Adoleszenz – die Zeit, in der die Identitätsentwicklung zentrale Bedeutung gewinnt

Auf diese Idee könnte man tatsächlich kommen, wenn man sich die Forschung zur Identitätsentwicklung anschaut. So wurden zwar in der über 650 Studien in Europa and Nordamerika umfassenden Meta-Analyse zur Identitätsentwicklung von Jane Kroger und Kollegen (2010) auch Jugendliche einbezogen, der Schwerpunkt lag aber deutlich im jungen und mittleren Erwachsenenalter. Die Ergebnisse sind über die Länder hinweg recht einheitlich und zeigen, dass die Identitätsentwicklung bei Jugendlichen im Sinne einer Operationalisierung der Eriksonschen Konstrukte (als

Kombination von Exploration und Commitment) gerade erst zaghaft begonnen hat und bis zu ihrem Abschluss noch fast 20 Jahre vergehen werden. Auch dann entwickeln Menschen ihre Identität weiter, besonders heute, wo die Brüchigkeit von Beziehungen und beruflichen Perspektiven häufig Neuorientierungen und Anpassungen in der Identität erfordern.

Dennoch, Erikson, dessen Konzeption diesem Buch zugrunde liegt, hatte meiner Ansicht nach recht: Auch wenn die Identitätsentwicklung prinzipiell ein lebenslanger Prozess ist, kommt der Adoleszenz diesbezüglich doch eine besondere Bedeutung zu. Heute verorten wir die Identitätsentwicklung keineswegs deshalb zentral in der Adoleszenz, weil wir sie, wie Erikson, als in der Adoleszenz für weitgehend abgeschlossen halten, sondern deshalb, weil es keinen Lebensabschnitt gibt, in dem so viele sozial-kognitive Lernprozesse in schneller Folge durchlaufen werden, die für die Entwicklung der Identität aus Beziehungen wichtig und notwendig sind.

Meine These ist, dass sich Identität aus Beziehungen entwickelt (Seiffge-Krenke, 2012a), und die Voraussetzungen für diese relationale Identität sind in keinem Lebensabschnitt so bedeutsam und veränderbar wie in der Adoleszenz. Tatsächlich sind sogar die raschen emotionalen und kognitiven Lernprozesse eine Voraussetzung dafür, dass sich die Identität der Jugendlichen so rasch verändern kann – körperlich, aber auch psychisch und sozial. Auch Susan Harter beschäftigte sich eingehend mit den Facetten dieser Entwicklung und beschrieb und untersuchte die »possible selves« (Harter et al., 1997), die sie zum einen auf kognitive Fortschritte, zum anderen auf den Sozialisationsdruck der Adoleszenz (d.h. die zunehmende Anpassung an erwachsene Rollen und Werte) zurückführt.

Bei der Untersuchung der Lernprozesse, die zum adoleszenten Identitätsstatus führen, ist auffällig, dass in der frühen Kindheit eher die Selbstwahrnehmung und Selbstbeschreibung, in der mittleren und späten Kindheit und verstärkt auch noch in der Adoleszenz eher das Selbstkonzept untersucht wurden. Alle drei Komponenten sind wichtig, aber Identität ist noch umfangreicher und komplexer und umfasst sehr viele verschiedene Facetten.

# 1 Einleitung: Adoleszenz

Erikson (1968) definierte Identität als »ein Gefühl für sich selbst, das aus der Integration vergangener, gegenwärtiger und zukünftiger Erfahrungen resultiert« (S. 36), und betonte sowohl Kontinuität als auch Veränderung über Zeiten und Kontexte. Wir werden also einen komplexeren Ansatz wählen, um diese Gleichheit und Kontinuität über Zeiten und Kontexte zu verdeutlichen. Er wird die geschlechtsspezifische Identitätsentwicklung, die Einflüsse der Familie durchaus auch im Sinne einer »Identitätsbremse« (Seiffge-Krenke, 2012a) und die starke Abhängigkeit der Identitätsentwicklung vom Entwicklungskontext und kulturellen Einflüssen und den Wandel in der Identitätsentwicklung über die Lebensspanne aufgreifen und zeigen, welche zentrale Entwicklungsprozesse in der Adoleszenz stattfinden – auch wenn die Identitätsentwicklung noch lange nicht abgeschlossen ist. Die Spiegelmetapher, die für die Entwicklung im Säuglings- und Kleinkindalter wichtig ist für die Unterscheidung von Ich und Nicht-Ich, erfährt in der Adoleszenz durch die besonderen Fähigkeiten von Jugendlichen eine ganz neue Erweiterung. Sehr viele verschiedenen Perspektiven von anderen Menschen wahrzunehmen, zu integrieren und sich »im Spiegel der anderen« zu sehen und zu erkennen, wird wichtig und lässt sich zum einem an der ungewöhnlich hohe Rate an selbstreflexiven Produkten, aber auch an der intensiven Nutzung der sozialen Medien festmachen.

Dieser Entwicklungsprozess ist nicht ohne Gefährdungen, wie wir am Ende sehen werden. Die Adoleszenz als zentrale Schnittstelle für die Identität kann also zur beschleunigten Weiterentwicklung, aber auch zur Stagnation, ja zur Krise mit psychischen und körperlichen Symptomen führen.

# 2

## Theorien zur Identitätsentwicklung

Die klassischen Theorien der Identitätsentwicklung, jene von Marcia und Erikson, sind auch Grundlage dieses Buches. Die Theorie von Erikson ist jedoch umfangreicher als jene von Marcia, denn sie schließt ein Stufenmodell der psychosozialen Entwicklung ein, in der die Identitätsentwicklung nur eine, wenngleich zentral wichtige Phase darstellt. Außerdem, und dies ist für unsere heutigen multikulturellen Gesellschaften wichtig, hat er eine eindeutige kulturelle Perspektive in seinem Werk und sieht die Identitätsentwicklung immer als abhängig vom kulturellen und Entwicklungskontext.

Ich möchte zunächst auf Erikson selber, seinen Lebensweg, seine Schriften eingehen, bevor das Stufenmodell und dann seine spezifischen Annahmen zur Identitätsentwicklung dargestellt werden. Es ist tatsächlich wichtig, die Identitätsentwicklung in einen größeren Kontext zu stellen, denn sie beginnt und endet keineswegs mit der Adoleszenz. Dies gilt heute in noch viel stärkerem Masse als zu Zeiten Eriksons. Die Adoleszenz schafft nur, wie in Kapitel 3 (▶ Kap. 3) dargestellt, die besonderen Voraussetzungen für ein beschleunigtes Voranschreiten der Identität, und die sind auch notwendig, denn in dieser Phase kommen gänzlich neue Aufgaben auf das Individuum zu. Nach Erikson haben Marcia und in der Folge einige andere Forscher die Identitätskonzeptionen übernommen. Auch dies wird Gegenstand dieses Kapitels sein. Die detaillierten Untersuchungsergebnisse finden sich dann aber ausführlich in Kapitel 3 (▶ Kap. 3).

## 2.1 Identitätsentwicklung als Lebensaufgabe nach Erik H. Erikson

Erik Homburger Erikson (* 15. Juni 1902 bei Frankfurt am Main; † 12. Mai 1994 in Harwich, Massachusetts, USA) war ein deutschamerikanischer Psychoanalytiker und Vertreter der psychoanalytischen Ich-Psychologie. Er ist einer der bedeutendsten Köpfe der Psychoanalyse nach dem 2. Weltkrieg. Mit seiner Weltoffenheit, seiner kreativen Energie und seinem liebenswürdigen Humor gilt er als einer der letztes Grandseigneurs seines Fachgebietes (Conzen, 2002). Er vereinigt klinische Tätigkeit, gesellschaftskritisches Engagement und ethische Prinzipen. Mit seinem Eintreten gegen Gewaltherrschaft, Krieg und Rassismus prägte er in den 1960 und 1970er Jahren das Denken einer ganzen Generation. Als er 1992 im Alter von fast 92 Jahren starb, würdigte der damalige Präsident Bill Clinton ihn als herausragenden Wissenschaftler und steten Anwalt der Humanität. Bekannt wurde er insbesondere durch das von ihm entwickelte Stufenmodell der psychosozialen Entwicklung. In diesem Stufenmodell nimmt die Identitätsentwicklung einen zentralen Platz ein. Sein Werk ist stark von biographischen Erfahrungen geprägt.

### 2.1.1 Erik H. Erikson: Der Begründer der psychoanalytischen Identitätstheorie und seine ganz persönliche Identitätskrise

Eriksons Mutter Karla Abrahamsen stammte aus Kopenhagen und wuchs in einer gut situierten jüdischen Familie auf. Ihr Ehemann, der Börsenmakler Valdemar Salomonsen, verließ sie kurz nach der Hochzeit, und Karla Abrahamsen ging nach Deutschland. Damals war sie bereits schwanger, Salomonsen war jedoch nicht der Vater des Kindes. Diese Unkenntnis, wer sein leiblicher Vater war, belastete Erikson sein Leben lang. Er erfuhr es weder von seiner Mutter noch durch intensive Nachforschungen, die er sein Leben lang anstellte. Er selbst hatte die Vorstellung, dass sein Vater ein dänischer Adeliger war.

Die ersten drei Jahre wuchs Erikson in Frankfurt bei seiner Mutter mit dem Namen *Erik Abrahamsen* auf. Im Jahr 1905 heirateten seine Mutter und der jüdische Kinderarzt Theodor Homburger, der das Kind behandelt hatte. Erikson bekam jetzt den Nachnamen des Stiefvaters und hieß fortan *Erik Homburger*. Die Familie zog nach Karlsruhe. Während seiner gesamten Kindheit wurde ihm verheimlicht, dass sein Stiefvater nicht sein biologischer Vater war. Erikson hatte zwei Halbschwestern, Ellen und Ruth.

Erikson war also der Sohn einer dänischen Jüdin, er hatte einen jüdischen Stiefvater und verbrachte die meiste Zeit seiner Kindheit im wilhelminischen Karlsruhe. Manche antisemitischen Angriffe während seiner Schulzeit machten aus ihm einen scheuen und zurückhaltenden Jugendlichen. Nach dem Besuch des Karlsruher Bismarck-Gymnasiums studierte Erikson teilweise an einer Kunstakademie. Mit der Weigerung, die von den Eltern gewünschte Arztlaufbahn einzuschlagen, folgte nach dem Abitur ein langes krisenhaftes Moratorium. Immer wieder brach Erikson den Versuch, eine künstlerische Ausbildung zu absolvieren, ab. Darauf folgten Wanderjahre teilweise als Künstler und eine innere Unausgeglichenheit, die ihn später, wie er schreibt (Erikson, 1982), zu dem Thema der Identitätskrise disponierte.

Anschließend arbeitete er als Hauslehrer einer amerikanischen Familie in Wien. Sein Schulkamerad Peter Blos hatte ihn nach Wien geholt, als Lehrer an der Burlingham-Rosenfeld-Schule. Erikson war zu jener Zeit Mitte zwanzig und verstand sich selbst als Künstler. Er machte hauptsächlich Holzschnitte und hatte immerhin schon gemeinsam mit Max Beckmann und Wilhelm Lehmbruck in München ausgestellt. Er war an der Kunstakademie eingeschrieben, machte sich aber, rastlos und jugendbewegt, wie er war, immer wieder auf die Wanderschaft und verbrachte eine Zeit in der Toskana. Rückblickend schreibt er: »Ich war zu jener Zeit wohl ein ›Bohemien‹.« Erst in der Wiener Zeit und nur mit Hilfe seines Freundes Peter Blos habe er »regelmäßig arbeiten« gelernt (Erikson 1982, S. 27f.). Über die Familie Burlingham entstand 1927 der Kontakt zur psychoanalytischen Bewegung. Erikson lernte Anna Freud kennen und machte bei ihr seine Lehranalyse als Teil seiner psychoanalytischen Ausbildung. Bekannt wurde er auch mit Sigmund Freud, Paul Federn, Heinz Hartmann, Ernst Kris, Eva Rosenfeld und Helene Deutsch. Das unkonventionelle Klima der frühen Psychoanalyse, die Entlarvung bürgerlicher Heuchelei, übte auf Erikson einen unwiderstehlichen Reiz aus. Hier fand er Ideen, die ihm berufliche und weltanschauliche Identität vermittelten. Er gab die Malerei auf, unterzog sich einer Lehranalyse und ließ sich zum Psychoanalytiker ausbilden. Seine Heirat in diesen Jahren war ein weiterer Faktor für nun zunehmende Stabilität in seinem Leben.

In Wien lernte Erik Erikson 1929 seine spätere Ehefrau, die kanadische Erzieherin und Tanzwissenschaftlerin Joan Serson, kennen. Zwischen 1931 und 1944 hatte das Ehepaar insgesamt vier Kinder: Kai Theodor (* 1931), Jon (* 1933), Sue (* 1938) und Neil (* 1944). Seine Frau Joan wurde seine wichtigste Mitarbeiterin. Das Familienleben war trotz sehr viel Harmonie und Kreativität eher konventionell und von »Mustern des Schweigens« geprägt sowie von der damals üblichen eher distanzierten Beziehung des Vaters zu seinen Kindern, wie seine Tochter beschreibt:

> »Er hatte das Aufziehen der Kinder schon immer meiner Mutter überlassen, weil er sich selbst in all diesen Dingen für erbärmlich inkompetent, meine Mutter dagegen für außerordentlich begabt hielt.«

Da bei Neil nach der Geburt das Down-Syndrom festgestellt wurde, traf Erikson ohne Wissen seiner Ehefrau die Entscheidung, das Kind in ein Heim zu geben. Dies wurde sowohl innerhalb der Familie als auch nach außen tabuisiert – die Familie zog fort, und es bestand kein Kontakt zu dem Kind. Neil starb mit 21 Jahren. Das Aufrechterhalten einer perfekten Fassade belastete die Familie schwer.

Nachdem die Nationalsozialisten 1933 in Deutschland die Macht erlangt hatten, emigrierte Erikson mit seiner Frau und seinem ersten Sohn Kai von Wien über Kopenhagen in die Vereinigten Staaten von Amerika. Er ließ sich in Boston nieder und eröffnete die erste Praxis für Kinderpsychoanalyse in der Stadt. Nach der Ankunft in den USA änderte das Ehepaar den bisherigen Familiennamen »Homburger«: Der Sohn Kai bekam stattdessen den Nachnamen »Erikson« – von »Eriks Sohn« in Anlehnung an skandinavische Traditionen der Nachnamensgebung. Auch Joan und die später geborenen Kinder erhielten diesen Familiennamen. Lediglich Erikson selbst behielt den Nachnamen seines Stiefvaters als mittleren Bestandteil seines Namens: »Erik H. Erikson«.

Eriksons Ideen über Kultur und Gesellschaft wurden beflügelt durch die Bekanntschaft mit A. Kroeber, einem deutschen Anthropologen, der in Berkeley einen der letzten Überlebenden der Yahi-Indianer in die westliche Zivilisation gebracht und die Anpassungsversuche von Ishi beobachtet und beschrieben hatte. Zusammen mit Kroeber lebte er im Jahr 1938 eine Zeitlang mit einer Untergruppe der Sioux-Indianer, den Oglaja, im Pine Ridge Reservat, Süd Dakota, zusammen und analysierte deren Zusammenleben und die Kindererziehung. Im folgenden Jahr wurde Erikson amerikanischer Staatsbürger. Später reiste er auch an die nordkalifornische

## 2.1 Identitätsentwicklung als Lebensaufgabe nach Erik H. Erikson

Westküste, um den indianischen Fischerstamm der Yurok zu studieren. Beide Indianerstämme hatten sehr verschiedene Lebensräume und entwickelten auch sehr verschiedene Identitäten.

Nach seiner Emigration – er war von 1934 bis 1970 als Psychotherapeut, Dozent, Berater und schließlich als Hochschullehrer tätig – blieb das Werk von Sigmund Freud seine wichtigste geistige Prägung. In seiner Weiterentwicklung Freudianischer Ideen, mit seiner Stufenfolge der Entwicklung und der Identitätstheorie bezeichnete er sich als Stiefsohn Freuds. In den USA wurde er schließlich – ohne jemals ein Universitätsstudium absolviert zu haben – Professor für Entwicklungspsychologie an den Elite-Universitäten Berkeley und Harvard. Im Jahr 1959 wurde er in die American Academy of Arts and Sciences gewählt. In Harvard entwickelte und veröffentlichte er sein berühmt gewordenes Stufenmodell der psychosozialen Entwicklung, das auf dem Freudschen Modell psychosexueller Entwicklung aufbaut. Es untergliederte die Entwicklung des Menschen von seiner Geburt an bis zum Tod in acht Phasen. In jeder dieser Phasen des Entwicklungsmodells kommt es zu einer entwicklungsspezifischen Krise, deren Lösung den weiteren Entwicklungsweg bahnt. Das Schlüsselkonzept Eriksons zum Verständnis der menschlichen Psyche ist die Identität bzw. die Ich-Identität.

Neben der Kinder- und Entwicklungspsychologie beschäftigte sich Erikson auch mit Ethnologie. Erikson verfasste ab den 1950er Jahren psychoanalytisch orientierte Biografien über Martin Luther und Mahatma Gandhi, unter anderem im Zusammenhang mit dem von ihm begründeten Begriff der Generativität. Unter Generativität versteht Erikson im weitesten Sinne den Drang zu helfen, zu heilen, für die nächste Generation zu sorgen, etwas zum Gemeinwohl beizutragen. Mit seinem Buch über Luther wurde er zu einem Vorreiter der Psychohistorie. Für die Biografie über Mahatma Gandhi (*Gandhi's Truth,* 1969) erhielt Erikson 1970 den Pulitzer-Preis. Zahlreiche weitere Ehrungen und Preise krönten das Lebenswerk des genialen Autodidakten (Conzen, 2017).

Mitte der 1980er Jahre begann Erikson sich emotional und geistig immer mehr zurückzuziehen. In dieser Phase setzte seine Frau die Arbeit zunehmend alleine fort. Zeit seines Lebens kämpfte Erikson mit einer Neigung zur Depression. Er litt unter Gefühlen der eigenen Wertlosigkeit, Unsicherheit und Unzulänglichkeit. Als er 1929 seine Frau kennenlernte, hatte er sich gerade von einer schweren Depression erholt. Seine Frau wurde ihm aufgrund ihrer emotionalen Stärke lebenslang zu einer unverzichtbaren Stütze.

### 2.1.2 Das Phasenmodell der menschlichen Entwicklung

Erikson entwickelte das Phasenmodell zusammen mit seiner Frau Joan Erikson (1903-1997) – er hatte nicht studiert, sie dagegen schon. Er selbst gab später an, er könne seinen eigenen Anteil von dem ihren nicht unterscheiden; auch die Tochter beschreibt das Arbeiten der Eltern explizit und ausführlich als »Arbeitsteilung«. Dabei führte die wechselseitige emotionale Abhängigkeit zu zahlreichen Spannungen, die jedoch nicht offen thematisiert wurden. Darüber hinaus übersetzte bzw. korrigierte Joan seine Arbeiten, da sie Englisch als Muttersprache gelernt hatte. In seinen letzten Jahren und nach seinem Tod entwickelte sie das gemeinsame Modell weiter und ergänzte eine 9. Lebensphase des hochbetagten Alters.

Erikson beschreibt in diesem Stufenmodell die psychosoziale Entwicklung des Menschen. Diese entfalte sich im Spannungsfeld zwischen den Bedürfnissen und Wünschen des Individuums und den sich im Laufe der Entwicklung permanent verändernden Anforderungen der sozialen Umwelt. Eriksons Entwicklungstheorie spricht den Beziehungen bzw. der Interaktion des Kindes mit seiner personalen (und gegenständlichen) Umwelt eine wesentliche Rolle für die psychische Entwicklung zu. Im Vergleich zu Freuds Modell gibt er dem Unbewussten und der psychosexuellen Dimension weniger Raum. Erikson erweiterte damit auf der Grundlage der Freudschen Phasen infantiler Triebentwicklung die Psychoanalyse um die psychologische Dimension der Ich- und Identitätsentwicklung im gesamten Lebenslauf. Erikson hat immer vor der unkritischen Ausblendung von Ängsten und Konflikten gewarnt, und so ist es auch zu verstehen, dass er in seinem Phasenmodell jede Entwicklungsstufe, die von ihm als normative Krise bezeichnet wird, durch Polaritäten einer geglückten und einer problematischen Entwicklung gekennzeichnet wird.

Dabei wird angenommen, dass diese Phasen altersspezifisch aufeinander aufbauen, d. h. die Lösung einer altersspezifischen Krise die Voraussetzung für das Voranschreiten der Entwicklung und die Lösung der folgenden Krise ist. Kritisch ist zu bemerken, dass die Vorstellungen der persönlichen Reife teilweise etwas Normatives haben und insbesondere in den letzten 3 Phasen stark am Familienzyklus orientiert sind. Die ersten Phasen sind auch noch sehr deutlich an die Freud'sche Entwicklungstheorie angelehnt.

### Die acht Phasen der psychosozialen Entwicklung nach Erikson (1959, dt. 1971)

*Phase 1: Ur-Vertrauen vs. Ur-Misstrauen (1. Lebensjahr)*

Das Gefühl des Ur-Vertrauens bezeichnet Erikson (1971) als ein »Gefühl des Sich-Verlassen-Dürfens« (ebenda: S. 62). Hierzu ist das Kind auf die Verlässlichkeit der Bezugspersonen angewiesen. Die Bindung zu der Mutter und die damit verbundene Nahrungsaufnahme spielt eine bedeutende Rolle, da sie die erste Bezugsperson, die Welt, repräsentiert. Werden dem Kind Forderungen nach körperlicher Nähe, Sicherheit, Geborgenheit, Nahrung etc. verweigert, entwickelt es Bedrohungsgefühle und Ängste, da eine weitgehende Erfüllung dieser Bedürfnisse lebenswichtig ist. Außerdem verinnerlicht es das Gefühl, seine Umwelt nicht beeinflussen zu können und ihr hilflos ausgeliefert zu sein. Hier entsteht die Gefahr der Etablierung eines Ur-Misstrauens. Es können infantile Ängste des Verlassenwerdens entstehen (ebenda.S. 63).

*Phase 2: Autonomie vs. Scham und Zweifel (1. bis 3. Lebensjahr)*

Erikson bezeichnet dieses Stadium als »entscheidend für das Verhältnis zwischen Liebe und Hass, Bereitwilligkeit und Trotz, freier Selbstäußerung und Gedrücktheit« (ebenda S.76). Beschrieben werden die zunehmende Autonomieentwicklung des Kindes und ihre Bedeutung für die Manifestierung eines positiven Selbstkonzeptes bzw. einer Identität. Die Bedingung für Autonomie wurzelt in einem festen Vertrauen in die Bezugspersonen und sich selbst, setzt also die Bewältigung der Phase »Vertrauen versus Misstrauen« voraus. Das Kind muss das Gefühl haben, explorieren oder seinen

Willen durchsetzen zu dürfen, ohne dass dadurch das Vertrauen-Können und Geborgen-Sein in Gefahr gerät. Hier spielt Erikson zufolge die Emotion Scham eine wichtige Rolle. Die weitgehende oder permanente Einschränkung der explorativen Verhaltensweisen des Kindes führt dazu, dass es seine Bedürfnisse und Wünsche als schmutzig und nicht akzeptabel wahrnimmt. Was sich somit beim Kind etabliert ist schließlich Scham und der Zweifel an der Richtigkeit der eigenen Wünsche und Bedürfnisse.

*Phase 3: Initiative vs. Schuldgefühle (3. bis 5. Lebensjahr)*
Findet das Kind mit vier oder fünf Jahren zu einer bleibenden Lösung seiner Autonomieprobleme, steht es Erikson zufolge bereits vor der nächsten Krise. Er legt hier seinen Fokus stark auf die Bewältigung oder Nichtbewältigung des Ödipuskomplexes. Die symbiotische Beziehung zwischen Mutter und Kind öffnet sich, und das Kind erkennt die Bedeutung anderer Personen im Leben der Mutter. Weiter geht es in erster Linie um eine gesunde Meisterung der kindlichen Moralentwicklung. Die Grundlage für die Entwicklung des Gewissens ist gelegt, das Kind fühlt sich unabhängig von der Entdeckung seiner »Missetaten« beschämt und unwohl.»Gegebenenfalls verinnerlicht das Kind die Überzeugung, dass es selbst und seine Bedürfnisse dem Wesen nach schlecht seien.« Im Gegenzug dazu beschreibt Erikson das Kind, welches diese Krise bewältigen kann, als begleitet vom Gefühl »ungebrochener Initiative als Grundlage eines hochgespannten und doch realistischen Strebens nach Leistung und Unabhängigkeit« (ebenda S. 87f).

*Phase 4: Werksinn vs. Minderwertigkeitsgefühl (6. Lebensjahr bis Pubertät)*
Kinder in diesem Alter wollen zuschauen, mitmachen, beobachten und teilnehmen; wollen, dass man ihnen zeigt, wie sie sich mit etwas beschäftigen und mit anderen zusammenarbeiten können. Das Bedürfnis des Kindes, etwas Nützliches und Gutes zu machen, bezeichnet Erikson als Werksinn bzw. Kompetenz. Kinder wollen nicht mehr »so tun, als ob« - jetzt spielt das Gefühl, an der Welt der Erwachsenen teilnehmen zu können, eine große Rolle. Sie wollen etwas herstellen und dafür Anerkennung erhalten, ebenso für ihre geleisteten kognitiven Fähigkeiten. Dem gegenüber steht in dieser Phase die Entwicklung eines Gefühls der Unzulänglichkeit und Minderwertigkeit. Dieses Gefühl kann sich immer dann etablieren, wenn der Werksinn des Kindes überstrapaziert wird. Überschätzung - ob vom Kind oder von seiner Umwelt ausgehend - führt zum Scheitern, Unterschätzung zum Minderwertigkeitsgefühl.

## 2.1 Identitätsentwicklung als Lebensaufgabe nach Erik H. Erikson

*Phase 5: Ich-Identität vs. Ich-Identitätsdiffusion (Jugendalter)*
Identität bedeutet, dass man weiß, wer man ist und wie man in diese Gesellschaft passt. Aufgabe des Jugendlichen ist es, all sein Wissen über sich und die Welt zusammenzufügen und ein Selbstbild zu formen, das für ihn und die Gemeinschaft gut ist. Seine soziale Rolle gilt es zu finden. Ist eine Rolle zu strikt, die Identität damit zu stark, kann das zu Intoleranz gegenüber Menschen mit anderen Haltungen führen. Der Druck der Peer-Group kann dazu führen, »den anderen [Fremden]« nicht zu akzeptieren. Mit einer noch nicht gefestigten eigenen Identität kann der Jugendliche sich im seltensten Fall von der Meinung seiner Peer-Group absetzen und seine eigene Meinung bilden. Schafft der Jugendliche es nicht, seine Rolle in der Gesellschaft und seine Identität zu finden, führt das nach Erikson zu Zurückweisung. Menschen mit dieser Neigung ziehen sich von der Gesellschaft zurück und schließen sich unter Umständen Gruppen an, die ihnen eine gemeinsame Identität anbieten.

*Phase 6: Intimität vs. Isolation (frühes Erwachsenenalter)*
Aufgabe dieser Entwicklungsstufe ist es, ein gewisses Maß an Intimität zu erreichen, anstatt isoliert zu bleiben. Die Identitäten sind gefestigt, und es stehen einander zwei unabhängige Egos gegenüber. Es gibt viele Dinge im modernen Leben, die dem Aufbau von Intimität entgegenstehen (z. B. Betonung der Karriere, großstädtisches Leben, die zunehmende Mobilität). Wird zu wenig Wert auf den Aufbau intimer Beziehungen (was auch Freunde etc. mit einbezieht) gelegt, kann das nach Erikson zur Exklusivität führen, was heißt, sich von Freundschaften, Liebe und Gemeinschaften zu isolieren. Wird diese Stufe erfolgreich gemeistert, ist der junge Erwachsene fähig zur Liebe. Damit meint Erikson die Fähigkeit, Unterschiede und Widersprüche in den Hintergrund treten zu lassen.

*Phase 7: Generativität vs. Stagnation und Selbstabsorption (Erwachsenenalter)*
Generativität bedeutet die Liebe in die Zukunft zu tragen, sich um zukünftige Generationen zu kümmern, Kinder großzuziehen. Erikson zählt dazu nicht nur eigene Kinder zu zeugen und für sie zu sorgen, sondern auch das Unterrichten, die Künste und Wissenschaften und soziales Engagement. Also alles, was für zukünftige Generationen »brauchbar« sein könnte. Stagnation ist das Gegenteil von Generativität: sich um sich selbst kümmern und um niemanden sonst. Zu viel Generativität heißt, dass man sich selbst vernachlässigt zum Wohle anderer. Stagnation führt dazu, dass Niemand so wichtig ist wie wir selbst. Wird die Phase erfolgreich abgeschlossen, hat

man die Fähigkeit zur Fürsorge erlangt, ohne sich selbst dabei aus den Augen zu verlieren.

*Phase 8: Ich-Integrität vs. Verzweiflung (reifes Erwachsenenalter)*
Der letzte Lebensabschnitt stellt den Menschen vor die Aufgabe, auf sein Leben zurückzublicken. Anzunehmen, was er getan hat und geworden ist, und den Tod als sein Ende nicht zu fürchten. Angst vor dem Tod oder auch der Glaube, noch einmal leben zu müssen, etwa um es dann besser zu machen, führen zur Verzweiflung. Setzt sich der Mensch in dieser Phase nicht mit Alter und Tod auseinander (und spürt nicht die Verzweiflung dabei), kann das zur Anmaßung und Verachtung dem Leben gegenüber (dem eigenen und dem aller) führen. Wird diese Phase jedoch erfolgreich gemeistert, erlangt der Mensch das, was Erikson Weisheit nennt – dem Tod ohne Furcht entgegensehen, sein Leben annehmen und trotzdem die Fehler und das Glück darin sehen können.

Jede der acht Phasen stellt demnach eine Krise dar, mit der das Individuum sich aktiv auseinandersetzten sollte. Die Stufenfolge ist für Erikson unumkehrbar. Die erfolgreiche Bewältigung einer Entwicklungsphase liegt in der Klärung des Konflikts auf dem positiv ausgeprägten Pol. Die vorangegangenen Phasen bilden somit das Fundament für die kommenden Phasen, und angesammelte Erfahrungen werden verwendet, um die Krisen der höheren Lebensalter zu verarbeiten. Dabei wird ein Konflikt nie vollständig gelöst, sondern bleibt ein Leben lang aktuell, war aber auch schon vor dem jeweiligen Stadium als Problematik vorhanden. Das wird besonders deutlich beim Identitätsthema, wie noch zu zeigen sein wird.

Die erste Fassung des Stufenmodells wurde 1950 im Buch *Childhood and Society* unter »Wachstum und Krisen der gesunden Persönlichkeit« veröffentlicht. Es ist interessant zu sehen, dass es offenkundig nicht ganz einfach ist, die Phase, in der man gerade steht, konzeptuell zu bearbeiten. Erikson ist selbst ein gutes Beispiel dafür, dass man in der Regel nicht den Blick hat für die eigene Entwicklungsphase, sondern das dies eher durch eine Sicht von außen ermöglicht wird (Seiffge-Krenke, 2012a):

Das siebte Stadium Generativität war ursprünglich gar nicht vorgesehen. Wie ist es entstanden? Erikson war mit seiner Frau auf dem Weg zu einem Vortrag; von Berkeley aus wollte er den Zug nach Los Angeles nehmen. Zu diesem Zeitpunkt hatten sie drei kleine Kinder. Während der Autofahrt von Berkeley zur Train Station San Francisco amüsierten sie sich darüber, dass Shakespeare, als er die »Seven ages of men« aus »As you like it« beschrieben hat, komplett das Play Stage vergessen hatte, und kamen sich sehr weise vor. »Oh Schreck, er hat sieben Stadien und das Spielstadium vergessen. Haben wir nicht auch sieben Stadien? Was haben wir eigentlich übersehen? Wir sind von Intimität, Stadium 6, zu Integrität im höheren Erwachsenenalter, Stadium 7, gesprungen«. Während der Autofahrt, die Zeit eilte, haben Erikson und seine Frau relativ schnell ein neues, ein siebtes Stadium entwickelt, die Generativität. Interessanterweise sind sie auf das Stadium, in dem sie sich selber befanden, Generativität, erst durch einen Zufall gekommen (Erikson, 1982/1997).

Nach Eriksons Tod hat seine Frau Joan eine Weiterentwicklung des Modells vorgelegt, in dem sie 9 Phasen postuliert (Erikson, 1982/1997). Die letzte Phase der *Gerotranszendenz* setzt sich mit dem Altern und dem Tod auseinander. Sie ordnet sie den 80- und 90-Jährigen zu, die sich mit körperlichen Einschränkungen und Verfall, Aufgeben der Autonomie beschäftigen müssen, und nennt sie »a second childhood without play« (Erikson 1982/1997, S. 118). Die Perspektive liegt hier auf dem Kosmischen, Transzendenten, dem Eins-Sein mit der Welt.

## 2.2 Die klassischen Theorien der Identitätsentwicklung: Erikson und Marcia

Die Entwicklung des Selbst, der Identität als »subjective feeling of sameness and continuity across times and contexts« ist für Erikson (1959, S. 21) eine lebenslange Aufgabe, die sich am Ende des Lebens noch einmal verstärkt stellt. Dennoch hat er damals die entscheidenden Impulse für die Identitätsentwicklung zentral in der Adoleszenz zwischen den Polen Identitätssynthese und Identitätskonfusion angesiedelt und von deren Scheitern eine Beeinträchtigung der folgenden Entwicklungsaufgaben (Intimität und Partnerschaft) postuliert. Im Unterschied zu früheren psychoanalytischen Ansätzen, die die Bedeutung der Triebdynamik in der Adoleszenz (S. Freud) und die entsprechenden Abwehrprozesse ins Zentrum der Adoleszentenentwicklung stellten (A. Freud), hat er den psychoanalytischen Raum sehr erweitert. Erikson hat eine Konzeption vorgelegt, in der er die individuelle Entwicklung des Einzelnen und gesellschaftliche Anforderungen, aber auch eigene Kompetenzen einbezieht, eine Idee die später von Havighurst (1956) in seinem Konzept der altersspezifischen Entwicklungsaufgaben aufgegriffen wird: Es gibt für jede Entwicklungsphase typische Aufgaben des Individuums, die von der Gesellschaft an es herangetragen werden und die es kompetent realisieren, bewältigen muss.

### 2.2.1 Eriksons Konzept der Identitätsentwicklung im Jugendalter

Das Jugendalter wurde erstmals von Erikson (1968) als eine Phase beschrieben, die für den lebenslangen Prozess der Identitätsentwicklung von herausragender Bedeutung ist. In seiner Theorie der psychosozialen Entwicklung nahm er an, dass acht Themen lebenslang identitätsrelevant sind, von denen jeweils eines altersabhängig besonders drängend und krisenhaft ist. Die aktive Auseinandersetzung mit der jeweiligen lebensphasentypischen Krise ist dabei für die Bewältigung der nachfolgenden Krise hilfreich. Sein Modell ist also eine Stufenfolge von aufeinander aufbauenden Entwicklungsschritten mit spezifischen Herausforderungen, die jeweils gelöst werden müssen. Obwohl er annahm, dass der generelle Zeitplan des Durchlaufens der phasenspezifischen Krisen stark an Bedingungen der biologischen Reife geknüpft ist, betonte er die Bedeutung von Kultur und sozialer Umwelt für ihre Lösung.

## 2.2 Die klassischen Theorien der Identitätsentwicklung: Erikson und Marcia

Die Krise, die nach Erikson das Jugendalter charakterisiert, war zwischen den Polen *Identitätssynthese* (d. h. der Integration von früheren Identitätsaspekten und Identifikationen aus der Kindheit) und *Identitätskonfusion* (der Unfähigkeit, das Ganze zu einer kohärenten Identität zu integrieren) angesiedelt. Sie besteht in der Herausforderung, die eigene Identität zu definieren. Ihr wird die größte Bedeutung von allen zu bewältigenden Krisen beigemessen. Sie ist dadurch charakterisiert, dass der junge Mensch das, was er bisher von den Eltern unhinterfragt übernommen hat, z. B. politische, religiöse oder sexuelle Orientierung, in Zweifel zieht. Idealerweise wird eine möglicherweise sich einstellende Identitätsdiffusion aufgehoben, in dem der Jugendliche sich mit verschiedenen alternativen Identitätsformen auseinandersetzt, um sich dann aktiv und autonom für eine Lebensform zu entscheiden.

»Ab der Pubertät werden alle Identifizierungen und Sicherungen, auf die man sich bisher verlassen konnte, in Frage gestellt« (Erikson, 1971, S. 106). Er unterstreicht, dass die Identitätsentwicklung im Jugendalter nicht einfach die Summe der Kindheitsidentifikationen darstellt, sondern ein Integrationsprozess einsetzt von alten und neuen Identifikationen und Fragmenten, wobei die Identifizierungen mit den Eltern überprüft und neue Identifizierungen mit anderen (Erwachsenen, Freunden, romantischen Partnern) entwickelt werden. Das Gefühl der Ich-Identität ist also eine Integrationsleistung, bei der Einheitlichkeit und Kontinuität angestrebt wird. Dieser Prozess ist krisenreich und gefährlich, deshalb gab es schon zu allen Zeiten und in allen Gesellschaften institutionalisierte psychosoziale Schonzeiten oder Aufschübe, in denen junge Menschen die Möglichkeit der Selbstfindung ausprobieren konnten. Wie in Kapitel 3 (▶ Kap. 3) und 9 (▶ Kap. 9) ausgeführt, ist diese »Schonfrist« inzwischen besonders ausgedehnt worden. Erikson verweist in diesem Zusammenhang auf Arthur Millers »Tod eines Handlungsreisenden« (1949), wo einer der Söhne (Biff) sagt: »I cannot get hold of my life« – »Ich kann es einfach nicht zu fassen kriegen, ich kann mein Leben nirgends festhalten.« Wir werden noch auf die neue Entwicklungsphase des »emerging adulthood« eingehen, wo der Aufschub besonders deutlich ist. Es gab also auch schon vor vielen Jahrzehnten junge Leute, die die integrative Leistung nicht schafften.

Die Arbeiten Eriksons (1959, 1968, 1971) sind insofern innovativ, als er in Absetzung von den frühen psychoanalytischen Ansätzen von Sigmund und Anna Freud das Phänomen der Adoleszenz nicht nur durch eine Zunahme der Triebimpulse begründet, sondern es als eine psychosoziale Notwendigkeit darstellt, die wesentlich zur Integration des Individuums in die Gesellschaft beiträgt. Durch die Postulierung von acht psychosozialen Phasen der Ich-Entwicklung, die sich über den Zeitraum von der Geburt bis ins hohe Alter erstrecken, erweitert er die Auffassung Freuds, für den die Persönlichkeitsentwicklung auf die kindlichen Phasen beschränkt blieb. Auch andere Theoretiker der Psychoanalyse haben einen Schwerpunkt auf die frühe Kindheit gelegt und die Latenz kaum, die Adoleszenz nur unter Triebaspekten konzeptualisiert. Die Adoleszenz, als fünfte von Eriksons Grundphasen, wird durch die Antithese von Identität vs. Identitätsdiffusion charakterisiert und hat, wie erwähnt, eine Schlüsselstellung im Lebenslauf inne. Sie ist die entscheidende Phase, von der aus reife Partnerbeziehungen und später ggfs Elternschaft möglich werden. Tatsächlich würde eine Person mit unreifer Identität bei der Idee der Verschmelzung mit einer anderen Person eher Angst entwickeln. Ein gefestigtes Identitätsgefühl, ein abgegrenztes Körpererleben und Selbstbewusstsein ist notwendig, damit man sich auf intime Beziehungen und Sexualität einlassen kann – so Erikson. Der Zusammenbruch, der Indikator für eine Identitätsdiffusion, ist oftmals zeitlich später zu bemerken, wenn etwa neue Anforderungen (der nächsten Phase) auf den Jugendlichen zukommen, also etwa Berufswahl, Intimität mit einem Partner etc. »Jetzt enthüllt sich die latente Schwäche der Identität« (Erikson, 1971, S. 157). Erikson weist darauf hin, dass Personen mit einer Identitätsdiffusion auch an einer Störung der Leistungsfähigkeit (»Diffusion des Werksinns«, S. 158) leiden.

Zur Erprobung der Identitätsfacetten und der verschiedenen Identifizierungen gehört nach Erikson auch ein spielerisches Experimentieren, auch oft gewagtes Experimentieren mit Alternativen – real und in der Phantasie. Erikson spricht von einem »Hinauslehnen über Abgründe« (Erikson 1971, S. 145). In diesem Zusammenhang erläutert er auch das Konzept der negativen Identität: »Prahlerische und wütende Widersetzlichkeit gegen alles, was dem jungen Menschen aus der Familie oder der unmittelbaren Umgebung als gute, wünschenswerte Rolle nahegelegt wird« (S. 163). »Jedenfalls«, fährt er fort, »ziehen es manche Jugendliche vor, statt des fortgesetzten Diffusionsgefühls lieber ein Niemand oder ganz und gar schlecht oder gar tot zu sein« (S. 168).

Erikson weist darauf hin, dass Jugendliche eines Moratoriums bedürfen, in dem sie all dieses ausprobieren, bevor sie als junge Erwachsene endgültig eine spezialisierte Arbeit aufnehmen können und zur »echten Intimität« fähig sind (Erikson, 1968). Die endgültige Identität, wie sie am Ende der Adoleszenz feststeht, schließt die Auseinandersetzung mit allen bedeutsamen Identifizierungen der Vergangenheit in sich ein, aber sie verändert diese auch und integriert sie mit neuen Facetten zu einem einzigartigen zusammenhängenden Ganzen. Damit nähert sich Erikson sehr stark an Befunde an, die in der Entwicklungspsychologie, u. a. auf der Grundlage umfangreicher Studien, gegenwärtig bekannt sind.

Verschiedentlich ist kritisiert worden, dass die Engfassung der Phasen mit ihrer Normierung an Altersstufen heute, vor allem für postmoderne Gesellschaften, so nicht mehr gültig sei. Auch wenn man die starke Familienorientierung in den Entwicklungsphasen und die nicht umkehrbare Sequenzierung kritisch sehen mag: Die Konzeption von Erikson mit ihrer Annahme der verschiedenen Entwicklungsstufen und ihrem Aufbau aufeinander ist heute noch von Bedeutung. So konnten wir anhand unserer Längsschnittdaten zeigen, dass erst eine reife Identität die Aufnahme qualitativ hochwertiger intimer Partnerbeziehungen möglich macht (Seiffge-Krenke & Beyers, 2016). In unserer Längsschnittstichprobe waren nur Personen, die eine reife, erarbeitete Identität hatten, auch später zu hochintimen, anspruchsvollen Partnerbeziehungen in der Lage. Allerdings war interessant, dass die Bindung eine entscheidende moderierende Funktion hatte. Dies unterstreicht, was auch schon Erikson formuliert hat, dass nämlich frühe Interaktionen und Beziehungen (»Vertrauen«) den Grundstein für die Identitätsentwicklung legen, ein Ansatz, der auch in diesem Buch vertreten wird.

### 2.2.2 Der Ansatz von Marcia

Ähnlich wie Erikson kombiniert der kanadische Forscher James E. Marcia klinische Praxis mit Entwicklungspsychologie. Bis zu seiner Emeritierung arbeitete er als Professor an der Fraser University in Columbia und teilweise auch an der New York University, Buffalo. Marcia greift Eriksons Theorie auf und elaboriert, die Adoleszenz sei weder durch eine Identitätsfindung noch eine Identitätsdiffusion gekennzeichnet. Diese Phase sei besser dadurch zu verstehen, dass das Individuum in verschiedenen Lebensbereichen (Politik, Sexualität, Religion, Freundschaft etc) exploriert und sich nach der Exploration festlegt. Er entwickelte ein semistrukturiertes Identitätsinterview (*Identity Status Interview*), das nach diesen beiden Komponenten in den verschiedenen Lebensbereichen fragt und entsprechend ausgewertet werden kann.

Marcia (1966) hat die von Erikson beschriebene »Identitätskrise« in der Adoleszenz also weiter ausdifferenziert. Er unterscheidet vier Identitätszustände (Identitätsstatus genannt), die auf den Dimensionen Exploration (Identitätserkundung) und Commitment (Festlegung auf einen Entwurf) dargestellt werden können. Die eher kognitive Dimension der Exploration ist definiert als das Suchen nach Informationen und Erfahrungen, die relevant für das Verständnis der eigenen Identität sind (z.B. Erkundung der eigenen sexuellen Orientierung, einer politischen Überzeugung, der persönlichen Präferenz für einen bestimmten Beruf u. ä.). Jugendliche explorieren solche Identitätsaspekte, indem sie gezielt nach Informationen suchen, z.B. im Internet oder in Büchern, in Gesprächen mit Betroffenen oder Freunden, den Eltern. Commitment ist dagegen eine eher affektive Dimension und zeigt sich darin,

## 2.2 Die klassischen Theorien der Identitätsentwicklung: Erikson und Marcia

wie sehr sich der Jugendliche in Bezug auf die jeweilige Orientierung verpflichtet oder gebunden fühlt. Auch für Marcia ist also das Jugendalter durch die gezielte Wahl und Ausgestaltung unterschiedlicher Identitätsaspekte gekennzeichnet.

Marcia (1993) kam auf der Grundlage seiner semistrukturierten Interviews zu vier verschiedenen Identitätsstatus, die sich durch ein unterschiedliches Mischungsverhältnis der beiden Komponenten Exploration und Commitment ergeben. So ist eine erarbeitete Identity (*achieved identity*) dadurch gekennzeichnet, dass man erst ausführlich exploriert und sich dann schließlich verbindlich festlegt. Demgegenüber ist *foreclosure* dadurch gekennzeichnet, dass man sich auf eine bestimmte Identität festlegt, ohne zuvor alternative Optionen erkundet zu haben. Die von ihm beschriebene vier Identitätsstatus (zu nennen wäre noch das *Moratorium*, wo man nur exploriert, und der *diffuse Status*, wo man weder exploriert noch sich festlegt) sind später in vielen Studien bestätigt worden (▶ Kap. 3). Durch diese Differenzierung in ein ganz unterschiedliches Mischungsverhältnis von Exploration und Commitment ist die Forschung sehr vorangetrieben worden, da man nun ganz unterschiedliche Entwicklungstypen verfolgen konnte.

|  |  | Commitment | |
|---|---|---|---|
|  |  | JA | NEIN |
| Exploration | JA | Erarbeitete Identität | Moratorium |
|  | NEIN | Übernommene Identität | Diffusion |

**Abb. 1:** Identitätsstatus nach Marcia (1993)

Neuere Identitätskonzeptionen haben die Komponenten der Exploration und des Commitment dann weiter differenziert. Dies unterstreicht, dass die Veränderung des Entwicklungskontextes und kulturelle Gegebenheiten konzeptuelle Erweiterungen notwendig machten. So gehen wir heute eher von vier bzw. fünf verschiedenen Dimensionen der Identität aus (▶ Kap. 3). Einig sind sich die Forscher aber insoweit, als alle davon ausgehen, dass die meisten Jugendlichen typischerweise durch ein Stadium des Moratoriums und nach verschiedenen Optionen dann später zu einer Festlegung im Sinne einer erarbeiteten Identität kommen. Die meisten Studien werden gegenwärtig mit dem Marcia Paradigma und seinen aktuellen Erweiterungen gemacht. Hunderte von Studien wurden dazu in Europa und Nordamerika durchgeführt – mit sehr einheitlichen Ergebnissen, auf die in Kapitel 3 (▶ Kap. 3) genauer eingegangen wird.

### 2.2.3 Weitere Identitätskonzeptionen

In diesem Buch werden noch weitere Konzepte vorgestellt, so das Konzept der Ich-Entwicklung von Loevinger (▶ Kap. 8) und die Konzeption der Identität der Arbeitsgruppe um Wim Meeus (▶ Kap. 4). Zunächst sollen aber noch einige weitere Konzeptionen kurz vorgestellt werden, die sich eng an die Konzeption von Marcia anlehnen. Diese Konzeptionen sind zwar nicht direkt für das Jugendalter entwickelt, lassen sich aber darauf anwenden:

Dazu zählt die *Identity Based Motivation Theory* von Elmore & Oysermann (2012). Identitätskongruentes Verhalten wird als besonders bedeutsam und relevant erlebt und motiviert besonders. Auch Theorien über Selbstpräsentation und Eindrucksmanagement sind hier zu nennen (Hannover & Zander, 2016); dabei geht man davon aus, dass Peers auf Grund ihrer Ähnlichkeit besonders häufig imitiert werden. Das bedeutet, dass Jugendliche zunehmend von Eltern und anderen Erwachsenen unabhängig werden und die eigene Identität zunehmend durch Interaktionen mit den Gleichaltrigen geprägt wird, eine Entwicklung, auf die wir besonders in Kapitel 4 (▶ Kap. 4) und 5 (▶ Kap. 5) eingehen werden. Jugendliche konstruieren aktiv und wählen sich so ihre Umwelten aus. Hinzukommt, dass erwünschte Selbstaspekte betont und unerwünschte abgeschwächt werden. Sie erproben auch, inwieweit es ihnen gelingt, bei anderen die mit ihrer Identität verbundenen gewünschten Eindrücke zu erzeugen (▶ Kap. 8).

Von besonderer Bedeutung, auch für den kulturellen Aspekt, den ich in diesem Buch vertrete, ist die Theorie der *possible selves* von Oyserman & Markus (1990). Der Entwurf verschiedener Zukunftsbilder oder auf die eigene Person bezogener Zielzustände ist charakteristisch für das Jugendalter. Bisherige Selbstbilder haben sich als nicht hinreichend erweisen, um die eigene Person, die neue Körperlichkeit zu verstehen. Wie man in Zukunft sein wird, sein möchte oder auf keinen Fall sein möchte umfasst solche *possible selves*. Dass Jugendliche ausgiebig alternative Zukunftsentwürfe explorieren, wird, wie wir in Kapitel 10 (▶ Kap. 10) sehen werden, eines der universellen Phänomene sein, die ich bei der Untersuchung von Identitätsstress im Jugendalter in vielen Ländern gefunden habe.

Wir folgen in diesem Buch der Konzeption von Erikson und den abgeleiteten empirischen Umsetzungen, etwa in dem Ansatz von James Marcia und seinen kanadischen Kollegen sowie Koen Luyckxs und seiner belgischen Forschergruppe, die die neuesten Adaptationen vorgenommen haben (▶ Kap. 3). Es ist interessant zu sehen, dass sich über die Jahrzehnte eine immer stärkere Ausdifferenzierung der ursprünglichen Konzepte von Exploration und Commitment ergeben haben. Dies verweist auf den starken Einfluss des sich verändernden Entwicklungskontext, denn seit den Konzeptionen von Erikson und Marcia sind 70 bzw. 60 Jahre vergangen. In Kapitel 9 (▶ Kap. 9) und 10 (▶ Kap. 10) wird verstärkt auf solche kulturellen und zeitgeschichtlichen Einflüsse auf die Identitätsentwicklung eingegangen.

# 3

## Selbst und Identität in der Kindheit und im jungen Erwachsenenalter und die Zentralität der adoleszenten Identitätsentwicklung

Der Begriff der Identität bezieht sich auf die einzigartige Kombination von persönlichen unverwechselbaren Merkmalen eines Individuums, einer einzigartigen Persönlichkeitsstruktur eines Menschen, die aus den Beziehungen zu wichtigen Anderen im Laufe des Lebens entstanden ist. Dieses Empfinden der Kohärenz und Kontinuität im Kontext der sozialen Bezogenheit prägt das Leben und wird Identität genannt (Erikson, 1971). Die Identität enthält viele Komponenten, u. a. die Geschlechtsidentität, die ethnische

Identität, die zeitliche Kontinuität des Selbsterlebens, die realistische Wahrnehmung des Selbst über Raum, Zeit und in unterschiedlichen sozialen Bezügen. Man nimmt unterschiedliche Rollen in unterschiedlichen Kontexten wahr und integriert diese in seine Identität (»*possible selves*«). Dennoch erlebt man sich kohärent über Zeit und Situationen.

In diesem Kapitel geht es schwerpunktmäßig um die Zentralität der Identitätsentwicklung in der Adoleszenz, genauer: um die sozial-kognitiven Voraussetzungen dafür, dass diese Entwicklungsperiode so zentral für die weitere Identitätsentwicklung ist, sowie ihre Vorläufer in der Kindheit und die weitere Entwicklung im jungen Erwachsenenalter. Wie genau männliche und weibliche Jugendliche in einer Zeit des körperlichen Wandels, aber auch der Veränderung der Beziehungen diese schwierige Leistung vollbringen, ist dann Gegenstand der Kapitel 4 (▶ Kap. 4) und 5 (▶ Kap. 5).

## 3.1 Selbst- und Identitätsentwicklung in der Kindheit

Das Konzept der Identität ist, wie erwähnt, sehr komplex und umfasst viele Facetten. Die Identitätsarbeit, d. h. die Auseinandersetzung mit der Frage, was ist Ich und was ist Nicht-Ich, beginnt sehr früh in der Entwicklung eines Kindes. Es ist auffällig, dass in diesem Altersbereich vor allem Selbstwahrnehmung und Selbstbeschreibungen als Facetten der Identität untersucht wurden. Eine dyadische, interaktionistische Perspektive kam erst durch psychoanalytische Theorien und die sich daran anschließende psychoanalytische Säuglingsforschung auf.

## 3.1.1 Selbstwahrnehmung in der frühen Kindheit

Die meisten Studien über die frühe Kindheit arbeiten mit dem Spiegelparadigma, untersuchen also, an welchen Merkmalen Kinder sich selbst im Spiegelbild erkennen und wie sie auf ihr Spiegelbild reagieren. Zumeist wurde dabei der Ansatz mit dem roten Punkt auf der Nase gewählt (Lewis et al., 1989). Selbstwahrnehmung stand demnach in der entwicklungspsychologischen Forschung im Fokus, teilweise auch die Unterscheidung von anderen.

Einige Zeit vor dem zweiten Geburtstag erkennen Kinder einen roten Fleck auf ihrer Stirn oder der Nase im Spiegel als zu sich selbst gehörig. Dieses Erkennen beruht auf einem schon existierenden, wenn auch noch rudimentären Identitätsgefühl, aufgrund dessen das Kind die Identität des Spiegelbildes mit sich selbst erschließen kann. Das Kind weiß damit, dass es außerhalb seines gefühlten Selbst repräsentiert werden kann. Etwa in diesem Alter beginnen Kinder auch, Pronomina für sich selbst zu verwenden. Mit diesem kognitiven Entwicklungsschritt ist die Entstehung wesentlicher zugehöriger Emotionen verbunden (Emde, 1989). Grundlegende kognitive Kapazitäten, welche als Voraussetzung für die selbstreferenziellen Emotionen angesehen werden, sind die früh bestehende Fähigkeit, zwischen dem Selbst und dem anderen zu unterscheiden, und die Objektpermanenz, welche mit etwa acht Monaten beginnt (Piaget & Inhelder, 1972). Piaget war stark kognitiv orientiert; Emde ist einer der wenigen Entwicklungspsychologen, die den dualen Kern des Selbst (wie er es nennt) beschreiben, nämlich der Bezug zu biologischen Motiven und der Interaktion mit Bezugspersonen.

Identität entsteht aus Beziehungen, und so ist es wichtig zu unterstreichen, dass sich interaktive Ansätze vor allem bei Theoretikern und Forschern mit psychoanalytischem Hintergrund finden. So gehen verschiedene Theoretiker (Kernberg, 1983; Winnicott, 1965; Mahler 1985) davon aus, dass auf der ersten Stufe der Selbstentwicklung noch keine Trennung zwischen Selbst und Objekt erfolgt ist; erst in einer nächsten Entwicklungsstufe stehen vonein-

## 3.1 Selbst- und Identitätsentwicklung in der Kindheit

ander abgegrenzte, positive bzw. negative Selbst- und Objektrepräsentanzen einander gegenüber. Die Entwicklung und Ausdifferenzierung der Selbst- und Objektrepräsentanzen geschieht in enger Interaktion mit dem »caregiver«, d. h. der Mutter oder dem Vater, die die emotionalen Zustände des Babys interpretieren, spiegeln und markieren, so dass das Baby sie als zu sich gehörig erleben kann. Alle Theoretiker sind sich darin einig, dass die Entwicklung einer Selbstrepräsentanz in der Interaktion mit wichtigen Bezugspersonen vonstatten geht, dass die Ausdifferenzierung eine klare Trennung von Selbst und Objekt hervorbringt und dass in späteren Stadien das Selbst bewusste und unbewusste Lebenserfahrungen integriert,

Die Entwicklung des Selbst im Licht der psychoanalytischen Säuglingsforschung wurde eindrücklich von Stern (1985) durch zahlreiche Untersuchungen untermauert. Er untergliederte das Kernselbst, das in der frühen Kindheit entsteht, in das Gefühl der Urheberschaft (*self-agency*), der *Selbstkohärenz* (z. B. in bezug auf den Ort, die eigenen Bewegungen und die zeitliche Struktur) und der *Selbstkontinuität* (z. B. bzgl. der gleichen Empfindungen bei den gleichen Ereignissen). Interessanterweise unterscheidet er ferner zwischen einem intersubjektiven Selbst (6.–9. Monat, wo der Säugling stark auf Andere anspricht), das sprachliche Selbst (ab dem 18 Monat), wo die Sprache als Medium hinzukommt, und das narrative Selbst (ab 3 Jahren), wo das Erlebte in Worte gefasst und mitgeteilt werden kann. Auch er beobachtete, dass die frühe Entwicklung des Selbstempfindens parallel und in wechselseitiger Abhängigkeit zu der Entwicklung kognitiver, motorischer und verbaler Fähigkeiten verläuft. Das Besondere am psychoanalytischen Ansatz ist allerdings, dass die frühe Selbstentwicklung gebunden ist an einen engen Austausch mit den Eltern. Diese Interaktionen, die unzählige Male zwischen Mutter und Kind ablaufen, werden generalisiert und repräsentiert als Interaktionsstrukturen. Solche Austauschprozesse werden in der psychoanalytischen Literatur als »mirroring« beschrieben (Kohut 1971; Winnicott 1971): Das Gesicht der Mutter wird hier als Spiegel betrachtet, das dem Baby seine eigenen

Emotionszustände und Erlebnisse zurückspiegelt. Da dies mit einer gewissen Übertreibung geschieht, kann das Baby sie gut wahrnehmen und sich zuordnen. Demnach kann das Kind sein Selbst nur wahrnehmen, wenn dieses durch die Mutter zurückgespiegelt wird. Beebe & Lachmann (1988) sowie Stern (1985) haben auch darauf hingewiesen, dass keine Spiegelung perfekt ist. Es kommt also in der Mutter-Kind-Interaktion zu geringfügigen Diskordanzen. Dieser »mismatch« erfährt im Folgenden eine »Reparatur«. Gerade diese geringfügigen Reparaturen sind notwendig, um ein Bewusstsein der Getrenntheit und Eigenständigkeit aufzubauen.

Bei den frühen Selbstbeschreibungen des Kindes, etwa im Alter von 2–3 Jahren, werden vor allem Aktivitäten, Aussehen und Vorlieben genannt, das Kind verwendet »mein«, »ich« und »mir« und kann sich auch die Kategorie »Junge« oder »Mädchen« zuordnen. In diesem Zusammenhang sind die Ergebnisse von Toth et al. (1997) wichtig. Die Autoren fanden, dass vernachlässigte oder missbrauchte Vorschulkinder negative Selbstrepräsentationen und Störungen im Selbstsystem aufweisen. Misshandelte Kleinkinder nutzen weniger Gefühls-Sprache und zeigen negative Affekte in Reaktion auf ihr Spiegelbild. Die Befunde von Crittenden und Di-Lalla (1988), dass misshandelte Kinder bereits im zweiten Lebensjahr ihren negativen Affekt unterdrücken und einen falsch positiven Affekt zeigen, zeigen den frühen Beginn eines falschen Selbst (Winnicott 1965), ein Phänomen, das wir auch bei Jugendlichen kennenlernen werden, die einem problematischen elterlichen Verhalten ausgesetzt sind (▶ Kap. 9).

### 3.1.2 Selbstwahrnehmung und Selbstcharakterisierung in der mittleren Kindheit

In der mittleren Kindheit sind weitere bedeutende Fortschritte in der Selbstwahrnehmung und -beschreibung zu benennen, die in die Identitätsentwicklung einfließen. In der Schulzeit überwiegen positive Selbstcharakterisierungen, psychologische Charakterisierungen finden sich noch nicht. In den Interviews, die Broughton (1978) mit Kindern machte, stellte sich heraus, dass sie das Selbst als einen Teil ihres Körpers wahrnehmen. Etwa um das 8. Lebensjahr sind die Selbstbeschreibungen darauf konzentriert, Unterschiede zwischen sich und anderen zu markieren (»Ich bin anders als Tom, weil ich blond bin und Fahrrad fahren kann«). Zugleich wird bemerkt, dass Freunde und Eltern andere Gefühle und Wahrnehmungen haben als man selbst. Fonagy & Target (1997) haben die reflexive Funktion als ein implizites Verständnis von Vorstellungen, Emotionen und Beziehungen der anderen bezeichnet, welches nicht notwendigerweise verbalisierbar sein muss. Diese für die Selbstorganisation so zentrale reflexive Funktion kann wiederum erst dadurch entstehen, dass die Bezugsperson in der Lage ist, ihrerseits ein Verständnis für die Bedeutsamkeit und Andersartigkeit des kindlichen Selbst zum Ausdruck zu bringen. Eine sichere Bindung ist in diesem Zusammenhang sehr entscheidend.

Die Unterteilung des Selbst in subjektives und objektives Selbst ist ein weiterer Entwicklungsfortschritt in der mittleren Kindheit. Später wird Selman (1980) beschreiben, dass das Kind am Übergang zur Adoleszenz zwischen einem wahren inneren Selbst und einer äußeren Fassade unterscheiden lernt – Aspekte, die in der Adoleszenz zunehmend wichtiger werden. Kinder in der zweiten Klasse benutzen bereits psychologische Charakterisierungen für sich und andere, aber nur sehr selten; Damon und Hart (1988) nennen einen Prozentsatz von 13 %. In dieser Altersstufe wird auch die Grundlage für »agency« gelegt, d. h. dass man selbst etwas bewirken kann.

Der Körper ist zwar im Selbst, in der Identität präsentiert, aber durchaus variabel, wie sich in den Arbeiten von De Bono (1980) zeigt. Da haben Schulkinder sich beispielsweise gewünscht, mehr Arme und mehr Beine zu haben, vor allem mehr Finger an einer Hand, denn damit »kann ich die Arbeit schneller machen«, oder etwa »die Nase an den Beinen« zu haben, »damit man besser riechen kann«– also ganz nah am Geschehen! Diese für die Kindheit charakteristische Experimentierlust und Variabilität wird sich später, wie noch zu zeigen sein wird, drastisch verändern in Richtung auf eine höchstmögliche Konformität – und zwar in einer Zeit, in der nichts so variabel ist wie der Körper, nämlich in der Pubertät. Interessant ist, wie Kinder in der mittleren Schulzeit die Geschlechtsidentität konstruieren und aufrecht erhalten. Die Zuordnung des eigenen Geschlechts erfolgt schon recht früh, allerdings muss diese Zuordnung spielerisch immer wieder abgesichert werden. Bereits ab dem Alter von 5 Jahren ist im Spiel eine Geschlechtssegregation deutlich, die Spitze liegt allerdings in der Grundschulzeit, wo in streng nach dem Geschlecht getrennten Gruppen gespielt wird: Jungen spielen nur Jungenspiele und Mädchen spielen nur Mädchenspiele, doch es findet auch viel Spiel an den Geschlechtsgrenzen statt (»borderwork«, vgl. Aydt & Corsoro, 2003). Dies signalisiert, dass das, was Ich und Nicht-Ich ist, immer wieder neu und spielerisch gefestigt werden muss, und dazu gehört auch die Geschlechtsidentität und das typische Verhalten als Junge oder Mädchen. Konformität mit den anderen Geschlechtsgenossen ist sehr wichtig, das bezieht sich auf Kleidung, bevorzugte Spiele und Interessen. »Cross-sex-play« findet selten statt (bei 2–10 % aller Kinder). Ebenso wie Jungen spielen Mädchen zunächst streng in nach dem Geschlecht segregierten Gruppen, d. h. sie spielen überwiegend mit Mädchen, und nur eine kleine Gruppe ist mit Jungen befreundet bzw. spielt in Jungengruppen (Seiffge-Krenke, 2012a), ihr Spiel ist aber deutlich gehemmter und unsicherer.

In diesem Zusammenhang ist übrigens interessant, dass »Tomboy«-Verhalten, das heißt Mädchen, die sich jungenhaft kleiden und jungenhaft spielen, ein Verhalten ist, das in allen Kulturen beobachtet werden kann (Seiffge-Krenke, 2017a). Dieser Begriff tauchte zum ersten Mal im 16. Jahrhundert auf. »Tomboy«-Verhalten wird bis zur späten Kindheit geduldet, teilweise auch von Vätern und Brüdern unterstützt, danach aber werden Mädchen mit »Tomboy«-Verhalten ausgegrenzt und isoliert, das heißt die Toleranz endet abrupt mit Eintritt in die Pubertät. Insbesondere die Gleichaltrigen wirken dem »Tomboy«-Verhalten mit zahlreichen Sanktionen entgegen.

Die ethnische Selbstkategorisierung ist ein Forschungsgebiet, welches in den USA schon sehr lange verfolgt wird, in Deutschland aber praktisch kaum Interesse geweckt hat, von wenigen Arbeiten abgesehen, die nachgewiesen haben, dass sich das Gefühl für das Selbst und die ethnische Identität in der Adoleszenz verstärkt. Zugleich aber scheint durch die besondere deutsche Geschichte die ethnische Identität keine einfache Facette der Identität zu sein (Seiffge-Krenke & Haid, 2012). Aus amerikanischen Untersuchungen wissen wir, dass die ethnische Selbstkategorisierung ein langdauernder Entwicklungsprozess ist, in dem erst ab dem Alter von etwa 6–12 Jahren ethnische Diskrimination bemerkt wird, aber erst mit etwa 15 Jahren eine Generalisierung der eigenen ethnischen Gruppe erfolgen kann.

## 3.2 Die Zentralität der Adoleszenz für die Selbst- und Identitätsentwicklung

Nicht nur von Erikson, auch von anderen Wissenschaftlern wird die Adoleszenz als zentral für die Weiterentwicklung der Identität angesehen. So etwa hat Havighurst (1956) phasenspezifische Entwicklungsaufgaben beschrieben, zu denen auch die neue Bestimmung von Identität und Selbstwert gehört. Die Identität wird als zeitliche Kontinuität erlebt. Die Identitätserfahrung beruft sich dabei auf die Erfahrung der Kontinuität in der Biografie und auf die Erfahrung eines konsistenten Selbst. Das Erlebnis einer Einheit des Selbst muss täglich durch neue Evidenzen immer wieder selbstreflexiv bestätigt werden. Ein wichtiger Mechanismus zum Identitätserwerb in der Adoleszenz ist die Identifikation.

Das autoreflexive Selbst tritt in der Adoleszenz damit in eine neue kritische Phase. Die Entwicklung der sekundären Geschlechtsmerkmale, der Wachstumsschub und die darauf beruhenden körperlichen Veränderungen haben eine deutliche Einwirkung auf das körperliche Selbstverständnis: Das Körperschema als Teil der Selbstrepräsentanz muss neuformiert werden. Auf der kognitiven Ebene kommt es in der Adoleszenz zur Ablösung des konkret anschaulichen Denkens durch das Denken in formalen Operationen (Piaget & Inhelder, 1972). Zunehmende Fähigkeiten zu Introspektion und Selbstreflexion werden entwickelt. Der Jugendliche sucht nun mit zunehmender Kritikfähigkeit seine ganz persönliche Stellungnahme zur Welt. Autoritäten und Wertesysteme werden hinterfragt, was zu Wertekrisen führen kann (► Kap. 7). In unterschiedlichen Lebenssphären – in Familie, Gleichaltrigengruppe, Schule, Freizeitkultur, den neuen Medien – kann der Jugendliche unterschiedliche Werthaltungen erkennen und etwaige Inkompatibilitäten entlarven. In der sozialen Domäne müssen neue Rollen des Erwachsenseins ausprobiert und vorläufig übernommen werden, die Notwendigkeit zur Übernahme von Verantwortlichkeit wird erkannt.

Im Folgenden geht es um die Entwicklungsvoraussetzungen, die diese Veränderungen möglich machen, aber auch um einige besondere Herausforderungen und Gefährdungen für die Identität in dieser Phase.

### 3.2.1 Bedeutende Entwicklungsvoraussetzungen für die Zentralität der Adoleszenz

Ab der Adoleszenz wird die Identitätsentwicklung immer stärker durch den Einfluss anderer bestimmt und verändert. Dass die Identität in der Adoleszenz immer deutlicher relational wird und damit noch über das hinausgeht, was bereits Latenzkinder können, hängt mit weiteren sozial-kognitiven Lernprozessen zusammen. Entscheidend ist zudem, dass der Jugendliche eine immer komplexere Vorstellung von sich entwickelt, die wesentlich aus der Beziehung zu anderen entstanden ist, dass er/sie sich durch andere erlebt und definiert – aber auch gegen sie abgrenzt.

Für Jugendliche ist jetzt charakteristisch, dass sie über stabile Fähigkeiten verfügen, sich und andere zu beschreiben und bei die-

## 3.2 Die Zentralität der Adoleszenz für die Selbst- und Identitätsentwicklung

sen Beschreibungen psychologische Charakteristiken eine zentrale Rolle einnehmen. Selbstreflexive Funktionen werden häufig angewandt: »The self as an active, reflective controler of the own experiences« (Damon & Hart, 1988, S. 45). Damon und Hart konnten in ihrer Längsschnittstudie über 1,5 Jahre nachweisen, dass Jugendliche sich auf ein immer höheres Niveau der *agency* zubewegen. Sie unterschieden auch weitere Komponenten, die *distinctiveness* und die *self-continuity*, und konnten in diesem Zeitraum auch bei diesen Selbst- bzw. Identitätskomponenten Veränderungen über die Zeit feststellen. Mit der Differenzierung in diese drei Komponenten sind sie sehr nahe dran an der Konzeption von Identität im Sinne Eriksons.

In der Adoleszenz wird nun immer stärker zwischen dem »true Self« und der äußeren Fassade unterschieden, wobei es häufig zwei verschiedene innere Zustände, zwei »true Selfs« gibt. Diese Spaltung in einem denkenden/fühlenden und einen sich dabei beobachtenden Teil ist für Jugendliche sehr charakteristisch. Jugendliche haben nicht nur die Fähigkeit, differenziert über sich nachzudenken (McLean & Breen, 2009); wir finden zugleich kognitive Veränderungen bei der Verarbeitung von Beziehungsinformationen, die einen entscheidenden Einfluss auf die Entwicklung der Identität im Jugendalter und danach haben. Jugendliche können hochkomplexe soziale Vergleichsprozesse und Antizipationen des Denkens und Verhaltens von Interaktionspartnern nachvollziehen (Seiffge-Krenke, 2011a). Durch diese hochkomplexen Vergleichsprozesse und Antizipationen können Jugendliche sich selbst und andere sehr differenziert in Beziehungen setzen, was am Beginn der Adoleszenz allerdings auch mit einem kurzzeitigen Egozentrismus verbunden ist, nämlich der Vorstellung, alle anderen seien genauso beschäftigt mit ihnen, wie sie selbst es sind.

Charakteristisch für die Adoleszenz ist nicht nur, dass immer stärker psychologische Begriffe für die Charakterisierung von sich und anderen benutzt werden, sondern auch, dass positive und negative Selbstaspekte integriert werden können, oft durch einen beobachtenden und handelnden Selbstanteil. Dies ist möglicherweise

## 3 Selbst und Identität in der Kindheit und im jungen Erwachsenenalter

auch eine Ursache dafür, dass selbstreflexive Prozesse so eine bedeutende Rolle spielen und Narrative benutzt werden: Für die Identitätsexploration in der Adoleszenz werden, wie noch zu zeigen sein wird, Tagebücher, Blogs etc. verwendet (▶ Kap. 8). Die Jugendlichen sind auch die erste Altersstufe, die sich selbst in Vergangenheit und Zukunft sehen kann (»*self in time*«: »Ich sehe mich, wie ich in der 2. Klasse in der Schule neben meiner Freundin saß ...«) und sich selbst hypothetisch auf der Ebene des formalen Denkniveaus als ein anderer sehen kann (»*possible selves*«: »Ich könnte mir eine Zukunft als Journalist oder Schauspieler vorstellen ...«). Gerade diese Fähigkeit ist Anlass für solche Textproduktionen, aber auch die verstärkte Tendenz von Jugendlichen, Objekte, die zu ihrer Identität gehören, zu sammeln, durch Fotos ihr Leben zu dokumentieren. Sie können des Weiteren Mechanismen wie die Immunisierung einsetzen, die zur Selbstwertstabilisierung gegenüber negativen Identitätsaspekten beitragen (Greve et al., 2009).

Habermas (1996, S. 1) berichtet in seinem Buch über geliebte Objekte als Mittel der Identitätsbildung:

> »Als Jugendlicher zog ich gerne mit dem Fahrrad und Fotoapparat über die Felder, um einen Freund in der nahegelegenen Stadt zu besuchen. Zuhause kultivierte ich ein Tagebuch als Ansprechpartner, den ich immer in der Nähe wußte.«

Dieser narrative Ansatz (das »Ich als Geschichtenerzähler«, McAdams, 1998) ist erst ab der Adoleszenz möglich. Hier ist interessant zu sehen, ob der Jugendliche seine Identitätsentwicklung als Prozess darstellen kann, ob er sich selbst als Agenten in dieser Entwicklung erlebt. Hat er oder sie verstanden, dass Krisen zu einer Identitätsreifung und Veränderung führen können und dass sie eine positive Entwicklungskraft haben (wie der »Phönix aus der Asche«)? Auf die Analysen von Narrativa mit der kritischen Auseinandersetzung mit dem Selbst wird in Kapitel 8 (▶ Kap. 8) eingegangen. Dies wird auch deutlich an den häufigen Wiederlesen und Kommentieren von Tagebuchaufzeichnungen (»Mein Gott – was für einen Blödsinn habe ich damals geschrieben ...«).

3.2 Die Zentralität der Adoleszenz für die Selbst- und Identitätsentwicklung

## 3.2.2 Spannungsbogen zwischen nicht abgeschlossener Hirnentwicklung, Verfrühung der körperlichen Reife und Verspätung der Identitätsentwicklung

Während es im Bereich der Identitätsentwicklung zu einer Verzögerung kommt (Jugendliche dürfen heute viel länger und extensiver explorieren als ihre Eltern, und dies wird auch gesellschaftlich unterstützt), steht die schwierige Aufgabe des Umgangs mit der körperlichen Reife, der Integration der physisch reifen Genitalien ins Körperbild, viel früher an. Dieser Spannungsbogen zwischen Verfrühung bezüglich körperlicher und sexueller Reife und Verspätung bezüglich einer elaborierten Identität ist schwer auszuhalten – besonders für Mädchen, aber auch für die Eltern, die Familie.

Entwicklung vollzieht sich nicht nur im Sinne einer linearen Progression. Manchmal scheinen sich auch Rückschritte in der sozialen, kognitiven und emotionalen Entwicklung anzudeuten. Nachdem Kinder im Alter zwischen vier und acht Jahren gelernt haben, sich in die Perspektive eines anderen hineinzuversetzen, entsteht im Jugendalter erneut eine egozentrische (so nennt es die Psychologie) oder narzisstische (so nennt es die Psychoanalyse) Haltung, wenn dem Jugendlichen die adäquate Bezugnahme auf das Denken und Fühlen anderer kurzzeitig abhanden kommt (Seiffge-Krenke, 2002a). Die überstarke Beschäftigung damit, wie die anderen einen sehen, hat zu den Phänomenen der erlebten Einzigartigkeit (»*personal faible*«) und der imaginären Audienz (»*imaginary audience*«, Elkind, 1974) geführt, d. h. dem Erleben, dass man etwas Besonderes, Einzigartiges sei, sich völlig von anderen unterscheide und dabei so bedeutsam sei, dass andere einen ständig beobachten und bewerten. In diesen beiden Phänomenen kommt einerseits der erhöhte Narzissmus der Frühadoleszenz zum Ausdruck, zum anderen aber bereits der Einbezug der vielen anderen bei der Identitätsbildung, die beurteilen und kritisieren.

Tiefpunkt der Selbstwertentwicklung scheint das 13. Lebensjahr zu sein (Zinnecker et al., 2002). Der Selbstwert des Jugendlichen

### 3 Selbst und Identität in der Kindheit und im jungen Erwachsenenalter

muss sich dann im Spannungsfeld zwischen den Erfahrungen der Kompetenz und Akzeptanz neu konstituieren. Durch die zunehmende Kritikfähigkeit und Selbstreflexion kann es zu einer kritischen Entwicklung kommen. Wenn Kompetenz und Akzeptanz den eigenen Idealvorstellungen nicht Rechnung tragen, kann dies zur Selbstwertkrise führen. Die narzisstische Selbstüberschätzung macht sich u. a. auch an einem fragiles Selbsterleben mit hohen Ambitionen, Neigung zu Idealisierung und Abwertung von Nicht-Erreichbarem, verstärkter Kränkbarkeit und Wuterleben bemerkbar. Der phasenspezifische Narzissmus besitzt aber eine protektive Funktion. Er lässt den Jugendlichen aus einer vorübergehenden Position der Unsicherheit Entwürfe der eigenen Person vornehmen, die weit ins Erwachsenenalter hineinreichen können.

Die neu gewonnenen Fähigkeiten, das Denken nicht nur in dyadischen Beziehungen, sondern auch das vieler anderer in Betracht zu ziehen, führen demnach zu einem kurzzeitigen Anstieg des Egozentrismus bzw. Narzissmus. Ganz entscheidend für eine rasche Auflösung des egozentrischen Durchgangsstadiums ist die Interaktion mit gleichaltrigen Freunden. Um bei den engen Freunden »bestehen« zu können, müssen Jugendliche relativ rasch lernen, sich angemessen auf deren Gefühle einzustellen und über eigene Emotionen und die der Freunde angemessen zu kommunizieren, ohne jemand zu schädigen.

Wie in Kapitel 4 (▶ Kap. 4) und 5 (▶ Kap. 5) zu zeigen sein wird, verläuft die Selbst- und Identitätsentwicklung bei männlichen und weiblichen Jugendlichen unterschiedlich, sind unterschiedliche Faktoren bestimmend. In diesem Zusammenhang ist auch auf Unterschiede in der Hirnentwicklung hinzuweisen. So zeigt die Neurobiologie, dass insgesamt die Hirnentwicklung noch andauert, vor allem aber, dass ein Ungleichgewicht zwischen der Entwicklung limbischer Hirnregionen und Regionen des präfrontalen Kortex besteht (Schmidt & Weigelt, 2019). Das limbische System umfasst eine Gruppe tieferliegender Hirnstrukturen, die an der Verarbeitung emotionaler Inhalte und Gedächtnisprozesse beteiligt sind. Es wird am Beginn der Pubertät, mit etwa 10 bis 12

Jahren, noch aktiver und trägt damit zu den Stimmungsschwankungen bei. Demgegenüber beginnt die Reifung des präfrontalen Kortex, der für kognitive Funktionen wie Handlungsplanung, vorausschauendem Denken etc zuständig ist, später. Diese zeitliche Diskrepanz erklärt teilweise das Risikoverhalten. Da sich der Beginn der körperlichen Reife immer mehr verfrüht, zugleich aber die Entwicklung des präfrontalen Cortex bis ins dritte Jahrzehnt andauern kann, entsteht ein immer größeres Zeitfenster des Ungleichgewichts, das es zu bedenken gilt.

## 3.3 Und wie geht's weiter im jungen Erwachsenenalter?

Für Erikson war die Identitätsentwicklung noch zentral in der Adoleszenz zwischen den Polen Identitätssynthese, d. h. Integration von früheren Identitätsaspekten und Identifikationen aus der Kindheit, und Identitätskonfusion, Unfähigkeit, das Ganze zu einer kohärenten Identität zu integrieren. Die Forschung, die sich auf seine theoretische Konzeption bezog, machte dann aber in den folgenden Jahren deutlich, dass Veränderungen in der Identitätsentwicklung bei jungen Leuten eingetreten waren. Das zeigte sich besonders bei der Untersuchung der Identitätsentwicklung von jungen Erwachsenen.

### 3.3.1 Identität als Kombination von Exploration und Commitment

Auf der Basis der Identitätstheorie von Erikson entwickelten sich zahlreiche Ansätze zur empirischen Überprüfung, von denen der von Marcia der bekannteste ist. Zentral für seinen Ansatz sind die beiden Komponenten *Exploration* (in verschiedenen Identitätsbereichen) und *Commitment* (Festlegung in Richtung auf eine bestimmte

## 3 Selbst und Identität in der Kindheit und im jungen Erwachsenenalter

Identitätsfacette in diesen Bereichen). Wie In Kapitel 2 (▶ Kap. 2) ausgeführt, sind dies tatsächlich auch in den meisten theoretischen Konzeptionen, die nach Erikson entstanden, die beiden wichtigsten Komponenten.

Wie in Kapitel 2 (▶ Kap. 2) beschrieben, unterscheidet die Statusdiagnostik nach Marcia (1966) vier verschiedene Identitätsstatus, die sich aus verschiedenen Mischungsverhältnissen von Exploration und Commitment ergeben, die *Achieved Identity* (erarbeitete Identität), *Foreclosure* (übernommene Identität), das *Moratorium* sowie eine *diffuse Identität*. Die später noch zu schildernde Meta-Analyse von Kroger et al. (2010) fand bei den 18-Jährigen erst bei 17 % eine *erarbeitete Identität*; ein erheblich größerer Prozentsatz befindet sich im *Moratorium* oder einem *diffusen* Stadium der Identität. Das *Foreclosure*-Stadium war nicht sehr häufig vertreten, weil es eine frühe Festlegung erfordert, wie sie beispielsweise bei Jugendlichen oder jungen Erwachsenen mit körperlichen Erkrankungen notwendig wird. In meinen eigenen Studien fand ich folgende Verteilung im Alter von 24 Jahren: Während 36 % der gesunden jungen Erwachsenen das *Foreclosure*-Stadium erreicht hatten, waren es bei an Diabetes erkrankten 51 % (Seiffge-Krenke, 2010). Dies unterstreicht, wie sehr Kontextbedingungen und persönliche Fähigkeiten und Möglichkeiten Einfluss auf das nehmen, was an Identitätsentwicklung möglich ist. Dieser Aspekt wird vor allem in den Kapiteln 9 (▶ Kap. 9) und 10 (▶ Kap. 10) aufgegriffen.

Wie bereits dargestellt, betrifft ein wichtiger Aspekt in Marcias Taxonomie die große Bedeutung explorativer Prozesse für eine gelingende Identitätsentwicklung. In seinen ersten Arbeiten sprach Marcia davon, dass zum Erreichen einer erarbeiteten Identität erst eine Moratoriumssequenz durchlaufen werden muss, und verwies damit ähnlich wie Erikson und andere analytische Autoren auf die große Bedeutung regressiver Phänomene für eine gelingende Identitätsentwicklung. Jugendliche befinden sich dieser Konzeption zufolge noch in einem sehr frühen Stadium der Identitätsentwicklung, wo eine Festlegung eher nicht erwartet wird, sondern noch viel im Fluss ist.

## 3.3 Und wie geht's weiter im jungen Erwachsenenalter?

In den letzten Jahren ist deutlich geworden, dass Weiterentwicklungen und speziell Differenzierungen des Explorationskonzepts vorzunehmen sind. Heutige Identitätskonzeptionen unterscheiden daher zwischen Exploration in die Tiefe und Breite – wobei die Exploration in die Breite neu ist – und dem Commitment, d.h. der Verpflichtung zu einem Identitätsentwurf, zusätzlich wurde eine ruminative Komponente gefunden, ein Auf-der Stelle-Treten (Luyckxs et al., 2008a), wobei die Identitätsentwicklung im Bereich Beruf und Partnerschaft gleich langsam voranschreitet (Luyckxs, Seiffge-Krenke et al., 2014). Bemerkenswert sind Befunde, dass das diffuse Stadium weiter untergliedert wurde bei jungen Erwachsenen, in *troubled and carefree diffusion* (Luyckxs, Seiffge-Krenke et al., 2014), also jungen Leuten, die noch eine diffuse Identität haben, was sie aber nicht weiter stört, und solchen, die darunter leiden.

### 3.3.2 Auffallende Veränderungen in den letzten Jahren: Mehr Exploration, Instabilität und eine starke Selbstfokussierung bei jungen Erwachsenen

Jane Kroger und Mitarbeiter (2010) fassten die westliche Forschung mit mehr als 500 Querschnitts- und 150 Längsschnittstudien zu Marcias Identitätsparadigma zusammen. Die eingeschlossenen Studien wurden von 1971 bis 2004 veröffentlicht und deckten eine Altersspanne junger Menschen zwischen 11 und 35 Jahren ab. Ihre Meta-Analyse zeigte eine deutliche Verzögerung der Identitätsentwicklung im Vergleich zu den frühen Studien von Marcia und Mitarbeitern, aber auch einen kontinuierlichen Fortschritt hin zu ausgereifteren Stadien der Identität im jungen Erwachsenenalter.

In einer Übersicht über 500 Studien zum Identitätsparadigma, die auf der Konzeption und dem Interview von Marcia beruhen, konnten Jane Kroger et al. (2010) belegen, dass gegenwärtig nur rund 34 % der jungen Erwachsenen im Alter von 22 Jahren eine reife Identität aufweisen (Commitment nach ausreichender Exploration). Bei den über 30-Jährigen weisen 47 % eine reife Identität auf. Dies verdeutlicht, dass dieser Prozess noch lange nicht abgeschlossen ist. Auf der Basis der 150 Längsschnittstudien konnten Kroger et al. (2010) des Weiteren nachweisen, dass Progression zweimal so wahrscheinlich ist wie Regression. Aus den Stadien des Moratoriums bzw. der Diffusion entwickelten sich also in den Folgejahren reifere Formen der Identität. Zugleich nahmen im Vergleich zu früheren Jahrzehnten die Prozentsätze von jungen Leuten ab, die gegenwärtig noch eine *foreclosure identity*, also eine ohne Exploration übernommene Identität der Eltern (z. B. im beruflichen Bereich: »Mein Vater war Schreiner, und ich werde das auch«) aufweisen. Dies belegt, dass die Identitätsentwicklung später erfolgt und sich qualitativ gewandelt hat und dass man analytische Konzeptionen im Sinne einer pathologisch prolongierten Adoleszenz, die für frühere Jahrzehnte galten (Blos, 1954), heute überdenken muss: Eine verlängerte, qualitativ veränderte Identitätsentwicklung ist heute eine normative Entwicklung geworden. Diese Studien haben auch klargestellt, dass eine aktive Exploration normativ ist und keinesfalls als pathologisch anzusehen ist.

Wie belegt werden konnte, erstreckt sich eine intensive Identitätsentwicklung heute von der Adoleszenz bis zum Alter von 25 bis 30 Jahren – insofern kann man die Adoleszenz tatsächlich als die entscheidende Vorbereitungsphase ansehen (als »Vorwaschgang in der Identitätsentwicklung«). Obwohl die meisten dieser neueren Studien an jungen Erwachsenen durchgeführt wurden, denke ich doch, dass die weitere konzeptuelle Differenzierung interessant ist und auch bei Jugendlichen Anwendung finden könnte. Dazu zählt etwa die Bedeutung der ruminativen Exploration, d. h. des Auf-der-Stelle-Tretens und nicht Vorankommens, aber auch die Aufdifferenzierung des diffusen Status in Koen Luyckxs Arbeiten in eine *carefree diffusion* und eine *troubled diffusion* (Luyckx et al., 2008b). Es ist sicher zu vermuten, dass die identitätsbezogene berufliche und partnerschaftliche Orientierung im Jugendalter erst beginnt, dass mehr Jugendliche (im Vergleich zu jungen Erwachsenen) eine *carefree diffusion* aufweisen: Für junge Erwachsene

### 3.3 Und wie geht's weiter im jungen Erwachsenenalter?

besteht dagegen ein erheblicher Entwicklungsdruck, identitätsrelevante Entscheidungen in den Bereichen Beruf und Partnerschaft allmählich zu fällen, so dass eine sorgenvolle Diffusion hier doch eher wahrscheinlich erscheint.

# 4

## Die Suche nach dem neuen Ich bei männlichen Jugendlichen

In diesem Kapitel geht es um die Identitätsentwicklung männlicher Jugendlicher. Vieles in der Identitätsentwicklung ist ähnlich wie bei Mädchen, aber es gibt auch einige Besonderheiten. So ist für die Identitätskonstruktion die Beziehung zwischen Vätern und Söhnen sehr bedeutsam; allerdings können Väter zu wichtigen Entwicklungen in diesem Alter wie der Veränderung des Körperselbst nur indirekt beitragen. Freundschaftsbeziehungen kommt daher gerade in der Frühphase der Adoleszenz eine entscheidende, identitätsstiftende Funktion zu. Sie helfen, die Erfahrungen der körperlichen Reife zu verarbeiten und zu einer männlichen Identität zu gelangen. Freunde sind wichtig für die zentralen Aspekte der männlichen Identität, wie beispielsweise die Erprobung des Körpers, das Ausprobieren risikoreichen Verhaltens, die Annäherung an das andere Geschlecht. Der Einfluss von Cliquen auf das Selbst und die Identität ist – etwa im Vergleich zu Mädchenfreundschaften – ein anderer, hier wird vor allem die Orientierung an einem männlichen Stereotyp erprobt. Anders als bei weiblichen Jugendlichen ist offen geäußerte Aggression, d. h. Aggression zwischen Gleichaltrigen, aber auch die Aggression zwischen Vater und Sohn, ein Thema in der Identitätsentwicklung. Dies hat seine Ursache darin, dass der Umgang mit negativen Selbstaspekten, die Integration von Aggression in das Selbst, für die Identität von Jungen zentraler erscheint als für Mädchen (Seiffge-Krenke, 2016a). Das Geschlechtsrollenstereotyp für Jungen sieht Durchsetzungsstärke, Dominanz und Mut auch heute noch als typisch männlich an (Hannover et al., 2018).

## 4.1 Die Veränderung der Beziehungen zwischen Vätern und Söhnen und ihre Folgen für die Identitätsentwicklung

Historisch ist zu bedenken, dass die Vater-Sohn-Beziehung eine besondere war: Auf der einen Seite genossen Söhne besondere Vorrechte und Privilegien, was ihnen mehr Möglichkeit zur Exploration ihrer Identität gab (Seiffge-Krenke, 2002b). Das hat bis weit in das 20. Jahrhundert hinein zu besonderen Sohnbiographien in privilegierten Schichten geführt, in denen Söhne ihr Leben lang ihre eigenen Interessen verfolgen, während die Familie diese Identitätsexploration großzügig unterstützte. Auf der anderen Seite stand eine starke Erwartung, dass Söhne sich möglichst ähnlich wie der Vater entwickeln sollten, dass der Sohn also ein »Spiegel« des Vaters wurde. Damit war zugleich seine Identitätsentwicklung auf eine Kopie des väterlichen Modells eingeschränkt. Diese ambivalenten Erwartungen, verbunden mit einem starken Fokus auf der körperlichen Intaktheit, waren über viele Jahrhunderte für die Identität von Söhnen prägend. Die früher in autoritären Familienstrukturen stark eingeschränkte Identitätentwicklung von Söhnen ist heute einer Vielzahl von Chancen und einer größtmöglichen familiären Unterstützung gewichen. Auch gesellschaftlich wird diese Exploration gefördert. Dennoch ist es auch heute nicht allen Eltern möglich, optimale Entwicklungsbedingungen für die Identität ihre Söhne bereitzustellen. Wir greifen diese Perspektive mit dem Fokus auf die Vater- Sohn-Beziehung auf. Es ist einleuchtend, dass sohnzentrierte Kulturen, wie sie bei einigen Migranten in Deutschland noch sichtbar sind, eine besondere Herausforderung für die Identitätsentwicklung von Söhnen darstellen. Ich möchte aber auch zeigen, dass dies durchaus auch für deutsche Vater-Sohn-Beziehungen gelten kann.

### 4.1.1 Sind Söhne noch der »Spiegel« des Vaters?

Im alten Rom wurde das Kind nach der Geburt vor den Vater hingelegt, wenn er es aufhob, erkannte er es als seinen Sohn an. Über Jahrhunderte war die Vater-Sohn-Beziehung in der jüdisch-christlichen Tradition durch Autorität geprägt; das Recht ist immer auf Seiten des Vaters, der Sohn konnte geopfert werden. Dieses Machtmodell der väterlichen Erziehung war bis in die Mitte des vorigen Jahrhunderts wirksam. Die Bedeutung der Vater-Sohn-Beziehung war nicht zuletzt durch die ökonomische Situation bedingt (Erbrecht): Die Sicherung der Existenz, des Besitzes spielten eine große Rolle. Die Beziehungen in der Familie, so auch zum Sohn, waren durch Gehorsam und Autorität strukturiert (Seiffge-Krenke, 2002b). Allerdings zeigt sich eine selektive Liebe: Erstgeborene Söhne wurden besser erzogen, besser ernährt, besser ausgebildet (Seiffge-Krenke, 2012b), hatten also deutlich mehr Möglichkeiten für eine Identitätsexploration und bekamen dafür

## 4.1 Die Veränderung der Beziehungen zwischen Vätern und Söhnen

auch mehr Unterstützung. Die körperliche Unversehrtheit des Sohnes war sehr wichtig für den Vater; der Sohn verlor sein Erstgeburtsrecht mit dem Anspruch auf Besitz, Erbe und Unterstützung, wenn er, etwa durch einen Unfall oder Krankheit, körperlich beeinträchtigt war.

Für die Identitätsentwicklung von Söhnen in den westlichen Industrienationen war historisch demnach der enorme Druck, den Väter in Bezug auf die Identitätsentwicklung ihrer Söhne ausübten, charakteristisch. So duften zwar Söhne, insbesondere Erstgeborene, mehr Explorieren und wurden stärker auch dazu von Vätern ökonomisch unterstützt, doch gab es zugleich die starke Vorgabe, dass die Identität des Sohnes sich nach dem Bild des Vaters richten sollte. Kierkegard prägte das Bild vom Sohn als *Spiegel des Vaters*, und bis in die jüngste Vergangenheit bestimmte dies die Beziehung zwischen Vater und Sohn und war eine wesentliche Ursache für Gewalt und Aggression von Vätern gegenüber Söhnen (Seiffge-Krenke, 2016a): Gewaltsam wurde versucht, größtmögliche Ähnlichkeit zwischen Vater und Sohn herzustellen. Väterliche Aggression waren die Reaktion, wenn der Sohn eine abweichende Identität entwickelte, etwa in Bezug auf Persönlichkeitseigenschaften und berufliche Orientierung. Liest man die biographischen Anmerkungen von Alexander von Humboldt oder Ernst Haeckel (Wulf, 2016), zwei später bedeutsame Naturforscher und Naturwissenschaftler, kann man einen jahrelangen Kampf mit dem Elternhaus, besonders dem Vater, nachvollziehen, den Druck bereits im Jugendalter, dass sie sich genau in die vorgegebene Richtung entwickeln sollten, die Kürzungen jeglicher Unterstützung, die massive Ablehnung ihrer alternativen Lebensentwürfe.

Haeckels Vater war alles andere als erfreut über die Entwicklung seines Sohnes, jahrelang hätte er dessen wechselnde Pläne erduldet. Er erinnert Ernst daran, dass er kein reicher Mann sei und es sich nicht leisten könne, »dich jahrelang durch die Welt reisen zu lassen«. »Du musst dich jetzt um einen richtigen Beruf kümmern.« Er ließ keinen Zweifel daran, wie er sich die Zukunft seines Sohnes vorstellte (Wulf, 2016, S. 378).

# 4 Die Suche nach dem neuen Ich bei männlichen Jugendlichen

Die verständnislose, ja aggressive Reaktion von Vätern auf die Tatsache, dass der Sohn kein »Spiegel« wird, hat Klußmann (2003) an zahlreichen historischen Beispielen, insbesondere aus Herrscherhäusern, belegt. Auch Kafkas (1919) berühmter Brief an den Vater zeigt die väterliche Aggression über den »missratenen« Sohn, der so ganz andere Interessen und Persönlichkeitseigenschaften aufwies als der Vater. Für männliche Jugendliche, die aus einem sohnorientierten Kulturkreis nach Deutschland kommen, sind diese Prinzipien heute teilweise noch wirksam (▶ Kap. 10).

Auch viele Initiationsriten, die in sogenannten primitiven Kulturen teilweise bis in die jüngste Zeit gepflegt werden, bringen die massive Reaktion der Väter gegenüber einer eigenständigen Identität von Söhnen unverhüllt zum Ausdruck. Initiationsriten sollten den Jugendlichen auf die Welt der Männer einschwören, dazu wurden in der Regel aggressive, herausfordernde und beängstigende Rituale gewählt. Interessanterweise übten die Gewalt andere Männer, nicht der Vater selbst aus. Am Ende bleibt der männliche Jugendliche total erschöpft zurück, wird aber zugleich in die Gruppe der Männer aufgenommen und anerkannt (Grieser, 1998).

Für die vergangenen Jahrhunderte könnte also in den westlichen Industrienationen, so auch in Deutschland, für die Vater-Sohn-Beziehung gelten: »wenig Liebe, viel Gewalt« (Seiffge-Krenke, 2012b). Mit der französischen Revolution 1789 nahmen autoritäre Erziehungsprinzipien, Gewalt und Unterordnung ab, mit dem Code Napoleon 1803 fand eine Ausweitung des Einflussbereichs der Frauen und Mütter statt. Das hatte Konsequenzen für die Identitätsentwicklung der Söhne, noch bedeutsamer aber war, dass Väter sich stark veränderten und damit auch andere Rollenvorbilder für die Entwicklung des neuen Ichs des Sohnes boten.

## 4.1.2 Sind »neue Väter« förderlicher für die Identität von Söhnen?

Die Vaterrolle ist seit 1950 in Deutschland einem dramatischen Wandel unterworfen mit einer starken Erosion väterlicher Macht

## 4.1 Die Veränderung der Beziehungen zwischen Vätern und Söhnen

(Seiffge-Krenke & Schneider, 2012). Mit zunehmender mütterlicher Berufstätigkeit wurden hohe Ansprüche an die Beziehungsfähigkeit des Vaters gestellt, seine Beteiligung an der Erziehungsarbeit des Sohnes immer deutlicher. Wir finden eine immer stärkere Beteiligung des Vaters am Erziehungsprozess; Gehorsamkeit und Unterordnung als Erziehungswerte nahmen drastisch ab, ein verständigungsorientierter Erziehungsstil zu.

In den letzten Jahren ist es zu einer weiteren Veränderung der väterlichen Identität und Rolle in Deutschland gekommen (Seiffge-Krenke, 2016a), die für die Orientierung von Söhnen bei ihrer Identitätsausgestaltung während der Adoleszenz von Bedeutung sind: Kinder generell, nicht nur Söhne, haben zunehmend einen Platz in der Identität von Vätern gewonnen, sie investieren Zeit und Interesse in sie. Dies zeigt sich auch in der positiven, unterstützenden Weise, wie sie mit der körperlichen Reife ihrer Söhne umgehen und ihnen das Gefühl geben, das an ihnen alles richtig ist und es sie freut, dass ihr Sohn nun zum Mann wird (Flaake, 2019). Eine bestätigende Reaktion von einer Person des gleichen Geschlechts ist den Söhnen sehr wichtig. Dass manche Söhne von ihrem Vater dann ohne viel Worte einen Rasierer geschenkt bekommen, verdeutlicht die handelnde und bestätigende Interaktion zwischen Vater und Sohn.

Zugleich wird in den letzten Jahren eine Veränderung der väterlichen Rolle hin zu mehr Mütterlichkeit und Beziehungsfähigkeit immer offenkundiger. Seit den späten 90er Jahren des 20. Jahrhundert beziehen sich diese Veränderungen zum einen auf die enorme quantitative Zunahme des Engagements in der Kinderbetreuung, zum anderen auf die Inkorporation mütterlich-versorgender Anteile in die väterliche Rolle. Söhne erleben also heute Väter, die mütterliche Funktionen teilweise oder sogar komplett übernehmen.

Diese Zunahme an mütterlich-versorgenden Anteilen in der Vaterrolle hat allerdings durchaus zu einem Identitätsdilemma bei diesen »neuen Vätern« geführt (Seiffge-Krenke, 2012b), denn die distinktiven Funktionen des Vaters sind nach wie vor wichtig: der

Fokus auf dem Körper des Kindes mit Betonung der sportlichen Aktivitäten, von Regeln und Rivalität, die Betonung des Geschlechts des Kindes und der Fokus auf der Selbstständigkeit des Kindes. Diese distinktiven Funktionen von Vätern für die Kindesentwicklung sind auch in der Adoleszenz ihrer Kinder nachweisbar und zeigen sich besonders markant bei Söhnen. Autonomieförderung, aber auch Rivalität sind in der Vater-Sohn-Beziehung nachweisbar, und körperlich geht der Sohn auf Distanz zum Vater (Seiffge-Krenke, 2016b).

### 4.1.3 Exploration und die Bedeutung des Väterlichen

Exploration, ein zentrales Konzept für die Identitätsentwicklung, ist zugleich eines der Kernkonstrukte, das die frühe Eltern-Kind-Beziehung prägt. Hier werden die Grundlagen für das spätere explorative Verhalten gelegt, zugleich aber auch ein Modell vom Selbst – und von anderen – entwickelt, was in den folgenden Jahren handlungsleitend ist und mitbestimmt, wie sehr ein Jugendlicher sich beispielsweise zutraut, Neues auszuprobieren und spielerisch verschiedene Identitäten probeweise anzunehmen. Hier sind beide Eltern gefordert, aber die Funktion von Vätern ist in diesem Kontext eine besondere.

Für die Identitätsentwicklung und -förderung durch den Vater ist die Bindungsbeziehung von entscheidender Bedeutung, insbesondere die Dialektik von Bindung und Exploration, wie sie Bowlby schon 1980 beschrieben hat. Konzeptionell sind die beiden Verhaltenssysteme Bindung und Exploration, also Erkundungsverhalten, auf subtile Weise miteinander verknüpft, wobei die Bindungsfigur die unabdingbare sichere Basis bietet, von der aus das Kind die Welt erkundet. Die Studien von Grossmann und Grossmann (2004) haben gezeigt, dass die Spielfeinfühligkeit des Vaters genauso entscheidend zur sicheren Bindungsbeziehung beiträgt wie die mütterliche Feinfühligkeit. Die gebildeten inneren Arbeitsmodelle von sich selbst und anderen wichtigen Bezugspersonen werden dann

## 4.1 Die Veränderung der Beziehungen zwischen Vätern und Söhnen

in der Folge handlungsleitend für die weitere Beziehungsgestaltung. Auch die Fähigkeiten zur Mentalisierung und Emotionsregulierung (Fonagy, 2003) gehören zu den zentralen Fertigkeiten, die auf der Basis von Bindungsbeziehungen erworben werden.

Inzwischen haben Studien an Kindergartenkindern deutlich gemacht, dass Jungen wenig vom Kindergarten profitieren, d. h. dass ihr spezifisches Bedürfnis nach Exploration – ein entscheidender Baustein für die Entwicklung einer sicheren Bindungsbeziehung – dort nur unzureichend gefördert wird (Ahnert, 2010). Sie haben weniger gute Möglichkeiten als Mädchen, unsichere Bindungsmuster, die aus den familiären Beziehungen herrühren, kompensatorisch im Kindergarten in sichere Bindungsbeziehungen zu verwandeln. Damit sind aber zugleich auch ihre Explorationsmöglichkeiten für die eigene Identität eingeschränkt. Hans Hopf (2014), belegt, dass wir in den letzten Jahren den Jungen immer nur durch die »weibliche Brille« betrachtet haben, als jemand, der sich nicht ausreichend an die weiblich geprägte Kindergarten- und Schulkultur anpasst, der stört, laut ist, auf seine Autonomie bedacht. Die Unterdrückung dieser Merkmale ist in nicht unerheblichem Maße Ziel der weiblich geprägten Sozialisationspraxis für Jungen, zugleich charakterisieren sie erfolgreiche Männer in einer Welt der Rivalität und Macht – und diese werden von Frauen durchaus, wenn auch zwiespältig, bewundert. Es macht nachdenklich, wie ambivalent unser Männerbild ist, und dass sich, wie Hans Hopf belegt, viele Jungen von der »geknickten Männlichkeit« nicht mehr erholen werden und zu einer gutartigen narzisstischen Integrität ihrer Männlichkeit im Erwachsenenalter gelangen können.

Es muss nochmals betont werden, dass das, was in Bindungsbeziehungen gelernt und entwickelt wird (nämlich die Fähigkeit zur Emotionsregulierung und eine innere Repräsentation, ein inneres Arbeitsmodell über sich oder andere), entscheidend für die weitere Identitäts- und auch die intellektuelle Entwicklung ist. Wenn die Exploration, die für Jungen so bedeutsam ist, wesentlich zu kurz kommt, weil etwa zu mütterliche Väter oder ein weiblich dominiertes Erziehungs-, Kindergarten- und Schulsystemsystem hier nicht genug Anregungen und Spielraum bietet, so erklärt dies teilweise die erheblichen intellektuellen Defizite unsicher gebundener Jungen und die geringen Fortschritte, die sie in den weiblich sozialisierten Erziehungseinrichtungen in dieser Hinsicht machten. Diese Dialektik von Bindung und Exploration bestimmt die weitere Entwicklung des Sohnes und erklärt die oft erheblichen kognitiven Defizite, die noch im Jugendalter zu beobachten sind (Jungen als Bildungsverlierer, vgl. Hopf, 2014).

### 4.1.4 Väter, die die Identitätsentwicklung ihrer Söhne nicht stützen können

Wie in Kapitel 2 (▶ Kap. 2) belegt, war für Erikson (1968) die Identitätsentwicklung noch zentral in der Adoleszenz zwischen den Polen Identitätssynthese, d. h. Integration von früheren Identitätsaspekten und Identifikationen aus der Kindheit, und Identitätskonfusion, der Unfähigkeit, das Ganze zu einer kohärenten Identität zu integrieren. Die von Kroger et al. (2010) (▶ Kap. 3) vorgenommene Metaanalyse der vielen Studien, die zum Identitätsparadigma in Nordamerika und Europa durchgeführt wurden, zeigte, dass die Identitätsentwicklung nur sehr langsam voranschreitet, wobei die Exploration gesellschaftlich und familiär stark unterstützt wird. Eine verlängerte Identitätsentwicklung bis weit ins Erwachsenenalter hinein mit einem verzögerten Auszug, größerer Exploration im Bereich von Beruf und Partnerschaft, ist nicht mehr länger das Privileg von wenigen Männern (z. B. Marcel Proust, Aby Warburg, vgl. Seiffge-Krenke, 2012a), sondern heute eine normative Entwicklung für Jugendliche beider Geschlechter geworden.

Die Identitätsentwicklung wird auf vielfältige Weise durch die Eltern, speziell auch den Vater, beeinflusst. Er kann, wie gerade beschrieben, den Grundstein legen für unsichere Bindungsmuster mit einem negativen Bild von sich und anderen, mit entsprechenden Konsequenzen für eine verzögerte oder eingeschränkte Exploration. Väter können die Exploration ungenügend unterstützen, weil

## 4.1 Die Veränderung der Beziehungen zwischen Vätern und Söhnen

sie zu sehr mütterliche und zu wenig väterliche Qualitäten in die Erziehung des Sohnes einbringen. Väter können des Weiteren den Sohn als Container benutzen für eigene Ängste und Probleme, wie es Bion (1967) beschrieben hat. Nicht nur depressive Mütter, sondern auch depressive Väter, die die Exploration ihrer Söhne nicht mehr feinfühlig unterstützen können, sind hier zu nennen (Marinovic & Seiffge-Krenke, 2016).

Sicher haben wir heute in den meisten Familien keine so autoritären Vater-Sohn-Verhältnisse, wie eingangs geschildert. Dennoch sehen wir in psychotherapeutischen Behandlungen häufiger männliche Jugendliche, deren alternativer Identitätsentwurf von ihrem Vater nicht gestützt, nicht gefördert wird. In Seiffge-Krenke et al. (2014) ist der Behandlungsverlauf des 18-jährigen Daniel geschildert, der nicht weiß, wer er ist, und der sich in seiner Identitätsentwicklung nicht von seinem Vater gestützt fühlt – ganz im Gegenteil, diese so andersartige Entwicklung wird vom Vater blockiert. Im Folgenden werden die ersten diagnostischen Sitzungen geschildert:

> Die Mutter ruft beim Therapeuten an und berichtet besorgt über ihren 18-jährigen Sohn Daniel. Er sei ein guter Schüler, spiele begeistert im Schultheater und nehme Schlagzeugunterricht. Ansonsten lebe er vollkommen zurückgezogen, spreche nur, wenn man ihn anrede, und auch dann nur sehr wenig. Auf einer Klassenfahrt habe er einen Suizidversuch verübt. Er gehe nie aus mit Freunden. Als der Therapeut ihr erklärt, wie der Sohn die Praxis findet, meinte sie, sie könne ihn mit dem Auto bringen, er könne nicht Bus oder Zug fahren.
>
> Der Patient kommt wenige Wochen später in Begleitung seines Vaters. Er ist schlank, unauffällig dunkel gekleidet und trägt eine Schirmmütze, die er tief ins Gesicht gezogen hat. Er legt Mütze und Jacke nicht ab. Er spricht ein sehr gewähltes Deutsch, sein Blick ist auf den Tisch gerichtet, so dass man sein Gesicht nicht sehen kann. Als der Therapeut nach dem Grund seines Kommens fragt, sagt er: »Ich weiß nicht, wer ich bin.« Er berichtet, dass er ein guter Schüler ist, dass er aber auch den Eindruck hat, er müsse für seine Eltern gute Noten haben. Obwohl er ein Zweier-Schüler ist, hält er sich für das schwarze Schaf der Familie. Er berichtet dann begeistert von seinen Aktivitäten im Schultheater, wo er Hauptrollen spielt

und kein Problem hat, in eine vordefinierte Rolle zu schlüpfen. Das Theater sei für ihn einfacher als das normale Leben. Es wird deutlich, dass sein Vater, ein Physiker, auch ein sehr zurückgezogener Mensch ist, mit dem der Patient nicht reden kann und von dem er sich abgelehnt fühlt wegen seiner andersartigen Interessen (Theater). Die drei älteren Schwestern des Patienten waren dem Identitätsentwurf des Vaters gefolgt und alle Physikerinnen geworden.

In den letzten Jahren ist deutlich geworden, dass auch in klinisch unauffälligen Stichproben Väter eine eigenständige Identitätsentwicklung der Söhne unterdrücken können. Die starke psychologische Bedeutung, die Kinder in den letzten Jahrzehnten für Väter bekommen haben, hat dazu geführt, dass, bei gleichzeitigem Wegfall von autoritärer Kontrolle, Väter heute zunehmend psychologische Kontrolle einsetzen, um den Sohn in Richtung auf eine ganz bestimmte Identitätsentwicklung zu drängen.

Die psychologische Kontrolle wurde in den Arbeiten von Barber (2002) als ein Phänomen beschrieben, bei dem Eltern durch Erzeugen von Schuldgefühlen und intrusives Verhalten ein Kind in eine bestimmte Richtung, z. B. zur Übernahme einer bestimmten Identität, drängen wollen. Wann immer die jungen Erwachsenen im Bereich Beruf oder Partnerschaft zu explorieren beginnen, reagieren die Eltern darauf mit verstärkter psychologischer Kontrolle (Kins et al., 2011). Weitere Befunde dieser belgischen Längsschnittstudie zeigen im Übrigen, dass Separationsängste bei beiden Eltern, Mutter wie Vater, nachweisbar sind, und zwar bei jugendlichen und erwachsenen Kindern. Dass die Separationsangst bei Müttern und Vätern gleich stark war, unterstreicht die bereits dargestellte Trendwende hin zum mütterlichen Vater (Seiffge-Krenke, 2012b). Der Mechanismus, über den Eltern dann versuchen, die zunehmende Autonomie und Exploration des Kindes zu verhindern, ist der Mechanismus psychologischer Kontrolle. Intrusives elterliches Verhalten kann dann in der Folge, wie schon früh von Winnicott (1965) beschrieben, zu einem falschen Selbst führen, da das »Kind« eine Identität entwickelt, die nicht die seine ist. Die Anpassung an die väterlichen Zielvorgaben könnte bei Daniel dazu führen. Aber mit dem unbestimmten Gefühl, dass das nicht seine Identität ist, sucht er therapeutische Hilfe und Unterstützung, um sein eigenes Ich zu finden.

## 4.2 »Haben und Zeigen«: Identitätsentwicklung und Körperselbst im Kontext von Freunden und der Clique

Durch die stärkere Zuwendung zu neuen Beziehungen (Freunde, romantische Partner) wird auch die Identität wesentlich erweitert. Die männlichen Formen der Selbstrepräsentation, ihr veränderter Kommunikationsstil unterscheidet sich von denen der weiblichen Jugendlichen. Für die Identitätsexploration in der Adoleszenz werden von Jungen auch Körperinszenierungen benutzt (Seiffge-Krenke, 2016b). Negative Identitätsbildungen werden vor allem durch die Ablehnung von vorherrschenden Normen, traditioneller Kleidung und Haarschnitt konturiert.

### 4.2.1 Veränderte Selbstwahrnehmung und Körperwahrnehmung

Zu den Entwicklungen, die es in die Identität zu integrieren gilt, zählt die körperliche Entwicklung mit dem starken asymmetrischen Wachstumsschub und den massiven hormonellen Veränderungen, insbesondere zu Beginn der Adoleszenz. Dies führt zu einer erhöhten Selbstwahrnehmung, einem starken Fokus auf dem Körper und einem raschen Wechsel zwischen »Größenselbst« und »Kleinheitsgefühlen«. Aufgrund der extremen Unterschiede in der Entwicklungsgeschwindigkeit von 1,6–6 Jahren bleibt unterschiedlich viel Zeit für die Integration der körperlich reifen Genitalien in das Körperkonzept und die Identität, ein entscheidender Entwicklungsschritt nach Laufer und Laufer (1987), von dem Entwicklungsprogression oder Zusammenbruch abhängt. Auch Steinberg (2017) macht auf die Folgen für die Identitätsentwicklung aufmerksam: Frühreife männliche Jugendliche haben entsprechend weniger Zeit für ihre Ausarbeitung des neuen Ichs. Obwohl Konformität besonders stark angestrebt wird, ist dies zu mindestens auf der körperlichen Ebene kaum möglich. Der Versuch der Jugendlichen, auch äußerlich durch gleiche Kleidung und Schuhe eine einheitliche Linie zu finden, ist auffallend.

In den letzten Jahrzehnten hat sich nicht nur eine zeitliche Vorverlagerung der körperlichen Reife gezeigt, sondern auch ein Verschwinden des Geschlechtsunterschiedes; Jungen liegen nur noch knapp ein Jahr in der körperlichen Reife hinter den Mädchen. Ein weiterer wichtiger und konsistenter Befund betrifft die diametral unterschiedlichen Effekte von Frühreife auf die Selbstwahrnehmung und den Kontakt zu Gleichaltrigen (Flammer & Alsaker, 2002). Viele Studien zeigen, dass frühreife Jungen selbstbewusster und positiver im Kontakt sind. Während frühreife Mädchen depressiver, ängstlicher und schwieriger im Kontakt sind, wirkt sich Frühreife auf das Selbstbewusstsein von Jungen ausschließlich positiv aus, sie beschreiben sich selbstbewusst und sind stolz auf ihre Entwicklung. Damit scheint trotz einer kürzeren zur Verfügung stehenden Zeit die Identitätsentwicklung einen positiven Verlauf zu nehmen (Steinberg, 2017).

Das Körperkonzept von Jungen ist insgesamt positiver als das von Mädchen, ein Befund, der seit über 30 Jahren in angloamerikanischen Studien gefunden wurde und auch in deutschen Studien bestätigt wurde (Roth, 2000). Auch die Gewichtseinschätzung der männlichen Jugendlichen ist deutlich realistischer, und ein Untergewicht wird von ihnen ausschließlich negativ verbucht – während dies bei Mädchen intensiv angestrebt wird.

## 4.2.2 Freunde als Ansprechpartner, mit Freunden geteilte neue Erfahrungen

In einer Zeit des Wandels des Körpers sind Jungenfreundschaften eine wichtige Quelle der Selbstvergewisserung, und gleichaltrige Freunde sind mit Sicherheit »näher dran« als die Eltern. Enge körperliche Beziehungen zu den Eltern, besonders zum Vater, werden mit Beginn der körperlichen Reife von Söhnen deutlich abgelehnt. Die Initiative zu diesem Rückzug aus Umarmungen und der vorher bestandenen körperlichen Nähe geht eindeutig vom Sohn aus, wie man in Studien zum »touching behavior« zwischen Vater und Sohn herausgefunden hat (Shulman & Seiffge-Krenke, 1997/2016).

Mit wem sollen Jungen, insbesondere in der Frühadoleszenz, die ständigen unkontrollierbaren Erektionen besprechen, die durch alles Mögliche ausgelöst werden können und erst viel später ihre exklusive Auslösung durch weibliche (und bei einem Teil auch durch männliche) Reize erhalten werden? Da sind natürlich die gleichaltrigen engen Freunde und Klassenkameraden oder Sportkumpels die richtigen Ansprechpartner, denn sie haben mit den gleichen Problemen zu kämpfen. Der Umgang mit diesen körperlichen Veränderungen, seien es das erste Bart- oder Schamhaar, der asymmetrische Wachstumsschub mit seinen ungelenken Körperbewegungen, die Akne, die Stimme, die nicht mehr so recht gehorchen will – dies alles sind durchaus irritierende Erfahrungen, die aber in der Regel durch einen schnodderigen und humorvollen Ton im Freundeskreis kommentiert und aufgefangen werden. Auch die Äußerungen von männlichen Jugendlichen in Online-Beratungsforen zeigen eine durchaus große Beunruhigung durch den sich verändernden Körper, wobei vor allem äußerlich sichtbare Merkmale (Körpergröße, Bartwuchs, Muskelmasse, Entwicklung von Penis und Hoden) besonders beachtet werden (Flaake, 2019). Der Penis als Symbol von Macht und Männlichkeit nimmt eine zentrale Rolle ein.

Die engen Jungensfreundschaften sind wichtig, auch wenn die körperlichen Veränderungen bei Jungen nicht so dramatisch mit negativen Affekten aufgeladen sind wie bei Mädchen. Trotz unterschiedlicher Entwicklungsgeschwindigkeit sind sich Jungen nämlich ähnlich in ihrer insgesamt recht positiven Einschätzung des Körperkonzeptes und den Auswirkungen körperlicher Reife – man mag dies als Abwehr von Angst und Verunsicherung deuten, aber es ist auch eine insgesamt recht positive Verarbeitung dieser kompletten Umstrukturierung vom Kind zum Mann.

Die enorme Varianz in der Entwicklungsgeschwindigkeit der körperlichen Reife führt allerdings im Klassengefüge und den Freundschaftsbeziehungen von Jungen auch zu massiven Veränderungen: Frühreife Jungen besetzten jetzt die »Star«-Positionen, und ein Junge mit einem früher hohen Status und hoher Beliebtheit in der Klasse oder Freundesgruppe kann auf Grund seiner langsameren Entwicklungsgeschwindigkeit diesen Status verlieren. Das ist eine herbe Erfahrung und auch wenig beeinflussbar: Tatsächlich brauchen einige Jungen nur sehr kurze Zeit, andere dagegen bis zu 6 Jahren von den ersten Anzeichen körperlicher Reife bis zur vollen Ausbildung mit veränderter Stimmlage, veränderter Körpergröße und Muskelmasse und der vollen Ausbildung der primären und sekundären Geschlechtsmerkmale. Der soziale Vergleich unter Jungen – ohnehin ein wichtiges Vehikel der Identitätsstabilisierung – ist hier wichtig und kann markante, sarkastische Formen (»Schwanzvergleich«) annehmen (Seiffge-Krenke, 2015a).

### 4.2.3 Bedeutung der Jungenclique: »Haben und Zeigen«

Die Modellierung eines männlichen Körpers geschieht nicht nur mit den Freunden, mit denen körperliche Erfahrungen geteilt und der neue Körper erprobt wird, sondern auch in der Clique. Für Jungen sind in der Clique sportliche Betätigung, aber auch das Tragen bestimmter angesagter Klamotten identitätsstiftend. In diesem Zusammenhang ist daran zu erinnern, dass Mannschaftssportarten bei Jungen sehr beliebt sind, in der der Einzelne in seinem Beitrag zum Gesamtgeschehen wichtig ist. Diese geteilte gemeinsa-

## 4.2 »Haben und Zeigen«: Identitätsentwicklung und Körperselbst

me Identität als mehr oder weniger erfolgreiche Sportgruppe beispielsweise erlaubt es dem Einzelnen, unterzutauchen, aber auch seinen Stellenwert für die Sportkameraden und das gemeinsame Ziel zu sehen und sich in seiner körperlichen und sozialen Leistung mit anderen zu vergleichen.

In der mittleren Adoleszenz kommt es zu einer Verstärkung geschlechtstypischen Verhaltens (*gender intensification*) und damit zu einer Akzentuierung von Geschlechtsunterschieden, was sich in der unterschiedlichen Bedeutung und Größe von Freundschaftsnetzwerken für Jungen und Mädchen widerspiegelt. Männliche Jugendliche neigen zu Beziehungen in größeren Gruppen und Freundeskreisen, wie sich in extensiven Freizeitaktivitäten (zusammen »chillen«), viel Sport oder auch Computerspielen äußert. Insgesamt hat sich das Freizeitverhalten von eltern- oder erwachsenendominierten Aktivitäten immer stärker durch Gleichaltrigen-Aktivitäten verändert, mit denen jetzt deutlich mehr Zeit als mit den Eltern verbracht wird (Hendry et al., 1993). Zahlreiche männliche Jugendliche und ihre Freunde verabreden sich an öffentlichen Plätzen und Orten zum »abhängen« oder verabreden sich in Lanparties u. ä. zum Computerspielen. Besonders beliebt, und wegen seines Suchtpotential durchaus gefährlich, ist WOW (World of Warcraft), wo man gemeinsam in der Gilde miteinander und gegeneinander spielt und die eigene Identität mit der der anderen eng verbunden ist.

Der Identitätsaufbau geschieht in den Jungengruppen sehr stark über Körperoptik. Ein männlicher muskulöser Körper wird angestrebt. Ab dem 16. Lebensjahr verbringen männliche Jugendliche viel Zeit in Fitnessstudios und bei sportlichen Aktivitäten. Bodybuilding und Fitness werden extensiv betrieben, muskelaufbauende Sportarten bevorzugt, dabei werden auch Nahrungsergänzung, Diäten und Hautöle wichtig. Zubehörgeschäfte leben von der Ausstattung dieser äußeren Fassade für die diversen Sportarten. Man könnte die Entwicklungsorientierung in Bezug auf die Identität mit »Haben und Zeigen« beschreiben: der eigene Körper wird bewusst geformt, der Körper beim Posing in einem Wettkampf präsentiert (Farin & Möller, 2014). Die Nutzung von sportlichen Aktivitäten, von Wettkämpfen und Körperinszenierungen stellt einen gesellschaftlich anerkannten Rahmen für das Ausleben von Vitalität, Rivalität, Aggressivität, Regeln, also typisch männlichen Attributen, dar. Geteilte Aktivitäten spielen also für männliche Jugendliche in der Clique eine große Rolle für die Identitätsentwicklung (Seiffge-Krenke & Seiffge, 2005).

## 4.3 Oszillieren zwischen Identitätsbarrieren und -erweiterungen: Homophobie und riskantes Verhalten

Anders als bei Mädchenfreundschaften, in denen größtmögliche auch körperliche Nähe und Exklusivität angestrebt wird, sind die Beziehungen männlicher Jugendlicher zu ihrer Clique durch eine eher körperferne Unterstützung des sich verändernden Körperselbst, der Identität gekennzeichnet. Zugleich wird im Schutz der Freunde, der Clique (vermeintlich) männliches Verhalten erprobt, und dies schließt auch Erfahrungen mit riskanten Aspekten ein.

### 4.3.1 Vermeidung zu großer Nähe bei der Identitätskonstruktion, riskante Explorationen

Peter Blos hat in seiner Psychoanalyse der Adoleszenz für männliche Jugendliche die Präadoleszenz (11–12 Jahre) mit ihrem relativ starken und ungesteuerten Triebdruck beschrieben. In dieser Phase zeigen Jungen eine mädchenfeindliche Einstellung. Sie meiden Mädchen bzw. setzen sie herab, necken sie und verhalten sich angeberisch, wenn sie mit ihnen zusammen sind. Blos (1973/2001) erklärt das Verhalten der Jungen u. a. dadurch, dass passive Bestrebungen, die eine gefährliche Nähe zu allem Weiblichen haben, überkompensiert werden. Häufig haben Jungen, so Blos, in diesem Alter Größenideen; das Thema des Tötens, Unterwerfens, Demütigens taucht in endlosen Variationen auf. An diese Phase schließt sich, so Peter Blos, im Alter von 13–14 Jahren, d. h. in der Frühadoleszenz, ein sogenanntes homosexuelles Durchgangsstadium an (▶ Kap. 6, bisexuelles Schwanken). Bei der Auseinandersetzung mit der eigenen Sexualität sind homoerotische Unterströmungen für Jungen eher tabu, »schwul« ist eines der häufigsten und ärgsten Schimpfwörter unter Jungen. Entsprechend häufig sind Anfragen in Online-Beratungsforen von Jungen, die die Sorge haben, schwul zu sein (Flaake, 2019).

Der Begriff Homophobie weist auf Angst als Ursache des ablehnenden Verhaltens hin. Angst ist ein anerkanntes Erklärungsmodell für das aggressive-ablehnende Verhalten von Jugendlichen gegenüber Homosexuellen, und zwar nicht Angst vor diesen Personen, sondern eine tiefsitzende, oft unbewusste Angst vor den eigenen unterdrückten Persönlichkeitsanteilen. Homophobie bezeichnet also einerseits eine irrationale Angst vor den eigenen, nicht in das Selbstbild, die Identität passenden und deshalb abgewehrten und ins Unbewusste verdrängten weiblichen Persönlichkeitsanteilen und andererseits die daraus resultierenden Gefühle wie Ekel, Verachtung und Hass. Zugleich muss man bedenken, dass sich die männliche Identität eben genau im Kontext der Interaktion mit gleichaltrigen Jungen entwickelt und stabilisiert und homoerotische Anziehung vorkommen kann (▶ Kap. 6). Die Gesellschaft ist gegenüber homoerotischen Bestrebungen und Äußerungsformen von Mädchen toleranter als gegenüber denen von Jungen.

Narzisstische bzw. egozentrische Verhaltensweisen, wie in Kapitel 3 (▶ Kap. 3) beschrieben, sind bei Jungen ausgeprägter als bei Mädchen und offenbaren sich in einer narzisstisch getönten Freundeswahl, der narzisstischen Körperbesetzung, aber auch in Größenphantasien. Dieser Egozentrismus macht sich in der Fehleinschätzung von Gefahren bei der Ansteckung (Aids) und in der Möglichkeit, einen Unfall zu haben, bemerkbar. Der Entwicklungsschritt vom konkreten zum formalen Denkniveau ist hier sehr entscheidend, und die Interaktion mit den Freunden, in der Clique, trägt maßgeblich zum Rückgang des adoleszenten Egozentrismus bei (Seiffge-Krenke, 2002a).

Auch das von Blos (1973/2001) beschriebene Agieren, das man bei männlichen Jugendlichen besonders häufig beobachten kann, hat hier seinen Platz. Im Agieren werden unbewusst bedeutsame Lebensthemen in Szene gesetzt. Zum ersten Mal werden männliche Jugendliche sich auch ihrer eigenen Sterblichkeit bewusst und testen die Grenzen dazu aus. Viele der Aktivitäten in der Adoleszenz haben einen narzisstischen Charakter; Risikoverhaltensweisen und riskante Sportarten sind häufig (Budde & Faulstich-Wieland, 2005). Das gemeinsame Ausprobieren von Nikotin, Alkohol und Drogen fällt in diesen Rahmen. In den letzten Jahren hat das gemeinsame »Komasaufen« von männlichen Jugendlichen in den Massenmedien viel Aufmerksamkeit bekommen. Dabei wird die Freundesgruppe, die Clique, als ein Experimentierfeld für neue, riskante Erfahrungen genutzt.

Dies gilt auch für problematische Bewältigungsstrategien. Das klassische Beispiel dafür ist der Werther-Effekt, d. h. das epidemische Auftreten von Suiziden nach dem Erscheinen von Goethes »Die Leiden des jungen Werther« 1772, in dem ein Suizid nach einer unerfüllten Liebesbeziehung beschrieben wird. Internetforen für Jugendliche beschäftigen sich heute mit der Möglichkeit, seinem Leben ein Ende zu setzen. Dies ist eine gefährliche Ebene, denn tatsächlich ist die Anzahl von vollzogenen Suiziden bei männlichen Jugendlichen deutlich höher als bei weiblichen Jugendlichen (▶ Kap. 11). In Bezug auf den Film *Der Joker* (2019) wurde ein solcher Verführungseffekt für männliche Jugendliche aus problematischen Lebenskontexten diskutiert.

## 4.3.2 Identität im Gewaltkontext: Bullying

Es war bereits darauf hingewiesen worden, dass insbesondere in der Frühadoleszenz bei männlichen Jugendlichen Größenideen, das Thema des Tötens, Unterwerfens, Demütigens häufig auftaucht. Die Auseinandersetzung mit negativen Selbstaspekten muss in diesem Kontext bearbeitet werden. Dazu gehören die eigenen aggressiven Anteile, die bei männlichen Jugendlichen deutlich häufiger und länger als bei ihren weiblichen Altersgenossen physische Aggression einschließen. Beim Bullyling, das im Kontext einer Gruppe mit klar verteilten Rollen (Angreifer, Mitläufer, Unterstützer, Opfer, stille Audienz) abläuft, muss sich der Jugendliche klar darüber werden, welche Position er einnimmt.

Es handelt sich beim Bullying um eine spezielle Form aggressiven Verhaltens, welche durch schädigende Handlungsmuster charakterisiert ist, die wiederholt und über einen längeren Zeitraum von einem oder mehreren Schülern ausgeübt werden und im Kontext von anderen Kindern oder Jugendlichen steht, die weitere Rollen (Opfer, Mitläufer, Zuschauer) ausfüllen. Fast immer sind die Bullier ältere männliche Schüler, die Jüngere im Schulkontext oder in der Freizeit sadistisch quälen, ohne dass das Opfer die Gewalt verursacht hat. Hinsichtlich der Stärke herrscht also zwischen einem Täter (Bully) oder einer Tätergruppe (Bullies) und einem Opfer (Victim) ein Ungleichgewicht vor. Es gibt darüber hinaus eine Gruppe von männlichen Jugendlichen, die sowohl Opfer als auch Täter sind (Bully/Victims). In Bezug auf Deutschland zeigte sich (vgl Seiffge-Krenke & Petermann, 2015), dass 5 % bis 8 % der Schüler regelmäßig (d. h. mindestens einmal wöchentlich) als Täter fungieren und zwischen 5 % und 11 % der Schüler regelmäßig Opfer von Bullying sind. Den Status des »Bully/Victims« nimmt eine kleine Gruppe von zumeist älteren Schülern ein, berichtet wird ein Anteil von 2–3 % der Jugendlichen. In der Gruppe der Täter und der »Bully/Victims« überwiegen die Jungen.

Hier sind die Auswirkungen auf die Identität zu bedenken: Ab dem 13. bis 16. Lebensjahr muss von einer Verfestigung der Täterrolle, aber auch der Opferrolle ausgegangen werden (Stoiber & Schäfer 2013). Etwa 70 % der Schüler, die in der 9. und 10. Klasse als Opfer nominiert wurden, hatten diese Rolle auch schon in der 6. Klasse und ein Jahr später inne (Petermann & Koglin, 2013). Die Auswirkungen auf die Identität sind also sowohl bei den Täter- als auch bei den Opferrollen gravierend. Besonders das veränderte Selbst, das geringe Selbstbewusstsein und die Annahme von Zuschreibungen der Inferiorität durch andere ist bei Opfern bekannt.

Beim Bullying kommt es neben körperlichen Misshandlungen auch zu anderen Aggressionsformen, zum Beispiel Zerstören von Eigentum des Opfers (z. B: Schultaschen, Kleidungsstücke). Vielfach werden Opfer von Gruppenaktivitäten ausgeschlossen, und es werden Anlässe geschaffen, um sie vor anderen lächerlich zu machen (Petermann & Koglin, 2013). In jüngster Zeit sind Fälle von Cyber-Mobbing bekannt, wo es vor allem um die Abwertung und Lächerlichmachen der Opfer geht. Der »soziale Terror« im Rahmen des Cyber-Mobbings erfolgt unter Verwendung der modernen Informations- und Kommunikationstechnologie. Ein Cyber-Täter kann ohne Probleme seine Identität verbergen, wodurch sich das Machtgefälle zwischen Opfer und Täter vergrößert und die negativen Folgen für das Opfer noch schlimmer ausfallen.

Lange Zeit hat man aggressives Verhalten unter Schülern vor allem aus der Defizitperspektive betrachtet, vor allem sind Defizite in der sozial-kognitiven Informationsverarbeitung und der Emotionsregulierung herangezogen worden (Seiffge-Krenke, 2016c). Inzwischen weiß man aber, dass aggressive Täter (Bullies) auf überdurchschnittliche soziale Fähigkeiten zurückgreifen können, die sie kompetent einsetzen, um ihre soziale Umgebung zu manipulieren (Seiffge-Krenke & Petermann, 2015): Ab den weiterführenden Schulen dominieren die Bi-Strategen, die ihre sozialen Fertigkeiten geschickt und unterschiedlich (positiv gegenüber Mitläufern, negativ gegenüber Opfern) einsetzen. Diese Strategien finden in einem verstärkenden Kontext statt: Mobbing bzw. Bullying wird nur möglich, wenn Andere mitmachen, und zwar zum einen als Assistenten und Verstärker, die aktiv unterstützen und verstärken, und zum anderen, indem sie als Außenstehende passiv bleiben und damit ebenfalls aggressionsverstärkend agieren.

## 4.4 Erweiterung der Identität durch Zugang zu romantischen Partnern

Während der Kindheit haben Jungen in streng nach dem Geschlecht segregierten Gruppen typische Jungenspiele gespielt; ein »cross-gender play« (Ayd & Corsaro, 2003) ist sehr selten zu beobachten. Mit Beginn der körperlichen Reife beginnt auch die Annäherung an das andere Geschlecht. Dies geschieht zunächst, indem sich große Gruppen von Jungen mit großen Gruppen von Mädchen an öffentlichen Plätzen, vor Kaufhäusern, Kinos, Discos etc. treffen und mit dem anderen Geschlecht wieder vertraut werden (Connolly, Furman & Konarski, 2000). Später werden kleinere Gruppen von Jungen mit kleineren Gruppen von Mädchen ausgehen – obgleich sich eigentlich ein bestimmter Junge nur für ein bestimmtes Mädchen interessiert. Es ist aber wichtig, wie die Freunde, die Clique, dieses Mädchen beurteilen, d.h. der Status dieses Mädchens aus deren Sicht ist wichtig. Mit dem Status des Mädchens in der Freundesgruppe steigt auch das Selbstbewusstsein des Jungen, der sich für sie interessiert. Die ersten romantischen Beziehungen sind kurzdauernd und stark an den körperlichen Bedürfnissen des männlichen Jugendlichen orientiert; die Beziehungsebene ist eher nachgeordnet (Seiffge-Krenke, 2009).

In den ersten romantischen Beziehungen geht es zunächst mehr um den eigenen Körper, die eigene Identität und den Status in der Jugendlichengruppe (Brown, 1999). Die Paarbildung mit hoher Intimität ist ein längerer Lernprozess, der erst nach mehreren romantischen Erfahrungen erfolgt und dann allerdings einen gewissen Rückzug aus den Freundschaftsbeziehungen mit anderen

Jungen, der Clique, mit sich bringt. Die Zeit, die männliche Jugendliche dann ab Mitte/ Ende der Adoleszenz mit ihrer Partnerin verbringen, geht zu Lasten der Zeit, die man für die Jungenfreundschaften, die Clique, hat – was durchaus ein Konfliktpotential mit sich bringt.

In der mittleren Adoleszenz sind die Freunde also vor allem wichtig beim Kennenlernen von potentiellen Partnerinnen. Der körperliche Umgang mit dem anderen Geschlecht bleibt zunächst irritierend, da die körperlichen Beziehungen von Jungen miteinander eher distant sind. Körperliche Nähe, wie sie Mädchen zulassen, durch Kleidertausch oder gemeinsames Schminken, in einem Bett übernachten und Händchenhalten, ist für Jungen in Bezug auf ihre besten Freunde ein »no go«. Mädchen dagegen haben durch den engen Körperkontakt mit Gleichaltrigen schon vielfältige Erfahrungen gesammelt. Sie erwerben dadurch rund zwei Jahre vor ihren männlichen Altersgenossen ein höhere Intimitätsniveau in ihren Freundschaftsbeziehungen (▶ Kap. 5). Dies ist mit ein Grund dafür, dass sie für den Beginn romantischer Beziehungen »gut gerüstet« sind, ist aber auch Anlass für Missverständnisse und Konflikte, die durch die unterschiedlichen Intimitätsniveaus und Kommunikationsformen von Jungen und Mädchen in diesen ersten Partnerschaften entstehen können. Diese Missverständnisse und veränderten Kommunikationsstile erklären teilweise die recht häufig angewendete Gewalt bzw. den Druck, den Jungen ausüben, um Mädchen zum Sex zu bringen (Wendt, 2019). Ganz generell gibt es Belege dafür, dass Jungen aus ihrer Beziehung zu Mädchen lernen, und junge Männer mit wenigen Beziehungen zu Mädchen und Frauen stagnieren in ihrer Intimitätsentwicklung (Sidor, Knebel & Seiffge-Krenke, 2006).

## 4.5 Aggression, die »Leerstelle Vater« und ihre Bedeutung für die Identitätsentwicklung

Zu Anfang dieses Kapitels wurden vor allem die Förderung von Identitätsexploration durch den Vater bzw. die Schwierigkeiten, die manche Väter damit haben, geschildert. Zu einem Element aus der väterlichen Beziehung, das auch in die Identität integriert werden muss, zählt der Umgang mit Aggression. Dazu haben wir in der Jungen-Peergroup schon einige Beispiele gegeben, es soll aber abschließend nochmal auf die Vater-Sohn-Beziehung und ihr Stellenwert eingegangen werden.

Pubertätsrituale sind bei uns verschwunden. In einigen Gesellschaften werden sie allerdings immer noch abgehalten. Sie beginnen in der Regel ab dem Alter von 12 Jahren und beziehen sich bevorzugt auf die männlichen Kinder. Die älteren Männer des Stammes nehmen die Jungen von der Mutter weg, isolieren sie, jagen ihnen Angst ein und fügen ihnen Schmerz zu. Ziel ist die Austreibung alles Weiblichen. In einigen Kulturen dauert das Initiationsritual umso länger, je länger die Symbiose Mutter-Sohn andauerte. Wir halten aus heutiger Sicht eine Doppelidentifizierung mit Mutter und Vater für den optimalen Entwicklungsweg, ergänzt und erweitert durch die Identitätskomponenten, die aus den Erfahrungen mit den Gleichaltrigen und romantischen Partner entstanden sind.

Aggression von Vätern gegenüber den Söhnen war nicht nur eine historische Tatsache, die mit Macht, Besitz und Erbfolge zu tun hatte, sondern hing auch, wie bereits geschildert, mit dem starken Bedürfnis der Väter zusammen, die Identitätsentwicklung des Sohnes als »Spiegel des Vaters« zu beeinflussen – und mit entsprechender Aggression zu reagieren, wenn der Sohn eben kein Spiegel wurde. Dies wurde im Fall von Daniel zuvor geschildert und in Kafkas Brief an den Vater (1919) eindrucksvoll beschrieben. Bei uns sind aggressive Spannungen zwischen Vater und Sohn eher verdeckt, und die Wendung zu eher mütterlichen

Vätern tut ein Übriges, um offene Auseinandersetzungen zu verhindern.

Es gibt allerdings auch (seltene) historische Belege, dass der Tod des Vaters intensiv vom Sohn begrüßt wurde, weil nun mehr Freiheit für die eigene Identitätsentwicklung entstanden ist. Für die meisten vaterlos aufgewachsene Söhne hinterlässt der Tod des Vaters jedoch eine Leerstelle im Körper, ist die weitere Orientierung für das Leben als Mann zunehmend schwierig, weil keine Erfahrungen mit vielen Aspekten der männlichen Identität möglich war. Es setzt eine Suche nach dem Vater und Ersatzvätern ein, die Orientierung geben können. Besonders eindrucksvoll ist dies in »*Der erste Mensch*« von Camus (1995) nachvollziehbar, vor allem in seinem Brief an seinen Lieblingslehrer, der ihn sehr gefördert hat und dem er dankbar nach der Verleihung des Nobelpreises schreibt. In Deutschland hat Radebold (2000) die Situation der Kriegskinder beschrieben: Wie sie den Verlust des Vaters erlebten, welche »Leerstelle« er hinterließ, wie unsicher sich die Jungen in ihrer männlichen Identität fühlten.

Demgegenüber stellte der Vaterverlust für Sartre (1905–1980) ein eindeutig von ihm als positiv bewertetes Ereignis dar. Als sein Vater Jean-Baptiste starb, war Jean-Paul 15 Monate alt, er war also gleichalt wie Camus, als dieser seinen Vater verlor. Die Mutter von Sartre verwöhnte und bewunderte ihn sehr, es wurden auch von den Großeltern keinerlei disziplinarische und begrenzende Erziehungsmaßnahmen vorgenommen. Sein Größenselbst wurde also nicht begrenzt. Man darf nicht vergessen, dass im historischen Kontext, in dem Sartre dies schrieb, autoritäre Erziehungspraktiken und drakonische Strafen, auch Prügelstrafen, besonders gegenüber den Söhnen, an der Tagesordnung waren. Väter bestimmten über das Schicksal der Söhne (»Mein Erzeuger hätte über meine Zukunft entscheiden«, Sartre, 2005, S. 50). Macht, Einfluss und ungeteilte Bewunderung waren für Sartres Kindheit bestimmend, er wurde nicht begrenzt, er musste sich nicht unterordnen und alle Erwachsenen waren zu seinen Bediensteten degradiert.

Infolge der beiden Weltkriege war Vaterlosigkeit in der ersten Hälfte des 20. Jahrhunderts bis weit über die Jahrhundertmitte hinaus ein weit verbreitetes Phänomen; nach dem Zweiten Weltkrieg etwa wuchs ein Viertel der Kinder vaterlos auf. In den folgenden Jahrzehnten änderten sich die Gründe für Vaterlosigkeit; als Hauptursache wurde der Tod des Vaters durch die Trennung der Eltern abgelöst und der Verlust des Vaters, auch bei gemeinsamer Sorge, durch »maternal gatekeeping« (Seiffge-Krenke, 2016a). Damit war die Bedeutung des Vaters für die Identitätsentwicklung des Sohnes stark eingeschränkt, ein Phänomen, das auf etwa 10 % der Scheidungsjungen zutrifft. Während die Langzeitfolgen der vaterlos aufgewachsenen Nachkriegsgeneration in Bezug auf psychische Störungen gut untersucht sind – noch 50 Jahre nach Kriegsende fand man eine große Häufung an psychischen und psychosomatischen Beschwerden (u. a. Depression, soziale Ängste und Misstrauen) bei den zwischen 1939 und 1945 geborenen Kriegskindern (Franz, 2010) –, haben die Folgen für die Identitätsentwicklung insbesondere der Jungen wenig empirische Beachtung gefunden. Die bereits erwähnten Schilderungen von Radebold (2000) weisen darauf hin, dass eine frühe Vater-Abwesenheit einen erheblichen Risikofaktor für die Identitätsentwicklung insbesondere für Jungen darstellt.

## 4.6 Stabilität und Veränderung der Identitätsdimensionen im Jugendalter, langsamere Entwicklung der Jungen

In Kapitel 3 (▶ Kap. 3) war anhand der Arbeiten von Marcia und insbesondere dem Forschungsüberblick von Jane Kroger und Kollegen deutlich geworden, dass eine erarbeitete Identität im Jugendalter eher noch nicht zu erwarten ist; die Prozentsätze für diesen Identitätsstatus waren in den Jugendlichenstichproben sehr niedrig. Diese Meta-Analyse hatte auch eine langsame Progression in allen Identitätsdimensionen über die Zeit belegt. Jugendliche waren zwar inkludiert, aber die meisten Stichproben stammten aus dem jungen Erwachsenenalter. Wir wollen nun einige Befunde, die typisch für Jugendliche sind, kennenlernen und auf Geschlechtsunterschiede, speziell auf die Befunde bei männlichen Jugendlichen, eingehen.

Eine genauere Analyse der Stabilität und Veränderung der Identitätsentwicklung bei Jugendlichen stammt von der Arbeitsgruppe um Wim Meeus aus den Niederlanden, der ein dreidimensionales Modell der Identitätsentwicklung (*commitment, exploration in depth* und *reconsideration*) entwickelt hatten (Meeus et al., 1999), das starke Ähnlichkeit mit dem von Marcia hat und als dessen Erweiterung anzusehen ist. Klimstra et al. (2010) untersuchten in einer 5-Wellen-Längsschnittstudie 923 frühe bis mittlere Jugendlichen (50,7 % Jungen; 49,3 % Mädchen) und 390 mittlere bis späte Jugendlichen (43,3 % Jungen und 56,7 % Mädchen) im Alter von 12 bis 20 Jahren. Verschiedene Arten von Veränderungen und Stabilitäten (d. h. Veränderungen auf Mittelwertsebene, Rangordnungsstabilität und Profilähnlichkeit) wurden für drei Dimensionen der Identitätsbildung bewertet (d. h *commitment, exploration in depth* und *reconsideration,* d. h. erneute Prüfung). Die Ergebnisse zeigten Veränderungen der Identitätsdimensionen in Richtung Reife, was durch eine abnehmende Tendenz zur erneuten Prüfung (*reconsideration*), eine immer eingehendere Exploration und immer stabilere Identitätsdimensionsprofile festmachen ließ. Das mittlere Maß an Commitment blieb niedrig, und die Rangordnung von eingehender Exploration (1), erneuter Prüfung (2) und Commitment (3) änderte sich nicht mit dem Alter. Insgesamt waren Mädchen in Bezug auf die Identitätsbildung im frühen Jugendalter reifer (▶ Kap. 5), aber Jungen hatten sie im späten Jugendalter eingeholt.

Zusammenfassend zeigt die Studie, dass die Identitätsentwicklung sowohl durch Stabilität als auch durch fortschreitende Veränderungen beschrieben werden kann. Was die Stabilität angeht, so wurden, wie dargestellt, keine altersbedingten Veränderungen in

## 4.6 Stabilität und Veränderung der Identitätsdimensionen im Jugendalter

Bezug auf die Rangordnungsstabilität der Identitätsdimensionen und das mittlere Maß an Commitment festgestellt. Commitment blieb über alle Jahre hinweg immer am niedrigsten. Es gab jedoch Hinweise auf fortschreitende Veränderungen bei Jungen, insbesondere lineare Zunahmen in der Exploration und leichte Abnahmen in der eingehenden Prüfung. Jungen erlangten ein zunehmend stabileres Identitätsprofil (was durch eine Zunahme der Profilähnlichkeit belegt wird) und zeigten Zunahmen in der eingehenden Erforschung (*exploration in depth*) nach Stagnation in der frühen Adoleszenz dann in der mittleren bis späten Adoleszenz.

Die holländische Studie über Stabilität und Veränderungen zeigt demnach, dass Jungen im späten Jugendalter aufholen. Hier zeigt sich also, ähnlich wie bei der Intimitätsentwicklung, eine Entwicklungsverzögerung der Jungen, die jedoch bald aufgeholt wird.

Wie erwähnt erwarten wir eine erarbeitete Identität im Jugendalter eher noch nicht, dies hängt auch damit zusammen, dass für die meisten Jugendlichen noch bis zum Alter von 18 Jahren der Lebenskontext Schule bestimmend ist und Entscheidungen bzw. Festlegungen noch nicht erfolgen müssen. Es gibt allerdings eine gewisse Gruppe von Jugendlichen, die den Schulabschluss früher anstreben (oder keinen Schulabschluss haben), für die diese Fragen dann drängender werden. Insbesondere für Jugendliche, die eine Lehre machen, finden sich immer wieder Beispiele dafür, dass ein bestimmtes Berufsziel früh und intensiv angestrebt wird und auch schon viel erreicht wurde.

> Der 18-jährige Theo hat in Frankreich den ersten Preis für den besten Lehrling in Patisserie gewonnen und ist strahlend mit seinem goldenen Preis in der Zeitung *Le Journal* (16.7.2019) zu sehen. Er hatte schon immer den Wunsch, sagte er im Interview, Patissier zu werden, hat schon als kleiner Junge gerne Kuchen gebacken und Torten hergestellt bzw. seine Eltern, die ebenfalls Konditoren waren, dabei geholfen. Er hat eine Starstelle bei der Patisserie Nuguet in Chauffailles, Bourgogne, angeboten bekommen und wird da überglücklich im September anfangen, berichtet er.

Solche Beispiele gibt es sicher auch für Deutschland. Man mag da zunächst an den Identitätsstatus *foreclosure* denken (Commitment ohne Exploration), aber vielleicht war es ja doch eine erarbeitete Identität mit Entscheidung für diese Alternative – leider hat der Interviewer da nicht genauer nachgefragt. Wie schon in Kapitel 3 (▶ Kap. 3) erwähnt, gibt es besondere Bedingungen, in denen *foreclosure* ein sehr sinnvoller Identitätsstatus ist, z. B. bei Jugendlichen, die auf Grund besonderer Bedingungen (familiäre Verpflichtungen, frühe Interessen, einschränkte Gesundheit) sich dafür entscheiden. Auf jeden Fall ist bemerkenswert, dass in meiner Studie, in der 3000 23-jährige Erwachsene mit unterschiedlichem Berufsstatus (Studenten, Berufstätige, Auszubildende, Arbeitslose) die Auszubildenden und Berufstätigen die am weitesten entwickelte Identität hatten (Seiffge-Krenke, 2017b). Sie hatten nach einem gewissen Explorationsprozess sich dann auf eine bestimmte Richtung festgelegt (Commitment).

Insgesamt zeigte sich, dass die männliche Identität im Umbruch ist, besonders deutlich an der sich verändernden Identität von Vätern, was für männliche Jugendliche in Bezug auf die Orientierung besondere Möglichkeiten, aber auch Herausforderungen und Schwierigkeiten bietet. Deutlich anders als bei Mädchen sind auch die spezifischen männlichen Formen der Selbstrepräsentation, der Kommunikationsstil und das veränderte Verhalten in den Cliquen. Sie sind genauso wichtig für die Identitätskonstruktion, haben aber eine andere Form als bei Mädchen.

# 5

# Die Suche nach dem neuen Ich bei weiblichen Jugendlichen

Die körperliche Reife und die damit einhergehenden Veränderungen im Körperkonzept, in der Identität und den Beziehungen zu Eltern und Freunden sind einschneidende und verwirrende Erfahrungen und machen diese Phase auch für die Mädchen zu einem enorm anstrengenden und vielfach auch belastenden Entwicklungsabschnitt. Der seit Jahrzehnten bestätigte empirische Befund, dass viele psychische Erkrankungen erstmalig in der Adoleszenz und besonders häufig bei Mädchen auftreten, unterstreicht, dass die Verarbeitung von körperlicher Reife, die Neukonzeptualisierung der Identität und in der Folge die Veränderungen in den Beziehungsmustern viele Mädchen überfordern.

Es gibt jedoch auch entscheidende Unterschiede zur Identitätsentwicklung von Jungen, die die Bedeutung der Scham für die Identitätsentwicklung, die stärkere negative Konnotierung aller körperlichen Veränderungen mit einem entsprechend negativeren Körperselbst und insbesondere den sehr massiven sozialen Vergleich mit Freundinnen betreffen, in deren Kontext das Körperselbst und die weibliche Identität modelliert werden. Die Bedeutung der Scham für die Identitätsentwicklung war bereits von Erikson (1971) herausgearbeitet worden, und es wird im Folgenden deutlich werden, wie sehr sie für die mädchenspezifische Identitätsentwicklung wichtig ist.

Dass die Identifizierung mit, aber auch die Abgrenzung von der Mutter für Mädchen ebenfalls konfliktreicher ist als für Jungen, zeigen viele empirische Studien. Wie sehr der Vater für die weibliche Identität und das Körperkonzept von Bedeutung ist, hat erst in jüngster Zeit Aufmerksamkeit gefunden. Auf Grund ihrer stärkeren Beziehungsorientierung sind weibliche Jugendliche auch heutzutage noch deutlich abhängiger vom Mann als Indikator ihrer weiblichen Identität, was vielfach die Frage aufwirft, wieviel Platz noch fürs Selbst des Mädchens bleibt. Damit greifen wir eine Perspektive auf, die schon Erikson (1971) verfolgt hat: dass die Brüchigkeit der Identität besonders bei der Aufnahme von Liebesbeziehungen deutlich wird (▶ Kap. 2).

## 5.1 Identitätsherausforderungen durch die körperliche Reife: Bedeutung der Körperscham, von Narzissmus und Entfremdung

Ähnlich wie für Jungen sind bei der Identitätsentwicklung weiblicher Jugendlicher der Körper und seine Modellierung in sozialen

5.1 Identitätsherausforderungen durch die körperliche Reife

Beziehungen von sehr zentraler Bedeutung. Möglicherweise ist für Mädchen die Beziehungsgestaltung über den Körper, über Sexualität, sogar noch wichtiger als für Jungen.

### 5.1.1 Attraktivität, Figurprobleme und Körperentfremdung als typische Merkmale des adoleszenten Körperkonzeptes

Generell sind Jugendliche angesichts der vielfältigen unbeeinflussbaren körperlichen Veränderungsprozesse mit der Entwicklungsaufgabe konfrontiert, die eigene körperliche Erscheinung zu akzeptieren. Sie müssen in ihren Körper hineinwachsen, diesen »bewohnen lernen«. Die Auseinandersetzung mit den körperlichen Veränderungen orientiert sich u. a. an den Normen und Idealen, welche für den männlichen und weiblichen Körper im Erwachsenenalter vorherrschen (Oerter & Dreher, 2008). In einer Studie von Roth (2000) zur Entwicklung des Körperkonzepts im Jugendalter konnten für den Altersbereich von 12 bis 16 Jahren Dimensionen des Körperselbstbildes nachgewiesen werden, die für Jugendliche – im Vergleich zu Erwachsenen – besonders typisch sind: Dazu gehören »Achten auf das Äußere und Körperpflege«, »Narzissmus«, »Figurprobleme«, »Körperentfremdung«, »Körperkontakt mit Verwandten« sowie »Naschen«. Mädchen achteten mehr auf ihr Äußeres, berichten mehr Figurprobleme und bewerten ihren Körper deutlich weniger positiv als Jungen, und diese negative Bewertung verstärkte sich noch bei Frühreife (Seiffge-Krenke, 2017a).

Die große Bedeutung von Entfremdungsgefühlen (»Mein Körper macht was er will«) ist einerseits ableitbar aus den autonomen, wenig beeinflussbaren körperlichen Veränderungen, ist aber andererseits bei Mädchen besonders ausgeprägt, und das trifft insbesondere auf essgestörte weibliche Jugendliche zu (Seiffge-Krenke, 2019). Die körperliche Entwicklung mit dem starken asymmetrischen Wachstumsschub, der deutlich veränderten Fetteinlagerung – im Vergleich zum kindlichen Körper – und den massiven hormonellen Veränderungen, die von Stimmungsschwankungen begleitet werden, führt insbesondere in der Frühadoleszenz zu einem deutlichen, vor allem bei Mädchen sehr kritischen Fokus auf dem Körper. Die nicht ganz zueinanderpassenden Körperteile (lange Beine, große Füße) und Veränderungen auf der Haut, etwa in Form von Pickeln oder Akne, sind für andere gut sichtbar, was viel Scham auslöst. Viel stärker als bei Jungen wird die körperliche Attraktivität im Peerkontext beachtet (Seiffge-Krenke 2017a).

### 5.1.2 Bedeutung der Körperscham

Hinzukommt, dass der Fortschritt in der körperlichen Reife – das Annehmen weiblicher Formen – viel stärker als bei Jungen von Erwachsenen beachtet und kommentiert wird, was viel Scham bei den Mädchen auslöst. Ab der Latenz lässt sich bei Mädchen eine beschleunigte Schamentwicklung nachweisen. Diese Entwicklung ist positiv zu sehen, denn Scham ist für die Selbstwahrnehmung und Identität wichtig (Seiffge-Krenke, 2017a). In der Adoleszenz kommt die Körperscham dazu, auf die Mädchen reagieren, indem sie sich den Augen der anderen entziehen und ihren Körper verhüllen. Körperscham zeigt sich in der Adoleszenz vielfach, z.B. im Abschließen der Badezimmer und darin, dass Mädchen sich nicht mehr un- oder leicht bekleidet vor den Eltern oder anderen Erwachsenen zeigen. Zugleich werden alle schambesetzten Körpervorgänge eher mit den Freundinnen als mit den Eltern besprochen.

Erikson (1971, S. 185) hat schon früh auf die Bedeutung der Scham für die Identitätsentwicklung hingewiesen: »Die Verpflichtung, sich nun eine Identität zu erringen, die einen nicht nur vor sich selber, sondern auch von den anderen unterscheidbar macht, kann ein peinigendes, überwältigendes Schamgefühl auslösen ... die potentielle Scham gilt jetzt auch der eigenen Identität.« Erikson war jedoch noch nicht klar, in welchem Umfang dies geschlechtsspezifisch zu differenzieren ist. Er hat allerdings auch

## 5.1 Identitätsherausforderungen durch die körperliche Reife

schon auf den Zwang zur Uniformität als Möglichkeit der Verhinderung von Scham hingewiesen. Schamkonflikte entstehen auch durch das Gefühl, »nicht normal« zu sein. Tatsächlich zeigen Auswertungen von Anfragen in Online-Beratungsforen durch weibliche Jugendliche häufig Anfragen, in denen sich Mädchen wegen ihrer zu großen oder zu kleinen Brüste, ihren (zu) weiblichen Formen, ihrer zu schnellen Entwicklung schämen und um Rat suchen (Flaake, 2019). Insofern kann es auch sein, dass sich Mädchen vor gleichaltrigen anderen Mädchen verbergen, verhüllen. Der massive soziale Vergleich führt unter den Mädchen einer Altersgruppe zu einer extremen Konformität in Mode und Frisur (»Kleidungsdiktat«). Anderssein, auch in Bezug auf Kleidung und Mode, beschämt. Zugleich können Verhaltensweisen auftreten (hautenge Hosen, Riesendekoletés), die schamlos wirken, aber selten auch so gemeint sind.

In dem autobiographischen Buch *Die Jahre* beschreibt Annie Ernaux (2019, S. 75) dies:

> »Für Mädchen war die Scham eine ständige Bedrohung. Wie man sich kleidete und schminkte, war immer ›zu‹ irgendwas: zu kurz, zu lang, zu tief ausgeschnitten, zu eng, zu durchsichtig. Wie hoch die Absätze waren, mit wem man seine Zeit verbrachte, wann man aus dem Haus ging, ob man rote Flecken im Schlüpfer hatte, man stand ständig unter Überwachung.«

In den letzten Jahrzehnten hat sich eine zeitliche Vorverlagerung der körperlichen Reife gezeigt, der dazu führt, dass teilweise schon Mädchen in der späten Latenz sich mit massiven körperlichen Veränderungen konfrontiert sehen. Hier sind radikale Veränderungen in der Identität notwendig, denn die Reaktionen der Erwachsenen und Gleichaltrigen zeigen, dass man von seiner Identität als Kind Abschied nehmen muss. Kommentare von anderen über ihren sich entwickelnden Körper, vor allem das Brustwachstum, werden von Mädchen sehr negativ verbucht (Flaake 2019), wobei Mädchen sich über die Witze und abwertenden Bemerkungen im Klassenkontext ärgern und sich beschämt fühlen (Wendt, 2019). Da solche Kommentierungen sehr viel häufiger gegenüber Mädchen als gegenüber Jungen auftreten, ist es verständlich, dass

Frühreife bei Mädchen zu massiveren Reaktionen führen kann als bei Jungen. In der Tat ist ein wichtiger und konsistenter Befund die bei Mädchen und Jungen diametral unterschiedlichen Effekte von Frühreife. Während frühreife Mädchen depressiver, ängstlicher und schwieriger im Kontakt sind, wirkt sich Frühreife auf das Selbstbewusstsein von Jungen ausschließlich positiv aus. Steinberg (2017) hebt die deutlich kürzere Zeit für die Identitätsentwicklung hervor, die den frühreifen Mädchen bleibt. Hier wird wiederum die Bedeutung der Scham, aber auch die starke Bezogenheit der Mädchen wirksam: Die Abweichung der eigenen Entwicklung von der anderer Mädchen ist beängstigend und beschämend (Wendt, 2019). Mädchen entwickeln nur selten Stolz auf den weiblicher werdenden Körper, ein Selbstbewusstsein, im Körper zu Hause und zufrieden zu sein. Der Körper, der sich so stark verändert, wird ängstlich beobachtet und stark kontrolliert, was sich auch in vielfältigen typischen Störungen wie Schneiden, Essstörungen etc. niederschlägt (Seiffge-Krenke, 2019).

### 5.1.3 Das negativere Körperbild von Mädchen: Seit Jahrzehnten konstant

Während der Adoleszenz verändert sich das Körperbild, um sich an die physischen Veränderungen anzupassen. Die zunehmenden kognitiven Fähigkeiten und der soziale Vergleich mit Gleichaltrigen machen Mädchen besonders anfällig für ihre eigene und die Wahrnehmung ihres Körpers durch andere. Untersuchungen zeigen, dass negative Bewertungen des Körperbildes während der Adoleszenz einen Höchststand erreichen. Eine Reihe von Studien weisen auf dramatische Geschlechtsunterschiede zwischen dem 13. und 15. Lebensjahr hin, wobei Mädchen ein viel negativeres Körperbild haben als Jungen (Murray, Byrne & Rieger, 2011).

Für die beginnende körperliche Reife ist charakteristisch, dass es zu Fetteinlagerungen kommt und der Körper des Mädchens mit

## 5.1 Identitätsherausforderungen durch die körperliche Reife

Brustwachstum, breiteren Hüften, mehr Fett an Oberschenkeln und Po allmählich die Form des Körpers einer reifen Frau annimmt. Viele Studien haben die negativere, kritischere Sicht der Mädchen auf ihren Körper belegt. So wurde beispielsweise bei 23.000 Jugendlichen einer Schweizer Schulstichprobe (14 bis 19 Jahre) gefunden, dass 44 % der Mädchen sich als zu dick empfanden – obgleich 78 % normalgewichtig waren –, zugleich hielten sich nur 7 % der Schülerinnen für attraktiv (Buddeberg-Fischer, 2000). Die Bundeszentrale für gesundheitliche Aufklärung (BZgA, 2010) bestätigt für Deutschland, dass nur jede zweite 14- bis 17-Jährige sich wohl in ihrem Körper fühlt. Die Gewichtseinschätzung der männlichen Jugendlichen ist deutlich realistischer, und ein Untergewicht wird von ihnen ausschließlich als negativ verbucht – während es bei Mädchen intensiv angestrebt wird.

Dass das Körperkonzept von Mädchen insgesamt negativer ist als das von Jungen, ist ein Befund, der seit über 50 Jahren in internationalen Studien gefunden und auch in deutschen Studien vielfach bestätigt wurde (Quenzel, 2015). Bereits in den 1960er Jahren fand man, dass zehnjährige Mädchen sich als »zu dick« erlebten und Figuren bevorzugten, die nur bei Untergewicht zu erreichen waren; gegenwärtig machen Mädchen bereits lange vor der Pubertät Diäten. In der Pubertät setzt dann ein exzessives Diätieren ein; bereits 25 % der Mädchen weisen in dieser Zeit ein gestörtes Essverhalten auf. Viele Mädchen essen, wenn sie sich gestresst (17 %) oder allein fühlen (40 %) oder Sorgen hatten (37 %, Buddeberg-Fischer, 2000). Diese Effekte verstärken sich bei frühreifen Mädchen.

Tagebuchaufzeichnungen zeigen, dass die kritische Sicht des Körpers und das Beklagen gegenüber den Freundinnen im Jugendtagebuch einen relativ großen Anteil haben und von der »Lust, sich auszuprobieren«, oft wenig zu spüren ist (Seiffge-Krenke, 2015b). Selbst das Brustwachstum wird nicht einhellig positiv wahrgenommen. Körperbeschwerden im Kontext der Menstruation werden häufig genannt. Auch in Online-Beratungsforen nimmt die Menarche und die Menstruation einen wichtigen Teil ein, wiederum ist neben ängstlichem Nachfragen über die Menge von Blut die Scham, dass Blut zu sehen oder zu riechen sein könnte, ein Thema (Flaake, 2019). Anders als bei der Entwicklung der männlichen Jugendlichen, für die äußerlich sichtbare Geschlechtsorgane im Fokus stehen, ist bei weiblichen Jugendlichen eine Zentrierung auf die Innergenitalität deutlich, d. h. die Tatsache, dass die nichtsichtbaren Teile zentral für die weibliche Identität sind (Seiffge-Krenke, 2017a).

Hier ist zu bedenken, dass viele Transitionen in Bezug auf weibliche Identität (Menstruation, Defloration, Geburt) mit Schmerzen und Blut verbunden sind. Dadurch liegen für die Identitätskonstruktion von weiblichen Jugendlichen also ganz andere Voraussetzungen vor als für ihre männlichen Altersgenossen. Zumeist scheinen die Kommentare von Müttern und Schwestern zu einer Beruhigung und Entängstigung beizutragen und sind relativ stark auf das hygienische Problem konzentriert (Flaake, 2019). Obgleich zweifelsohne Schmerz und Blut das Menstruationsgeschehen charakterisieren, ist doch auffällig, dass positive Aspekte der Weiblichkeit und des sich entwickelnden weiblichen Körpers wenig gesehen werden. Annette Müllers (2008) Befragung deutscher und türkischer junger Mädchen unterstreicht, dass auch bei diesen eher ambivalente bis negative Bewertungen vorherrschen (»nervig«, »eklig«, »ein Schock«, »hab mich geschämt«), besonders stark bei den türkischen Mädchen, für die die Menstruation auch ein Marker für die baldige (arrangierte) Heirat sein kann.

Das Einsetzen der Menstruation macht unübersehbar klar, dass sich das Mädchen bewusst oder unbewusst mit der beginnenden Fruchtbarkeit und den zunehmenden sexuellen Bedürfnissen auseinandersetzen muss. Das hat Konsequenzen für die sozialen Beziehungen, die kulturell determiniert unterschiedlich stark sein können. Damit könnte ein Kind relativ bald zur Frau – oder gar zur Ehefrau – werden, was eine rapide Veränderung der eigenen Identität bedeutet. In jedem Fall sind die Auswirkungen der körperlichen Reife für Mädchen mit ihren Konsequenzen für die Identität wesentlich massiver als für Jungen.

## 5.1.4 Die Vermarktung des weiblichen Körpers

Die massive Kontrolle der körperlichen Entwicklung und Erscheinung, deutlich am exzessiven Diätieren, ist demnach für weibliche Jugendliche charakteristisch. Mädchen müssen in ihrer Identitätsentwicklung aber auch eine schwierige Balance zwischen den in den Medien propagierten Frauenbildern (Objekt der Begierde, aber auch selbstbestimmt und autonom) finden. Für Mädchen steht damit eine Doppelbotschaft im Raum, die nicht nur mit ihrer eigenen Selbstbestimmung schwer zu vereinbaren ist, sondern auch Fragen aufwirft, in welche Richtung sie ihre weibliche Identität entwickeln wollen und können.

Der weibliche Körper, die weibliche Sexualität, gilt als verkäuflicher Markt- und Konsumartikel. Mädchen aller Altersstufen sehen sich von morgens bis abends mit attraktiven weiblichen Körpern, verheißungsvoll lächelnden Models in verführerischen Posen und mit eindeutigem Lächeln konfrontiert. Die Vermarktung des weiblichen Körpers in der Öffentlichkeit, aber auch der vergleichende Druck unter den Freundinnen tragen zu einer extremen Orientierung an Schönheit und Attraktivität bei. Die ständige Beschäftigung mit dem Äußeren, mit Frisur, Gesicht, Make-up, Kleidung, von den vielen *Selfies* bis hin zu konkreten Veränderungen durch die plastische Chirurgie, ist heute bei vielen jungen Mädchen zu beobachten.

Spätestens ab 12 beginnen sich Mädchen zu schminken, und einige Mädchen gehen von nun an nicht mehr ohne Make-up aus dem Haus. Ist die körperliche Entwicklung bereits schambesetzt, so führt die Neigung, den eigenen Körper, die eigene Attraktivität aus der Sicht der anderen zu betrachten, zu einer Zunahme an Körperscham. Sexualisierte Hänseleien und Belästigungen, denen Mädchen viel stärker ausgesetzt sind als Jungen (Wendt, 2019), haben zusätzlich negative Folgen für die Akzeptanz der eigenen Erscheinung. Durch die an körperlicher Attraktivität orientierte Haltung geraten Mädchen bei allen Abweichungen vom Schlankheits- bzw. Schönheitsideal unter einen viel stärkeren sozialen Druck als

Jungen. Gegenwärtig wird eine starke Überzeichnung der Weiblichkeit bei einigen weiblichen Jugendlichen deutlich, was sich an der superweiblichen Kleidung, dem überstarken Schminken, der starken Körperpräsentation (große Ausschnitte, hautenge Hosen, extrem kurze Röcke, künstliche Wimpern) festmachen lässt.

## 5.2 Ein neuer Blick auf das Selbst: Die relationale Identität der Mädchen in Freundschaftsbeziehungen

In Seiffge-Krenke (2017a) wurde auf die große Bedeutung der Intersubjektivität für Mädchen hingewiesen, das gilt bereits in der frühen und mittleren Kindheit und verstärkt sich in der Adoleszenz. Identität entwickelt sich im Wesentlichen aus Beziehungen, ist also relational, wobei Mädchen in ihrer Identitätsentwicklung viel stärker auf andere bezogen sind als Jungen (Seiffge-Krenke, 2012a). Dass die Identität in der Adoleszenz immer deutlicher relational wird und damit noch über das hinausgeht, was bereits das Latenzmädchen kann, hängt mit bestimmten sozial-kognitiven Lernprozessen zusammen. Entscheidend ist, dass das Mädchen eine immer komplexere Vorstellung von sich entwickelt, die wesentlich aus der Beziehung zu anderen entstanden ist, dass es sich durch andere erlebt und definiert – aber auch gegen sie abgrenzt. Dies wird deutlich in den Mädchengruppen und -netzwerken, aber auch in den intimen, engen Freundschaftsbeziehungen, die noch zu schildern sein werden.

## 5.2 Ein neuer Blick auf das Selbst: Die relationale Identität der Mädchen

### 5.2.1 Die Berücksichtigung des Erlebens anderer, Schamentwicklung und Fortschritte in der Kontrolle von negativen Emotionen

Von der beschleunigten Schamentwicklung war bereits in Bezug auf den sich entwickelnden Körper die Rede. Für die Identitätsentwicklung generell ist von Bedeutung, dass Mädchen mehr mit Scham erzogen werden und so ihre Explorationen stark eingeschränkt und kanalisiert werden, und zwar stärker, als dies bei Jungen der Fall ist. Die Eltern, insbesondere Mütter, üben bei Töchtern mehr Druck aus, beschämen das Mädchen viel öfter als den gleichaltrigen Sohn (Mills et al., 2010). Studien belegen, dass Mädchen bei der gleichen Aufgabe – verglichen mit Jungen – viel mehr negativem als positivem Feedback ausgesetzt sind, dass Erwachsene sie stärker beschämen und dass Mädchen auf eine solche Beschämung stärker reagieren – wahrscheinlich auch, weil ihnen Harmonie mit anderen so wichtig ist. Anders als Jungen werden Mädchen also stark bezüglich Scham und Schamvermeidung sozialisiert, und dies hat negative Konsequenzen für die sich entwickelnde und neukonzeptualisierte Identität, in dem es für Mädchen – selbstgesetzt oder von den Eltern oder Freundinnen initiiert – mehr Stoppregeln bei der Exploration gibt.

Die *Theory of Mind*, die Theorie über das innerpsychische Erleben anderer, und insbesondere die reflexive Funktion (▶ Kap. 3), erfährt weitere Differenzierungen in der Adoleszenz. Gerade dadurch, dass das Erleben anderer besser eingeschätzt, besser empathisch nachvollzogen werden kann, kommen neue Lernprozesse zustande, von denen die Kontrolle negativer Emotionen der wichtigste ist. Mädchen unterdrücken spontane Impulse, Temperamentsausbrüche stärker als gleichaltrige Jungen, und auch die Erwachsenen, die Lehrer und Eltern, regulieren das Verhalten und die Emotionen von Mädchen viel stärker als bei Jungen.

Sich mit den Augen anderer sehen führt nicht nur zur Unterdrückung inakzeptabler Selbstaspekte. Hier werden auch verstärkt Prozesse der Selbstpräsentation wirksam, in denen negative Aspekte ausgegrenzt, vermieden werden und eine zu geschönte Selbstdarstellung erfolgt (▶ Kap. 8). Wir müssen davon ausgehen, dass die Jugendliche eine ziemliche Anstrengung in der Koordinierung all dieser Perspektiven vollbringt.

### 5.2.2 Strenge Normen und starke Geschlechtstypisierungen in der Gruppe der Mädchen

Es zeigt sich dann im weiteren Entwicklungsverlauf eine viel stärkere Verhaltenskontrolle als bei Jungen. Die sozialen Normen in Mädchengruppen sind beispielsweise relativ streng, und sie dienen durch ihre strenge Abgrenzung der Stabilisierung der weiblichen Geschlechtsrolle. Bei Mädchengruppen scheint es sich offenkundig um eine andere soziale Welt zu handeln als bei Jungengruppen.

Während sich Jungen in ihren Gruppen überwiegend an Status- und Dominanzaspekten orientieren, sind für Mädchen vor allem prosoziale Ziele wichtig. Man wird in die Mädchengruppe nur aufgenommen, wenn man diesen Normen entspricht. Prosoziales Verhalten ist wichtig, um in der Gruppe der Freundinnen, vor allem aber in Mädchennetzwerken zu bestehen. Dominante Mädchen werden eher abgelehnt. Kooperative Mädchen dagegen werden bevorzugt und gerne zur Freundin genommen (Sebanc et al., 2003). Damit wird der Ausgestaltung von Persönlichkeitsmerkmalen, wie sie für die Identitätsentwicklung wichtig werden, enge Grenzen gesetzt.

Mädchen, die Jungenspiele und -aktivitäten mögen, werden eher abgelehnt und finden nur zögernd Zugang zu den typischen Mädchengruppen der Schulzeit. Interessant ist, dass die Ablehnung dominanter, selbstsicherer Mädchen oder von Mädchen, die Jungenspiele mögen, nicht durch Lehrer oder andere Erwachsene erfolgt, sondern von Seiten der Mädchengruppe: Normen werden also durch die Mädchen selbst etabliert und kontrolliert. In einer Zeit, in der Mädchen bewusst möglichst genauso erzogen werden wie Jungen – in der Schule wie zu Hause –, ist es interessant, wie sehr

## 5.2 Ein neuer Blick auf das Selbst: Die relationale Identität der Mädchen

Mädchen die Mädchenhaftigkeit betonen. Neuere Studien belegen inzwischen eine Rückkehr zu früheren Geschlechtsrollenstereotypen (Hastings & Coplan, 2007), und zwar für Mädchen noch stärker als für Jungen.

Reifekriterien sind ebenso bedeutsam. Noch wichtiger als die objektiven Daten (z. B. Eintritt der Menarche) ist die Wahrnehmung der eigenen Reife im Verhältnis zu gleichaltrigen Mädchen, d. h. die Frage des »Timing«, ob die körperliche Reife »zu früh«, »gerade richtig« oder »zu spät« erfolgt (Wendt, 2019). Dies führt, ebenso wie bei Jungen, zu einer rapiden Veränderung des Status eines Mädchens im Gefüge der Freundinnen bzw. Klassenkameradinnen. Es gibt zwischen den gleichaltrigen Mädchen extreme Unterschiede in der Entwicklungsgeschwindigkeit; dies wird sehr genau beachtet und ist Anlass für ein geringes Selbstbewusstsein und viel Körperscham, wenn man »zu spät dran ist« und von den anderen Mädchen bei gemeinsamen Aktivitäten ausgeschlossen wird.

Die Freundschaftsnetzwerke von Mädchen sind demnach von egalitären Strukturen geprägt. Die Netzwerke ab der 7. Klasse werden auch deshalb instabiler, weil es viel um Jungen geht. Mädchen treten von jetzt ab immer stärker konkurrierend auf. Hinzu kommt, dass Ähnlichkeit zwischen Freundinnen sehr entscheidend ist. Survival-Analysen demonstrieren, dass nur rund 9 % der Mädchen in der 11. Klasse noch die gleiche Freundin hatten wie in der 7. Klasse (Hartl et al., 2015). In diese Zeit fällt auch eine deutliche Zunahme der relationalen Aggression, der Beziehungsaggression. Mädchen im Alter zwischen zehn und 14 Jahren sind bei ihren Freundinnen beliebt, wenn sie nicht mehr offen aggressiv sind, sondern Beziehungsaggression (abwerten, ausgrenzen, isolieren) zeigen; diese Beziehungsaggression gegenüber anderen Mädchengruppen oder Freundinnen stärkt das eigene soziale Netzwerk (Seiffge-Krenke, 2016c).

## 5.2.3 Intimer Austausch und Co-rumination: Potentiale und Gefahren für die Identitätsentwicklung

Die stärkere Bezogenheit auf andere führt zu engeren und intimeren Freundschaftsbeziehungen in relativ kleinen Netzwerken. Hier ist von sehr großer Bedeutung, dass mit Beginn der Adoleszenz Intimität in Mädchenfreundschaften das herausragende Merkmal geworden ist: Mädchenfreundschaften zeichnen sich nicht nur durch einen engen Körperbezug, sondern auch zunehmend durch einen Austausch von intimen, privaten Informationen aus, die nur für die Freundin gedacht sind und von denen die Eltern oder ganz generell Erwachsene ausgeschlossen sind. Zu den Merkmalen des intimen Austauschs, die eindeutig zum ersten Mal in der Adoleszenz auftreten, zählen gegenseitiges Vertrauen, Loyalität, Exklusivität und das gegenseitige Mitteilen persönlich wichtiger, sehr privater Informationen.

Diese stärkere Bezogenheit bietet Chancen, etwa durch die gemeinsame, stützende Identitätsexploration gleichaltriger Freundinnen, aber auch Gefahren, wie die des Vergleichs und der ständigen Abwertung. Während es in der frühen Adoleszenz eher zur Modellierung einer der Freundin ähnlichen Identität kommt und Abweichungen eher ängstigen, ist die Ausgestaltung der Identität in der späten Adoleszenz angstfreier, weniger konform, von den Freundinnen unabhängiger. Allzu viel Individuelles ist aber noch nicht möglich, und Verschiedenheit ist noch weitgehend tabu. Entsprechende mediale Formate wie »Germany's Next Topmodel«, die intensiv und oft zusammen angeschaut und diskutiert werden, tragen zu einer entsprechenden Normierung von dem bei, was als weiblich gilt, und fördern Neid und Rivalität unter Mädchen.

Aufgrund ihrer bereits beschriebenen größeren sozial-kognitiven Reife und ihrer starken intersubjektiven Bezogenheit nimmt es nicht Wunder, dass Mädchen die neue Freundschaftsqualität der Intimität zu einem früheren Zeitpunkt erwerben – zwei Jahre vor den Jungen (von Salisch & Seiffge-Krenke, 2008) – und dass Intimität auch für den Bestand von Mädchenfreundschaften wichtiger ist als

## 5.2 Ein neuer Blick auf das Selbst: Die relationale Identität der Mädchen

für den von Jungenfreundschaften. Dieses hohe Maß an Intimität ist aber gleichzeitig auch Anlass für zahlreiche Konflikte zwischen Freundinnen und damit Mitursache dafür, dass Mädchenfreundschaften zugleich instabiler sind als Jungenfreundschaften. Konfliktanlässe sind Eifersucht, aber auch eine besitzergreifende Perspektive, aus der die Aktivitäten der besten Freundin mit anderen Mädchen (oder romantischen Partnern) beargwöhnt werden, insbesondere deren zu große Nähe und Intimität. Ähnlichkeit und Nähe sind wichtig, und allzu große Abweichungen werden nicht toleriert.

In der Adoleszenz sind demnach gute Freundinnen zugleich ein Risiko – und ein Schutzfaktor für die Identitätsentwicklung, dies wird besonders an der häufigsten Aktivität »Wir reden nur« deutlich. Das ständige gemeinsame Besprechen von Problemen ohne Lösung (»co-rumination«) wurde ursächlich mit dem häufigen Auftreten von depressiven Episoden bei weiblichen Jugendlichen nachgewiesen (Rose & Rudolph, 2006). Auch Jungen besprechen Probleme miteinander, aber dies ist deutlich begrenzt und hat keine Auswirkungen auf Angstentwicklung und Depression. Das Zusammen-Reden mit negativem Ausgang betrifft vor allem die körperlichen Veränderungen und die Kritik am eigenen Aussehen oder dem von anderen Mädchen. Heute werden für diese negative Kommunikation unter Freundinnen auch Homepages, Blogs, Facebook und Twitter sowie WhatsApp benutzt (Voigt, 2015).

Was nun »co-rumination« betrifft, so bringt das Zusammen-Reden die Mädchen zwar näher zusammen, aber »geteiltes Leid« ist nicht »halbes Leid«, denn die Sorgen und affektiven Spannungen vergrößern sich dadurch. Ein weiterer erheblicher Teil der Themen bei »co-rumination« sind Streit mit der Freundin, abweichende Ansichten, besitzergreifende Wünsche, Abhängigkeit, sich einsam fühlen, Sorgen, die Freundschaft könne zerbrechen, wenn man Ärger oder eine andere Sichtweise offen ausdrückt; all dies wird zwischen Mädchen wieder und wieder besprochen (Rose & Rudolph, 2006).

Schamkonflikte sind weiterhin von großer Bedeutung und zeigen sich auch in den Freundschaftsbeziehungen. Der maßvolle

Umgang mit Schamkonflikten scheint schwierig zu sein. Sofern wir als Erwachsene überhaupt Einblick in das bekommen, was Mädchen miteinander posten, ist Beschämen, aber auch Schamlosigkeit ein auffälliges Thema. Beschämungen sind ein relativ häufiges Mittel bei Cyber-Bullying, bezogen auf andere Mädchen, von dem man als Erwachsener erst erfährt, wenn das Opfer sich meldet (was wegen der Scham gar nicht so häufig ist) oder wenn schwerwiegende Konsequenzen (Depression, Suizidversuch, Suizid) eingetreten sind.

Freundinnen bieten den Raum zur Aneignung des Körpers in der Adoleszenz, das wissen wir aus Tagebuchaufzeichnungen (Seiffge-Krenke & Kirsch, 2002; Seiffge-Krenke, 2013). Hier wird offenkundig, wie sehr Mädchen mit ihren besten Freundinnen Wachstum, Entwicklung der Brüste, Menarche und Menstruation beobachten und bereden, dabei sind die Bewertungen des eigenen Körpers auffallend negativ und kritisch-vergleichend. Es gibt auch relativ viele Einträge über Körperpflege und Mode, z. B. das Kaufen ausgeflippter Kleidungsstücke, das Lackieren der Nägel, die Frisur, speziell das Färben der Haare, fast immer im Verein mit Freundinnen, wo Kleidertausch und gegenseitiges Anlegen von Make-up häufig vorkommen.

Eine weitere wichtige Aktivität von Freundinnen besteht im ganz konkreten Ausprobieren von sexuellen Erfahrungen am Körper der Freundin. Küsse, sexuelle Stimulation von Brust und Genitalien werden in Tagebüchern beschrieben, zusammen in einer Badewanne, in einem Bett liegen, sogar die Begleitung auf die Toilette (▶ Kap. 6).

Die Modellierung eines weiblichen Körpers geschieht also in engen Freundschaftsbeziehungen, in denen körperliche Erfahrungen geteilt und der neue Körper erprobt wird (Seiffge-Krenke, 2015b). Freundinnen sind auch diejenigen, die bei der Entwicklung einer weiblichen Geschlechtsrolle, weiblichen Verhaltens stützend und korrigierend einwirken. Die extreme körperliche Nähe ist auffallend, zugleich aber wird sich wieder von anderen Mädchen abgegrenzt. Mädchentagebücher weisen viele Eintragungen zum Körper und zur Attraktivität, häufig allerdings mit einem negativen Vergleich mit anderen Mädchen auf. Dieser »Neid auf jeden anderen Busen und jeden anderen Körper, der besser geformt ist als der eigene« (Olivier, 1987, S. 63), diese Negativität mag zunächst bestürzen, bedeutet aber auch immer, dass eine Selbst-Objekt-Diffusion verhindert wird.

## 5.3 Identifikatorische Prozesse, aber auch Gefahren durch die Gleichgeschlechtlichkeit von Mutter und Tochter

Obwohl für die Entwicklung einer weiblichen Identität die Identifizierungen und Entidentifizierungen mit mütterlichen und väterlichen Anteilen sehr bedeutungsvoll sind, trifft ähnlich wie bei männlichen Jugendlichen zu, dass die konkrete Modellierung eher indirekt Bezug auf die Eltern nimmt. Enge körperliche Beziehungen zu den Eltern, besonders zum Vater, werden mit Beginn der körperlichen Reife von Töchtern deutlich abgelehnt. Die Modellierung eines weiblichen Körpers, der weiblichen Identität, geschieht, wie beschrieben, stark am Körper der Freundin. Eltern sind allerdings aufgefordert, dies liebevoll zu begleiten und die Explorationen zuzulassen. Hier sind die bereits erwähnten strikteren Begrenzungen auffallend.

Durch die Gleichgeschlechtlichkeit entstehen in der Mutter-Tochter Dyade Prozesse, die einer Identitätsentwicklung sehr förderlich sind, aber auch Gefahren der intrusiven »Kolonialisierung« des Selbst der Tochter, wobei die körperliche Attraktivität sowohl bei Mutter als auch insbesondere bei der Tochter eine große Rolle spielt.

## 5.3.1 Eltern als Identitätsbremse – besonders stark bei Mädchen

Für Eltern ist damit die Aufgabe verbunden, die Tochter loszulassen und ihr eine eigenständige Entwicklung und Identität zu ermöglichen. Wie auch bei Jungen wird die Identitätsentwicklung von Mädchen ganz generell auf vielfältige Weise durch die Eltern beeinflusst, und zwar insbesondere auf früheren Entwicklungsstufen. Eltern können den Grundstein für unsichere Bindungsmuster mit einem negativen Bild des Mädchens von sich und anderen legen. Ein intrusives Verhalten der Eltern kann in der Folge zu einem falschen Selbst führen (Winnicott, 1965/2002), da die Tochter nicht mehr weiß, was Teil ihrer Identität ist und was zu anderen gehört. Die psychologische Kontrolle, die Eltern einsetzen, um ihre Tochter in Richtung auf eine ganz bestimmte Identitätsentwicklung zu drängen (Barber, 2002), umfasst vor allem Schuldgefühle und Stoppregeln, dafür sind, wie dargestellt, Mädchen sehr empfänglich (Seiffge-Krenke, 2017a).

Oft schon früher, spätestens aber in der Pubertät fällt es vielen Müttern (und Vätern) schwer, auf die altersentsprechenden Separationswünsche ihrer Töchter einzugehen. Bereits in der Latenz zeigen Studien, dass Mütter den Bewegungsradius ihrer Töchter durch GPS-Tracking vielmehr kontrollieren als bei Söhnen und damit die unabhängigen Explorationen stärker begrenzen (Seiffge-Krenke, 2017a). Ausgehzeiten werden stark reglementiert, Anziehsachen nur nach dem Wunsch und Geschmack der Mutter gekauft. Es kommt zu besonders heftigen Konflikten in der Mutter-Tochter-Dyade, die ein Hinweis darauf sind, dass die Beziehung zu eng ist und Trennungsaggression notwendig wurde.

Die Eingrenzung und Limitierung bezieht sich nicht nur auf die Explorationen außerhalb des familiären Bereichs, sondern spielt sich auch innerfamiliär ab. So sind korrigierende, entwertende Kommentare über das Äußere des Mädchens am Familientisch viel häufiger als bei Söhnen (Seiffge-Krenke, 2019). In dem Tomboy-Forschungsprojekt an Mädchen schildern Bailey et al., (2002) Ver-

## 5.3 Identifikatorische Prozesse

suche der Mütter, ein geschlechtsrollenkonformes Verhalten zu erzielen bei Töchtern, die gerne Jungenspiele spielten. So sagt eine Studienteilnehmerin: »Sie hat mir jedes Jahr eine Puppe geschenkt, die ich dann weglegte.« Bei den Eingrenzungen nimmt die Attraktivität der Tochter großen Raum ein, d. h. die weibliche Jugendliche hat schon als Kind erfahren, dass körperliche Attraktivität (nicht nur) für die Mutter wichtig ist, dass in ihrem Selbsterleben hübsch sein oder nicht attraktiv sein von großer Bedeutung ist. Marina Gambaroff (1984) beschreibt Patientinnen, die von ihrer Mutter nur akzeptiert wurden, wenn sie hübsch und brav waren, wie eine Puppe – ohne eigenständiges Innenleben. Eine Patientin schildert dies so:

> »Ich glaube, mein großes Pech ist, dass ich ein hübsches Kind war. Also konnte meine Mutter für sich die meiste Anerkennung finden, wenn sie mich herausputzte: ›Jetzt hübsch ich dich‹, hat sie immer gesagt« (Gambaroff, 1984, S.17).

Neid und Rivalität können trotz der vordergründigen Freude an der Schönheit und Attraktivität der Tochter vorhanden sein. Die Frage der Königin in »Schneewittchen«: »Spieglein, Spieglein an der Wand, wer ist die Schönste im ganzen Land?« zielt auf den Vergleich der körperlichen Attraktivität. Die Suche nach Anerkennung, nach Resonanz und die Bedeutung der körperlichen Attraktivität für weibliche Jugendliche wird auch an ihrem Umgang mit den sozialen Medien deutlich (▶ Kap. 8). Wir müssen also davon ausgehen, dass die familiären Veränderungen der letzte Jahre, die auch Familien mit Jungen betreffen (▶ Kap. 9), besonders stark in Familien mit Mädchen zum Tragen kommen und hier die Identitätsexploration stärker einschränken.

### 5.3.2 Wenn die Differenzierung misslingt: Die Tochter als Selbstobjekt der Mutter

Aufgrund der Gleichgeschlechtlichkeit von Mutter und Tochter ist eine Differenzierung erschwert, und das identifikatorische Moment spielt eine große Rolle. Die frühe Aufmerksamkeit auf Gefühlszustände und das starke Interesse an der emotionalen Beziehung in der Baby- und Kleinkindzeit führen zu einer starken wechselseitigen Identifikation (Seiffge-Krenke, 2017a). Für die Entwicklung des »Selbst in Beziehungen« ist es das frühe Achten auf Gefühle, das frühe Orientiertsein am anderen und das Eingestelltsein auf diesen, welches für eine frühe Empathieentwicklung den Weg bereitet. Damit wird das Mädchen sensibler für die Gefühlszustände anderer, aber auch dafür, wie andere sie wahrnehmen. Dies sind wichtige Bausteine zu einer relationalen Sicht des Selbst.

Die Gleichgeschlechtlichkeit von Mutter und Tochter kann aber auch stärker dazu verführen, die Tochter als Verlängerung des Selbst anzusehen. In therapeutischen Behandlungen tauchen dann häufig Schuldgefühle auf, wenn Töchter – innerlich an die Mutter gebunden – den Schritt zu einer ganz eigenständigen Identität als gegen die Mutter gerichtet erleben.

Halberstadt-Freud (1987) hat von der Möglichkeit einer »symbiotischen Illusion« in der Mutter-Tochter-Beziehung gesprochen: Das Erleben von Gleichheit kann nicht nur zur Quelle archaischer Ängste werden, z. B. wenn das Mädchen seiner gesamten Identität durch die Verschmelzung mit der Mutter verlustig geht, sondern führt auch zu einer Unterdrückung und Verdrängung aggressiver Impulse. Es müssen ständig Beweise geliefert werden, dass Bosheit, Neid und Hass in der Beziehung beider nicht vorkommen. Durch eine gleichzeitige Bemutterung durch den Vater kann dies abgemildert werden, es stellt aber sicher noch für viele Mütter und ihre Töchter eine Problemsituation dar, mit der sie lernen müssen umzugehen, damit die Tochter eine eigenständige Identität entwickeln kann.

Chodorow (1999) arbeitet die Gefahren einer »falsche Empathie« der unreifen Mutter heraus. Die Mutter projiziert ihre Be-

## 5.3 Identifikatorische Prozesse

dürfnisse in die Tochter, ignoriert deren Affektausdruck und beantwortet die Gefühle und Reaktionen ihrer Tochter auf der Basis dessen, was sie in die Tochter projiziert hat. Sie schildert eine Patientin, Sarah, deren Mutter negative Gefühle ihrer Tochter wie Unglücklichsein, Wut oder Angst nicht aushielt und unangemessen beantwortete, so dass die Tochter diese Zustände nie als zu sich selbst gehörig erlebte. Stattdessen antwortete die Mutter auf die vermeintlichen Gefühlszustände der Tochter, d. h. das, was sie in sie hineinprojiziert hatte. Eine solche Tochter ist in Gefahr, ein falsches Selbst im Sinne Winnicotts zu entwickeln.

Falsche Empathie und eine symbiotische Illusion können die Identitätsentwicklung der Tochter einschränken, besonders, wenn deren Entwicklung in ganz bestimmte Bahnen gelenkt werden, die eigentlich die (nicht gelebten) Bahnen der Mutter sind. Dies betrifft z. B. die weibliche Identität und die Aufnahme von sexuellen Beziehungen zu deren Markierung. In unserem Fallbuch zur Arbeit mit der Konfliktachse der OPD-KJ-2 (Operationalisierte Psychodynamische Diagnostik im Kindes- und Jugendalter; Seiffge-Krenke et al., 2014) habe ich den Fall von Jaqueline geschildert, die von ihrer Mutter regelrecht zu sexuellen Aktivitäten getrieben wurde.

Jaqueline ist 16 Jahre und wird von ihrer Mutter angemeldet: Die Tochter »sei in der Pubertät«, und alles sei ganz schwierig. Die Mutter, eine ganz in schwarze wallende Gewänder gehüllte korpulente Frau, die eine merkwürdige Frisur trägt, die etwa vor 20 Jahren in Mode war, beginnt sofort mit endlosen Klagen über das schwierige »Kind«. Sie schildert fast panikartige Zustände, die sie die ganze Woche über habe, die mit ihrer Tochter zu tun hätten und die freitagabends einen Höhepunkt erreichen, wenn die Tochter zur Tanzstunde gehe. Ihre Tochter sei einfach nicht zu bewegen, aus dem Haus zu gehen, würde nur mit Mühe die Tanzstunde besuchen und hätte kein Interesse an Jungen, insbesondere nicht an dem, der ihr Tanzstundenpartner sei. Dabei seien die beiden ein schönes Paar, und wenn sie ein Paar würden, wäre die Mutter beruhigt und alles wäre gut. Die Tochter wolle aber partout nichts von dem jungen Mann wissen.

Deutlich wird, dass die Auseinandersetzung mit der Tochter sehr stark mit der Mutter selbst, ihrer Sexualität und möglicherweise auch ihrer eigenen Adoleszenz zu tun hat, denn die Mutter schildert noch mehrere Situationen, in denen es immer darum geht, die Tochter mit anderen Männern zusammenzubringen, ja sie regelrecht zu zwingen, sexuellen Kontakt mit jungen Männern aufzunehmen. Sie macht ihr Vorschriften, wie sie sich, um dieses Ziel zu erreichen, zu kleiden habe. Jaqueline, die altersgemäß entwickelt, aber etwas farblos ist, kann in den folgenden Sitzungen ansprechen, wie genervt und kontrolliert sie sich durch ihre Mutter fühlt. Sie schildert viele Freizeitinteressen und typische, mädchenspezifische Unternehmungen.

Die weiteren Gespräche bestätigen, dass die Mutter seit ihrer eigenen Adoleszenz große Probleme hat, ihre Sexualität zu leben, und sich später einen Mann gesucht hat, der sie da »in Ruhe ließ«. Zugleich versucht sie nun, das Stück ungelebte Sexualität durch Partizipation bei der Tochter zu erreichen, was in dem unangemessenen Wunsch gipfelt, dass die Tochter Sexualität mit einem Mann haben solle (was die Tochter wiederum stark abwehrt). Nahezu alle Beziehungen der Tochter werden auf eine fast unerträgliche Weise sexualisiert.

## 5.4 Unterstützung der Weiblichkeit und die selektive Identifizierung mit dem Vater

Für Töchter kann der Vater Rollenvorbild für das Meistern von Herausforderungen in der Schule und für eine positiv in die Zukunft gerichtete Einstellung sein. Väterliche Wärme wirkt sich positiv auf die weitere kognitive und emotionale Entwicklung von Töchtern aus und trägt zu einer stabilen Identitätsentwicklung bei. Die im Folgenden geschilderten Ergebnisse zeigen, dass ein intensives Engagement des Vaters einen zwar anderen, aber ebenso bedeutsamen Beitrag zur Identitätsentwicklung der Tochter liefert wie die enge Beziehung zur Mutter.

## 5.4.1 Die Bedeutung des Vaters für die Entwicklung der Weiblichkeit seiner Tochter

Die Beziehung von Vätern zu ihren Töchtern ist durch große Zärtlichkeit geprägt (»daddy's little girl«), die jedoch in aller Regel desexualisiert ist. Diese Desexualisierung von Seiten des Vaters ist nicht einfach zu erreichen, da Väter zugleich sehr stark die Verschiedenheit der Tochter von ihnen betonen und die Weiblichkeit ihrer Töchter markieren, z. B. bei Freizeitaktivitäten und sportlichen Aktivitäten. Väter fördern bei Töchtern geschlechtsrollenspezifisches, d. h. mädchenhaftes Verhalten, zeigen in Bezug auf ihre Töchter – im Vergleich zu ihren Söhnen – mehr Nähe und Emotionalität und beschützen sie eher, auch bei Erkundungen und Explorationen. Die starke Akzentuierung des Geschlechts durch das Spielverhalten, das Auswählen der Spielsachen und die Art des Vaters, der Tochter Aufgaben zu stellen, all dies fördert gleichzeitig die Geschlechtsrollenentwicklung bei der Tochter (Seiffge-Krenke, 2001a).

Wenn man Berichte von Töchtern über ihre Väter liest oder ihnen in Therapien zuhört, ist auffällig, wie viele positive körperliche Beschreibungen Töchter von ihren Vätern abgeben: Sie schildern nicht nur den aufregenden stimulierenden Körperkontakt, sondern beschreiben auffällig oft, wie attraktiv ihr Vater war, wie gut er roch, wie stark und ungestüm er war. Diese positive Körperlichkeit, die Töchter an ihren Vätern wahrnehmen, ist wichtig für ihr eigenes positives und kraftvolles Körperselbstbild (Seiffge-Krenke et al., 2015). Die Missbrauchsforschung hat lange den Blick darauf verstellt, wie wichtig eine liebevoll-anerkennende und zärtliche Beziehung zwischen Vater und Tochter ist. Der väterliche Fokus auf körperlicher Aktivität hat wichtige Funktionen für die Entwicklung eines positiven Körperkonzepts seiner Tochter, was bis auf die spätere Aufnahme romantischer Beziehungen durch die Tochter ausstrahlt.

Unsere Längsschnittstudie an einer gesunden Stichprobe (Seiffge-Krenke et al., 2015) hat nämlich gezeigt, dass sowohl Mütter als auch Väter einen Einfluss auf die Förderung eines positiven Körperbildes ihrer jugendlichen Töchter haben können. Ihre generelle Unterstützung, ohne Necken und jegliche Äußerungen über das körperliche Erscheinungsbild ihrer Tochter, war eindeutig hilfreich, um ein positives Körperbild aufzubauen. Negativität in den Mutter-Tochter-Beziehungen beeinträchtigte dagegen das Körperbild der Töchter. Das negativere Körperbild beeinflusste dann noch viele Jahre später romantische Partnerschaft im Alter von 25 Jahren und führte zu einer höheren Vermeidung von Körperkontakt in dieser Beziehung. Töchter dagegen, die durch die Unterstützung ihres Vaters ein positives Körperkonzept in der Jugendzeit entwickeln konnten, hatten noch Jahre später, als junge Erwachsene, Partnerbeziehungen von hoher Qualität. Diese Befunde sind sehr wichtig, denn sie zeigen, dass die positive väterliche Unterstützung offenkundig gegensteuert gegen ein zu negatives, zu kritisches, zu klagsames töchterliches Körperkonzept.

Meine eigenen Studien zeigen, dass Väter stark auf die körperliche Reife ihrer Töchter reagieren und sie deutlich länger emotional unterstützen als Söhne. Insbesondere frühreife Töchter werden von Vätern noch sehr lange emotional unterstützt, als ob Väter ein Gespür dafür hätten, dass diese Töchter depressionsgefährdet sind (Seiffge-Krenke & von Irmer, 2004). Hier mag auch eine Rolle spielen, dass die frühreifen Töchter, wie beschrieben, besonders viele Konflikte mit ihren Müttern haben und eine vermittelnde Funktion in der Triade besonders vonnöten ist. In jedem Fall schließt dies übergriffiges oder sexualisierendes Verhalten vom Vater aus. Wie sich dann im Zeitverlauf an der gleichen Stichprobe zeigte, ist es diese vorsichtige und diskrete Unterstützung, die der Tochter zu einem positiven Körperkonzept verhilft und sich langfristig so positiv auf ihre späteren Partnerbeziehungen auswirkte (Seiffge-Krenke et al., 2015).

Bei der Unterstützung der Weiblichkeit der Tochter wird immer wieder Schutz, Differenz, eine Spannung deutlich, die jedoch entsexualisiert werden muss. Töchter gehen körperlich auf Distanz in der Pubertät, und Väter müssen eine Haltung kontrollierter Erotik,

5.4 Unterstützung der Weiblichkeit und die selektive Identifizierung

wie es Stoller (1978) nennt, entwickeln, d.h. körperliche Nähe zulassen, aber Grenzen setzen und zur gleichzeitigen Identifikation mit der Mutter anregen. Dies ist insbesondere in Trennungsfamilien, bei alleinlebenden Vätern, schwierig. Wie schwierig die Unterstützung der Weiblichkeit der Tochter ist, wird besonders in solchen Trennungsfamilien deutlich, wo jedwede Aktivität von Seiten des Vaters als Übergriff gedeutet wird. Dies ist dann der Fall, wenn die Tochter zum Selbstobjekt der Mutter wurde und eine Front gegen den Vater bildet.

## 5.4.2 Die tüchtige Tochter: Identifizierung mit Differenz

Empirisch lässt sich nachweisen, dass Väter die Autonomie ihrer Töchter sehr viel nachhaltiger als Mütter unterstützen (Seiffge-Krenke, 1999). Durch die stärkere emotionale und räumliche Distanzierung und die stärkere Außenorientierung scheint der Vater ein gutes Modell für Autonomie zu sein. Für die Fähigkeit, zu explorieren und sich abzulösen, hat die Tochter auch durch die aggressiv-fordernden Spiele in einer liebevollen Beziehung mit dem Vater gute Voraussetzungen gewonnen in Bezug auf die Identitätsentwicklung.

Mit dem Einsetzen der körperlichen Reife und der Identitätsfindung verändert sich die Vater-Tochter-Beziehung noch einmal, sie wird in der Regel kühler und distanter, und diese Veränderung geht von der Tochter aus. Mädchen verbringen in der Adoleszenz noch weniger Zeit mit ihrem Vater als mit ihrer Mutter. Die von der Tochter gezogene Grenze wirkt auf viele Väter zunächst überraschend. Zugleich ist die Vater-Tochter-Beziehung deutlich konfliktärmer als die Beziehung zur Mutter (Seiffge-Krenke & von Irmer, 2004).

Durch die kognitive und körperliche Reife setzt eine Entidealisierung des Vaters ein (Grieser, 2008). Dazu gehört, dass das Leitbild »Vater« durch gezielt ausgesuchte »Gegenbilder«, die symbolisch für eine Reduktion des Gemeinsamen und für ein Hervorheben des

Trennenden, Individuellen stehen, teilweise ersetzt wird. Beim Mädchen treten jetzt Freundinnen und romantische Partner, aber auch angeschwärmte Idole aus den Medien an seine Stelle. Der Vater bleibt dennoch erster Ansprechpartner für schulische, berufliche und politische Fragen (Seiffge-Krenke, 2009).

Väter werden als gutes Modell für Autonomie wahrgenommen und gewähren Autonomie. Wir fanden (Shulman & Seiffge-Krenke, 1997/2016), dass Väter ihren Kindern lange vor den Müttern – im Schnitt vier Jahre früher – Selbständigkeit und Unabhängigkeit zutrauen. Dies könnte durchaus auch eine leichte Überforderung darstellen, zeigt jedoch auf, dass sich Töchter zwischen den Polen eines zu großen Schutzes (durch die Mutter) und einer zu großen Autonomiegewährung (durch den Vater) orientieren müssen, wenn sie ihre neue Identität ausprobieren und in verschiedenen Lebensbereichen explorieren wollen.

Psychoanalytische Autoren betonen, dass für eine gelungene Entwicklung einer weiblichen Geschlechtsidentität die (selektive) Identifizierung mit väterlich-männlichen Aspekten von klein auf unerlässlich ist. Die teilweise Identifizierung mit dem Vater kann helfen, sich von der Mutter zu »entidentifizieren«, ein unabhängiges Selbst zu erwerben. Die Aspekte des Vaters, um die es bei der teilweisen Identifizierung vor allem geht, sind Unabhängigkeit und Durchsetzungsvermögen.

Wir finden in vielen Beschreibungen der Vater-Tochter-Beziehung eine aktive Tochter, die sich mit dem Vater als Rollenmodell für Selbständigkeit und Autonomie identifiziert. In der Tat zeigt eine umfangreiche Studie an 13.000 Personen, die in den USA von der Geburt bis zum 33. Lebensjahr untersucht wurden, dass die berufliche Laufbahn der Töchter viel stärker von ihrer Beziehung zum Vater abhing als die Karriere des Sohnes (Flouri, 2005). Dies hängt auch damit zusammen, dass Väter bei Töchtern Ehrgeiz, Selbständigkeit und Zuversicht in eigene Kompetenz fördern, sie also so behandeln, wie sie Söhne behandelt hätten, was besonders bei erfolgreichen Frauen (»making a female president«, Steinberg, 2017) gefunden wurde.

In der Vater-Tochter-Beziehung wird sehr stark die Verschiedenheit betont, anders als in der Beziehung zur Mutter, wo es um Ähnlichkeit geht. Väter sind fordernd, d. h. stellen Ansprüche an die Tochter, z. B. ihre Angst zu überwinden, Leistung zu zeigen. Hinzu kommt, dass Töchter leichter Rat und Unterstützung von Seiten des Vaters annehmen als Söhne (Nielsen, 2012). Die Tochter lernt auf diese Weise, dass Leistung sich mit der liebevollen Beziehung zu einem Mann verbinden lässt. Zu viel Nähe und Überidentifizierung mit dem Vater, wie etwa bei beruflich sehr erfolgreichen Töchtern (Shulman & Seiffge-Krenke, 1997/2016), bergen die Gefahr von Schwierigkeiten in der Beziehungsgestaltung mit späteren Partnern. Väter müssen deshalb eine delikate Balance zwischen emotionaler Nähe, intellektueller und körperlicher Förderung und der Wahrung der Generationsgrenzen finden. Es darf nicht zu einer zu starken Identifizierung mit dem Vater oder gar seiner Idealisierung kommen. Wie Jessica Benjamin (1992, S. 821) schreibt, sollte es eine »Identifizierung mit Differenz« sein.

## 5.5 Der Beitrag der romantischen Partner: Noch Platz fürs Selbst?

Man mag sich fragen, warum die Aufnahme von Liebesbeziehungen für die Identitätsentwicklung von jungen Mädchen so wichtig ist. Ihre Funktion ist sehr vielfältig, vom Indikator dafür, eine Frau zu sein, bis hin zur Hilfe bei der Abgrenzung von den Eltern. In Befragungen 14- bis 19-jähriger Töchter und ihrer Mütter (Burger & Seidenspinner, 1988) wurde deutlich, dass junge Mädchen, die noch keine sexuellen Beziehungen aufgenommen hatten, enger an ihre Mutter gebunden waren als altersgleiche Mädchen mit sexuellen Erfahrungen. Keine Erfahrungen mit Jungen zu haben hieß hier, noch ganz die Tochter der Mutter zu sein. Mädchen, die mit Jungen ausgingen oder schon sexuelle Erfahrungen ganz unterschiedlicher Natur hatten, berichteten über viele Konflikte im Elternhaus. Es ist also nicht nur die Sexualität; allein die Tatsache, dass ein anderes Liebesobjekt vorhanden war, führte zu einer Lockerung der engen Bindung an die Mutter und zu größerer Autonomie.

In beiden Beziehungsformen, den Freundschaftsbeziehungen und den Paarbeziehungen, geht es den Mädchen sehr um Intimität, und bei beiden Beziehungsformen müssen große Nähe und besitzergreifende Bestrebungen mit Autonomie in Bezug auf den anderen in eine Balance gebracht werden. Bei den engen Mädchenfreundschaften wie auch bei der Paarbildung ist – wegen der großen intersubjektiven Bezogenheit – immer die Gefahr gegeben, dass nicht genug Platz für das Selbst des Mädchens da ist.

### 5.5.1 Positive und negative Einflüsse von Partnerschaften

Die Forschung, die Collins et al. (2009) zusammenfassten, belegt, dass Partnerschaften im Jugendalter sehr positive Auswirkungen auf die Entwicklung des Mädchens haben: Vormals selbstunsichere Mädchen wurden selbstsicherer und ausgeglichener, und auch das Körperkonzept wurde positiver (Seiffge-Krenke et al., 2015). Der Status in der Gleichaltrigengruppe rutschte in die Höhe – es war also wichtig für die Gruppenzugehörigkeit, einen Freund zu haben. Aus psychoanalytischer Sicht ist besonders die Markierung der emotionalen Unabhängigkeit von den Eltern von Bedeutung – in einer Zeit, in der man länger als früher im Elternhaus wohnt und finanziell und auch emotional noch lange abhängig ist. Es gibt wohl kaum ein Merkmal, das für ein Mädchen so stark die Unabhängigkeit von den Eltern signalisiert wie die Tatsache, dass es einen Partner hat.

Dabei sind die Partnerwahl und insbesondere Trennungen von früheren Partnern wichtige Entwicklungsschritte. In meiner bereits erwähnten Längsschnittstudie (Seiffge-Krenke, 1999, 2003) wurden Mädchen im Alter von 14 Jahren zum ersten Mal befragt

## 5.5 Der Beitrag der romantischen Partner: Noch Platz fürs Selbst?

und bis zum Alter von 30 Jahren begleitet und untersucht. Der Anteil derer, die mit ihrem ersten romantischen Partner zusammengeblieben sind, den sie beispielsweise mit 14, 15, oder 16 Jahren kennengelernt hatten, war verschwindend gering (2 %), und es handelte sich dabei um hochauffällige Mädchen. Trennungen sind also normativ und als eine Chance für den Lernprozess hin zu einer reifen Partnerbeziehung zu begreifen.

Es gibt aber auch negative Einflüsse auf die Identitätsentwicklung zu bedenken. In diesem Zusammenhang ist vor allem der verfrühte Beginn romantischer Beziehungen zu beachten. Er ist verstärkt mit dem Auftreten von Problemverhalten wie Drogengebrauch, Alkohol und zu frühen sexuellen Erfahrungen verbunden (Wendt, 2019). Dies hängt damit zusammen, dass junge Mädchen im Schnitt Partner haben, die zwei bis drei Jahre älter sind, was bei diesen zu der eher typischen Zunahme an gesundheitsschädigendem Verhalten führte, während dies für das jüngere Mädchen eigentlich »noch nicht dran ist«. Entsprechend finden wir bei solchen früh in Beziehungen involvierten Mädchen eine Zunahme an externalisierenden Verhaltensweisen (Normbrüche, antisoziales Verhalten).

Insgesamt bringt der Beginn romantischer Beziehungen mehr Konflikte in Eltern-Kind-Beziehungen, und zwar aufgrund des verstärkten außerfamiliären Investments und der starken Autonomiebestrebungen, die bei Eltern auf Unverständnis stoßen oder strikte Kontrolle provozieren. Aber auch die engen Freundschaftsbeziehungen leiden, und es kommt zu Eifersucht und nicht selten auch zu kurzzeitigen oder endgültigen Trennungen von der besten Freundin.

Eine Vielzahl von Studien belegt höhere Raten von Depressivität bei jungen Mädchen in Partnerschaften gegenüber partnerlosen jungen Mädchen. Bei männlichen Jugendlichen ist beim Vorliegen einer Paarbeziehung keine Zunahme an Depressivität zu beobachten (Shulman et al., 2017). Warum sind Mädchen in Partnerschaften depressiver als Single-Mädchen? Dies hängt zum einem mit der Bedrohung durch Trennungen zusammen, die ja im

Frühstadium der romantischen Entwicklung eine Realität sind und damit schon am Beginn der Partnerschaft unbewusst im Raum stehen. Depressive Gefühle können auch im Zusammenhang mit Schuldgefühlen entstehen, die durch die Abgrenzungen gegenüber Eltern und Freundinnen bedingt sind. Auch das Schuldthema ist ein mädchenspezifisches, sehr häufiges Thema.

### 5.5.2 Verwirrende Gefühle: »Freunde« oder »Lover«?

Die liebevolle Beziehung zu Freundinnen kommt auch in Zusammenhang mit der Annäherung an das andere Geschlecht zum Tragen. Enge Freundinnen helfen nicht nur bei der Kontaktsuche, bei der konkreten Annäherung, der Tröstung – sie sind vor allem ein Übungsfeld für körperlich gezeigte Intimität (Seiffge-Krenke, 2015b). Dabei sind Mädchenfreundschaften durch ihre Entwicklungsbesonderheiten geradezu »Vorläufer« romantischer Beziehungen. Dies hängt damit zusammen, dass Freundschaftsbeziehungen bei Mädchen im Jugendalter, wie bereits beschrieben, zunehmend durch große körperliche Nähe und Intimität gekennzeichnet sind (von Salisch & Seiffge-Krenke, 2008), Merkmale, die für die späteren romantischen Beziehungen ebenfalls typisch sind. Damit sind Mädchen in ihrer Intimitätsentwicklung weit vorangeeilt und haben sich auf körperliche Nähe, engen emotionalen Austausch eingestellt, im Gegensatz zu Jungen (Seiffge-Krenke & Seiffge, 2005).

In der mittleren Adoleszenz sind die Freundinnen vor allem wichtig beim Kennenlernen von potentiellen Partnern und sie stützen einander auch bei den häufigen Trennungen. Die Ähnlichkeiten zwischen romantischen Beziehungen und Freundschaftsbeziehungen sind so groß, dass manche romantische Beziehungen eher Freundschafts- als Liebesbeziehungen ähneln. Sind wir nun »Freunde« oder sind wir »Lover«?

Bei einem beträchtlichen Prozentsatz der von uns untersuchten jugendlichen Paare war das keineswegs klar. Wir (Seiffge-Krenke &

## 5.5 Der Beitrag der romantischen Partner: Noch Platz fürs Selbst?

Burk, 2013) untersuchten 200 Paare im Alter zwischen 16 und 18 Jahren. Fünf verschiedene Typen von Paaren ließen sich ausmachen: Bei der ersten Gruppe, die am häufigsten vertreten war, waren die Jugendlichen *einerseits befreundet, aber auch romantisch verliebt* (38 %). Es handelte sich um eine gelungene Mischung aus Freundschaft, Liebe und Passion. Ruhige Komponenten (»Ich fühle mich bei ihm sicher und geborgen«) und leidenschaftliche Komponenten (»Ich bin unglaublich glücklich mit ihm«) hielten sich die Waage. Bei diesen Paaren bestand eine große körperliche Anziehung, d. h. der Wunsch nach sexueller Intimität ohne Angst vor zu großer Nähe.

Die Partner der Paare der zweiten Gruppe waren *ausschließlich verliebt* (26 %), d. h. es waren ausschließlich romantische Qualitäten vorhanden, verdeutlicht in hohen Werten bezüglich Aussagen wie: »Als ich ihn zum ersten Mal sah, machte es ›klick‹«, »Meine Gedanken gehen den ganzen Tag zu ihm, ich kann nicht aufhören, an ihn zu denken«, »Ich möchte ihm so nahe wie möglich sein, mit ihm verschmelzen.« Dies war offenkundig nicht nur positiv, denn diese Paare berichteten von stark schwankenden und ambivalenten Affekten, die von »himmelhoch jauchzend« bis »zu Tode betrübt« reichen. Auch Eifersucht war sehr häufig und eine besitzergreifende Perspektive fiel auf.

Partnerschaften der dritten Gruppe wiesen keine im engeren Sinne romantischen Elemente auf, sondern nur *freundschaftliche* (14 %). Die Beziehung wurde als warm, herzlich, freundschaftlich beschrieben, man unternahm viel zusammen. Dennoch fand Sexualität statt und die Beziehungsdauer unterschied sich nicht wesentlich von der in den anderen Gruppen. In diesem Zusammenhang muss man bedenken, dass der frühere Partner nach einer Trennung häufig in das Freundesnetz integriert wird (Seiffge-Krenke & Shulman, 2012) und dass es im jungen Erwachsenenalter auch weiterhin Partnerschaften gibt, bei denen Sexualität stattfindet, die Beziehungen aber eher freundschaftlich sind (»friends with benefits« oder »Freundschaft +«). Dieses Muster ist also schon früh zu erkennen und bleibt bei einigen jungen Leuten lange Zeit erhalten.

In der vierten Gruppe befanden sich Paare, bei denen die Beziehung durch starke *Asymmetrie, mit einem dominierenden Partner* gekennzeichnet war (10 %), d. h. das Mädchen war sehr verliebt, der Junge aber sah die Beziehung eher als eine von »friends with benefits« an, die ihm sexuelle Befriedigung verschaffte, in die er aber nicht emotional investierte.

Verblüffenderweise fand sich eine fünfte Gruppe, Paare die durch das *Fehlen sowohl von Freundschaft als auch von Romantik* gekennzeichnet waren (12 %), die Beziehung war eher nichtssagend. Man fragt sich, warum diese Paare eigentlich so lange zusammenbleiben. Status und Repräsentation könnten eine Rolle spielen – der Norm zu entsprechen, auch einen Freund zu haben. Wie unsere weitere Auswertung zeigte, spielte die Bindung eine Rolle. Es handelte sich um Partner, die beide unsicher gebunden waren und den jeweils anderen halten wollen, wenn auch auf Distanz.

Wir sehen demnach, dass Beziehungen, wenn sie nicht den romantischen Partner wirklich meinen, ganz unterschiedliche Ursachen haben können: die Stützung des Selbst, der Status in der Freundesgruppe (mit dazugehören), aber auch die Suche nach Bindung, ohne sich wirklich einlassen zu können.

Mädchen erwarten am Beginn romantischer Beziehungen ein relativ hohes Intimitätsniveau, wie sie es von ihren Mädchenfreundschaften kennengelernt haben, Jungen sind dagegen in ihrer Intimitätsentwicklung nicht ganz so weit, weil in ihren Jungenfreundschaften »Haben und Zeigen« bedeutsamer ist und eine zu große homoerotische Nähe eher gemieden wird. Junge Frauen sind also eine Art »Lehrmeister« in Sachen Beziehungsentwicklung und Intimität für ihre Partner (Sidor, Knebel & Seiffge-Krenke, 2006).

### 5.5.3 Noch Platz fürs Selbst: Ein spezifisch weibliches Problem?

Wie eingangs beschrieben, war Erikson (1959) der Erste, der die Bedeutung von Identität für die Entwicklung reifer Partnerbezie-

## 5.5 Der Beitrag der romantischen Partner: Noch Platz fürs Selbst?

hungen (Intimität) herausarbeitete. Beziehungen zu einem Partner können für junge Mädchen ein Erprobungsfeld für Selbstabgrenzung und Objektbezug sein, für das sie, wie beschrieben, frühe Erfahrungen aus dem Bindungserleben mit den Eltern, aber auch der Intimität in ihren Freundschaftsbeziehungen mitbringen. Für die weitere langfristige Gestaltung der romantischen Beziehung ist entscheidend, wie viel Platz fürs Selbst da ist.

Es ist wichtig für weibliche Jugendliche, eine gute Balance zwischen den eigenen Ansprüchen und denen ihres jeweiligen Partners zu erreichen, in der eigene und gemeinsame Ansprüche in einem ausgewogenen Verhältnis stehen (Seiffge-Krenke, 2012a). Dies ist in der Regel ein längerer Lernprozess, der – wie zuvor beschrieben – konflikthafte Auseinandersetzungen auf der Paarebene sowie Partnerwechsel einschließt. Für die beginnende romantische Entwicklung sind oftmals exklusive, sehr idealistische Partnerbeziehungen charakteristisch, bei denen das Mädchen meint, keine Minute ohne den anderen sein zu können. Erst spätere Partnerbeziehungen zeichnen sich dann durch größere Unabhängigkeit, eine Entidealisierung und realistische Wahrnehmung des Partners sowie größere Individualität aus. Dies ist auch der Grund, weshalb Konflikte in jungen Partnerschaften von Mädchen eher vermieden werden, in reiferen, schon länger andauernden romantischen Beziehungen aber deutlich häufiger sind und auch, bei konstruktiver Lösung, zum weiteren Bestand der Beziehung beitragen. Durch die verlängerte Identitätsentwicklung hat sich heute auch der Zeitpunkt, zu dem sich eine im oben definierten Sinne intime Partnerbeziehung entwickeln kann, deutlich nach hinten verschoben; dennoch bleibt die Bedeutung der Identitätsentwicklung als Voraussetzung für reife Intimität weiterhin zentral (Seiffge-Krenke & Beyers, 2016).

Der Entwicklungsprozess der Balancierung zwischen Identität und Intimität ist für Mädchen besonders schwierig, weil sie viel stärker als Jungen ihre Identität aus Beziehungen schöpfen. Prinzipiell treten zwei Formen der klinisch auffälligen Partnerbeziehungen schon relativ früh bei Mädchen auf: zu symbiotischen Beziehungen, bei denen das Selbst des Mädchens gleichsam mit dem

Partner verschmilzt, es ohne den Partner als »nicht lebensfähig« erscheint, und zu distanzierte Partnerbeziehungen, in denen das Selbst des Mädchens zu sehr vom Partner getrennt und autonom ist, wenig Gemeinsames da ist. Beide Muster können sich bei späteren Partnerbeziehungen wiederholen (Seiffge-Krenke, 2012a).

Wie bereits beschrieben, führen immerhin 12 % der Mädchen (langdauernde) Partnerbeziehungen, ohne dass Leidenschaft oder Freundschaft eine Rolle spielen (Seiffge-Krenke & Burk, 2013). Bei solchen *distanzierten Paarbeziehungen*, die auch als *pseudointim* bezeichnet werden (weil die langdauernde und anscheinend enge Beziehung den Eindruck erweckt, sie sei etwas Intimes), handelt es sich um Partner, die kaum Gemeinsamkeiten haben. Diese distanzierten Beziehungen können dennoch sehr langlebig sein, weil sie, wie beschrieben, verschiedene Funktionen haben. Häufig sind sie Hinweise auf eine unsicher-distanzierte Bindungsrepräsentation zu den Eltern, die sich in Bezug auf den Partner wiederholt. Die Partner sind relativ stark voneinander abgegrenzt, jeder verfolgt seine eigenen Interessen, das jeweilige Ich ist wichtiger als das Wir. Die Frage bleibt dabei stets, wie viel Separatheit eine Beziehung aushalten kann, ohne zu zerbrechen. Mädchen mit einer vermeidenden Bindung bleiben aufgrund früherer negativer Beziehungserfahrungen auf Distanz. Der Partner darf nicht zu nahe kommen, die (unbewusste) Angst vor Verlust ist groß und die distanzierte Beziehung ist letztendlich ein Schutz bei großer Verletzlichkeit.

In Therapien stoßen wir besonders oft auf Partnerbeziehungen von Mädchen, die *symbiotisch* mit ihrem Partner verschmolzen sind. In diesen Beziehungen geht die eigene Identität komplett in der Partnerschaft auf, gibt es keine Selbständigkeit, keine Autonomie. Ein solches Phänomen beobachtet man oft am Beginn einer Partnerschaft, bei starker Verliebtheit; in der Regel kommt es aber dann zunehmend zu Abgrenzungen. Bleibt eine solche Fusionierung jedoch länger bestehen, kann sie bedenkliche Folgen haben. Die Trennung vom Partner kann dann die Auslöschung der eigenen Identität bedeuten. Suizide oder erweiterte Suizide können als schreckliche Konsequenz aus einer Trennung auftreten, weil für das Mädchen ein Weiterleben ohne den fehlenden Teil seines Selbst nicht möglich ist. Es handelt sich also um eine hochgefährliche Konstellation (Seiffge-Krenke, 2012a).

Zu den gefährlichen Konstellationen zählen auch sexuelle Beziehungen, in denen das Mädchen den Jungen oder Mann als Indikator für ihre Weiblichkeit benutzen. Die mehr oder weniger vorsichtigen Erprobungen, wie man auf den Mann wirkt, welche (sexuellen) Reaktionen man hervorruft, verbunden mit dem Wunsch nach Bestätigung der Weiblichkeit, können manchmal Umschlagen in nicht-einvernehmlich erfolgten Geschlechtsverkehr. Ein solches Phänomen ist unter dem Stichwort »date rape« erforscht worden. In einer groß angelegten US-Studie mit mehr als 80.000 Schülern der 9. bis 12. Klasse berichteten 4 % der Mädchen, sie wären schon einmal Opfer eines »date rape«, d. h. eines sexuellen Übergriffs durch einen Beziehungspartner (eine Partnerin) geworden (Ackard &. Newmark-Sztainer, 2002). In Deutschland belegt die Studie von Barbara Krahé (2009), dass 30 % der weiblichen Jugendlichen unfreiwillige Sexualkontakte wie Geschlechtsverkehr unter verbalem Druck, unter Alkohol und Drogen etc. berichten. Damit ist deutlich geworden, dass Identitätsexplorationen weiblicher Jugendlicher in diesem Bereich auch eine Gefährdung darstellen.

## 5.6 Verringerung der Geschlechtsunterschiede über die Jugendzeit, verstärkte Exploration der Mädchen

Wir haben in diesem Kapitel einige Faktoren erörtert, die die Identitätsentwicklung von weiblichen Jugendlichen beeinflussen und andere Herausforderungen an sie stellen, verglichen mit männlichen Jugendlichen. Ich möchte zum Abschluss noch einige empirische Untersuchungen vorstellen, wo es spezifisch um Geschlechts-

## 5 Die Suche nach dem neuen Ich bei weiblichen Jugendlichen

unterschiede, genauer die weibliche Identitätsentwicklung geht, bezogen auf die Dimensionen Commitment und Exploration, besonders in ihrer Differenzierung in Exploration in die Breite und Tiefe (▶ Kap. 3; die Arbeiten der Forschergruppe Koen Luyckxs, Belgien). Eine weitere Differenzierung findet sich in den Arbeiten der Forschergruppe um Wim Meeus aus den Niederlanden, die ein dreidimensionales Modell der Identitätsentwicklung (*committment, exploration in depth* und *reconsideration*) entwickelt hatten (Meeus et al., 1999). Wie in Kapitel 4 (▶ Kap. 4) geschildert, hatten sie die Stabilität und Veränderung der Identitätsentwicklung bei Jugendlichen genauer untersucht.

Debatten über geschlechtsspezifische Unterschiede bei der Identitätsbildung lassen sich auf Erikson (1983) zurückführen, der behauptete, Frauen müssten ihre Identität offenhalten, um sich an die Besonderheiten der Männer anzupassen, die sie schließlich treffen würden, und an die Kinder, die sie erziehen würden. Heutzutage sollte eine solche Erklärung in westlichen Ländern als veraltet angesehen werden, da sowohl Männer als auch Frauen eine berufliche Laufbahn einschlagen und die Erziehung zu einem viel stärkeren gegenseitigen Prozess geworden ist, in dem Männer und Frauen solche Aufgaben gemeinsam wahrnehmen. Angesichts dieser gesellschaftlichen Veränderungen könnten auch geschlechtsspezifische Unterschiede in der Identitätsbildung verschwunden sein. Tatsächlich kamen mehrere Forscher (z. B. Kroger 1997; Waterman, 1999) in Übersichten zu dem Schluss, dass es keine generellen Unterschiede in der Prävalenz des Identitätsstatus bei Männern und Frauen gibt, dass also die Verteilung von *achieved identity, foreclosure, diffusion* und *moratorium* im Sinne Marcias (▶ Kap. 3) bei Männern und Frauen gleich häufig ist.

Längsschnittstudien zu Veränderungen in den Identitätsdimensionen wurden auch von Luyckx und Kollegen durchgeführt (Luyckx et al., 2006a, 2008a). Sie verwendeten Stichproben, die überwiegend aus Studentinnen bestanden, und konnten daher keine geschlechtsspezifischen Unterschiede feststellen. Die früheren Untersuchungen über Geschlechtsunterschiede bezogen sich demnach auf Er-

## 5.6 Verringerung der Geschlechtsunterschiede über die Jugendzeit

wachsene und auf die Altersstufe des »emerging adulthood«. Angesichts der vielen in diesem Kapitel dargestellten Besonderheiten der Identitätsentwicklung bei Mädchen sollten daher geschlechtsspezifische Unterschiede in Bezug auf Änderungen und Stabilität der Identitätsdimensionen von Exploration und Commitment genauer untersucht werden, und zwar bei Jugendlichen.

Die Studie von Klimstra et al. (2010) hat nun rund 1000 Jugendliche in Bezug auf geschlechtsspezifischen Unterschiede in drei Veränderungsindices (d. h. Veränderung auf Mittelwertsebene, rankorder stability and profile similarity) untersucht (▶ Kap. 4). Chi-Quadrat-Differenztests ergaben, dass Mädchen während der gesamten Jugendzeit im Vergleich zu Jungen ein höheres Maß an *exploration in depth* aufwiesen. Jungen holten allerdings zur Ende der Adoleszenz auf, so dass im Alter von 18 bis 20 Jahren zunehmend weniger Geschlechtsunterschiede bestehen. Demgegenüber blieb während der gesamten Jugendzeit das Commitment stabil niedrig. Beim Vergleich früh- bis mittel- und mittel- bis spätjugendlichen Jungen und Mädchen gab es in Bezug auf diese Identitätsdimension nirgendwo signifikante Geschlechtsunterschiede.

Die Studie zeigt, wie wichtig es ist, das Geschlecht bei der Identitätsbildung zu berücksichtigen, da Mädchen in den frühen Stadien der Identitätsbildung verstärkt explorieren. Dies könnte mit den in diesem Kapitel beschriebenen Entwicklungsveränderungen bei den Mädchen zusammenhängen, die eine Verfrühung in vielen soziokognitiven Bereichen zeigten. Es könnte aber auch ein Hinweis auf die »social clock« sein: Für Mädchen sind die Entwicklungsfristen kürzer, beispielsweise um Familie und Beruf zu realisieren, so dass ihr Entwicklungsdruck zur Entwicklung der Identität in diesen Bereichen hier möglicherweise höher ist (Seiffge-Krenke, 2012a). In Übereinstimmung mit Krogers Empfehlungen (Kroger, 1997) weisen diese Ergebnisse darauf hin, wie wichtig es ist, die geschlechtsspezifischen Veränderungen zu untersuchen.

# 6

# Sexuelle Identität und bisexuelles Schwanken als normales Entwicklungsphänomen

In den Medien wird verstärkt das dritte Geschlecht diskutiert, und Personen wie Conchita Wurst, die männliche und weibliche Attribute vereinen, erfreuen sich großer Popularität. In den Beratungsstellen, in klinischen Ambulanzen und in On-line-Beratungsforen trifft man verstärkt Jugendliche, die sich ihrer Geschlechtsidentität und ihrer sexuellen Orientierung nicht sicher sind und die gar darauf drängen, weil sie sich in ihrem Körper nicht wohl fühlen, dass eine Hormontherapie und anschließend eine Geschlechtsumwandlung vorgenommen werden sollte. Ist dies nun Hinweis auf eine

6.1 Männliche oder weibliche Identität

Geschlechtsidentitätsstörung (Seiffge-Krenke, 2012a) oder eine Intergeschlechtlichkeit (Schweizer, Köster & Richter-Appelt, 2019), oder präsentieren uns Jugendliche in einer Zeit der Körperfixiertheit, dem Bemühen um Selbstoptimierung, der größtmöglichen Liberalität und Exploration in allen Lebensbereichen, so auch im Körperlichen, ihre Antwort im Sinne eines »alles ist möglich«?

Nachdem bereits die enge Verknüpfung zwischen Identität, Körper und sozialen Beziehungen, insbesondere Freundschaftsbeziehungen, in den vorangegangenen Kapitel dargestellt wurde, geht es in diesem Kapitel um einen speziellen Aspekt, der mit den neu geschaffenen Möglichkeiten der Identitätsexploration auch im körperlichen Bereich zusammenhängt. Erikson (1971) hatte bereits auf die Möglichkeit einer bisexuellen Diffusion in der Identitätsentwicklung hingewiesen. Wir wollen das Konzept des bisexuellen Schwankens besonders in Bezug auf die Mädchenentwicklung aufgreifen, weil wir hier verstärkt Belege haben. Es werden psychodynamische, aber auch entwicklungspsychologische Perspektiven herausgearbeitet. Im Zentrum steht aber nicht die biologische Bisexualität, sondern die psychische, die sich u. a. aus den engen Freundschaftsbeziehungen, aber auch der Identifizierung mit beiden Eltern ergibt. Damit ist für die Identitätsentwicklung ein ganz wichtiges Thema angesprochen, das natürlich auch Jungen betrifft: Wie schafft man die Doppelidentifizierung? Und wie schafft man den Verzicht auf das jeweils Andere und die Begrenzung der eigenen Möglichkeiten als Frau oder Mann?

## 6.1 Männliche oder weibliche Identität

Die Adoleszenz hat eine zentrale lebensgeschichtliche Bedeutung, da es zu einer endgültigen Konsolidierung der Geschlechtsidentität einschließlich der potentiellen Möglichkeiten zur genitalen Sexualität und Fortpflanzung und damit zur Generativität im engeren

Sinne Eriksons kommt. Beobachtungen, dass sich verschiedene Störungen wie Essstörungen, Suizidversuche, Dissozialität und Drogenkonsum erst in der Adoleszenz manifestieren, während solche Störungen in der Kindheit eher die Ausnahme sind, haben Laufer und Laufer (1989) zu der These veranlasst, dass psychopathologische Auffälligkeiten in der Adoleszenz in einem engen Zusammenhang mit der Entwicklung des Körperbildes und der endgültigen Geschlechtsidentität stehen.

Bei der Konstituierung der Geschlechtsidentität sind im Wesentlichen drei Prozesse beteiligt, die Kerngeschlechtsidentität (*coregender identity*), die Geschlechterrolle (*gender role*) und die Geschlechtspartnerorientierung (*choice of love object*), alle drei entwickeln sich sehr unterschiedlich bei männlichen und weiblichen Individuen (Cramer, 2000).

### 6.1.1 Entwicklungsverlauf und Unterschiede zwischen männlichen und weiblichen Jugendlichen

Die Geschlechtsidentität als ein Wissen, männlich oder weiblich zu sein, beginnt schon früh, und mit etwa 2,5 Jahren steht die Geschlechtsidentität fest, d.h. ein Junge sieht sich als Junge und ein Mädchen nimmt sich als Mädchen wahr. Mit etwa vier bis sieben Jahren verstehen Kinder, dass ihr phänotypisches Geschlecht (typischerweise) lebenslang unverändert bleibt (sog. Geschlechtsrollenkonstanz). Die besondere Bedeutung der sozialen Kategorie Geschlecht in allen bekannten menschlichen Gesellschaften ist verantwortlich dafür, dass Kinder schon sehr früh etwas darüber erfahren, wie männliche und weibliche Personen (angeblich) sind oder sein sollten (Geschlechtsstereotype). Damit einhergehend beginnen sie auch, sich selbst entsprechende Merkmale zuzuschreiben, die sie als Junge oder Mädchen kategorisieren, so beschreiben sich Mädchen eher als »empfindsam«, Jungen eher als »mutig«.

Da die Identitätskonstruktion immer stärker relational erfolgt, sind daran auch die Gleichaltrigen und Erwachsenen beteiligt. In

## 6.1 Männliche oder weibliche Identität

der Schulzeit identifiziert man sich mit typischem Jungen- oder typischen Mädchenverhalten und spielt dann, wie in Kapitel 3 (▶ Kap. 3) dargestellt, in nach Geschlecht segregierten Gruppen; das Spiel an den Grenzen (»borderwork«) unterstreicht die Differenzierung in eine Identität als Junge oder Mädchen (Seiffge-Krenke, 2012a). Ein Junge, der Mädchenkleidung und -spielsachen hat, weiß jetzt, dass das inkonsistent ist mit seinem Geschlecht, und seine Freunde oder Eltern spiegeln ihm das auch bzw. lehnen dies ab. Der Film »Mein Leben in Rosa« verdeutlicht dies am Beispiel des 10-jährigen Ludowig in Bezug auf seine Geschlechtsidentität und sein geschlechtsrollenspezifisches Verhalten.

Geschlechtsrollenstereotype werden zunächst sehr undifferenziert zugeschrieben, ab den Grundschuljahren wird dies aber zunehmend flexibler und an die jeweilige Person angepasster. Etwa ab dem 8./9. Lebensjahr sind die Selbstbeschreibungen von geschlechtsrollenstereotypen Verhaltensweisen stabil. Weibliche Personen beschreiben sich wahrscheinlicher mit feminin konnotierten Merkmalen wie Weichherzigkeit und Emotionalität, männliche Personen eher mit maskulin konnotierten Merkmalen wie Durchsetzungsstärke und Mut (Hannover, Wolter & Zander, 2018).

Im weiteren Entwicklungsverlauf finden sich Unterschiede zwischen Jungen und Mädchen in der Bedeutung, die sie ihrem Geschlecht für ihre eigene Identität beimessen: Für das Bild, das sie von sich haben, ist es von unterschiedlich zentraler Bedeutung, ein Junge oder Mädchen zu sein. Interessanterweise haben empirische Studien ergeben, dass für Mädchen und Frauen das Geschlecht als Teil ihrer Identität wichtiger ist als für Jungen und Männer, weibliche Jugendliche definieren sich also stärker durch ihr Geschlecht als männliche. Sie erwähnen in spontanen Selbstbeschreibungen häufiger ihr Geschlecht, als dies gleichaltrige männliche Jugendliche tun. Gleichzeitig sind sie mit ihrer Geschlechtszugehörigkeit aber auch unzufriedener. Damit ist das Geschlecht für ihre Identität salienter als bei Jungen, wird aber auch ambivalent gesehen (Hannover et al., 2018).

## 6.1.2 Homosexualität und Bisexualität als sexuelle Orientierung

Die erotische Anziehung durch das andere oder das gleiche Geschlecht hat bereits Vorläufer in der Kindheit, wie wir aus Untersuchungen wissen (Seiffge-Krenke, 2012a). In der Adoleszenz entwickelt sich schließlich eine endgültige sexuelle Orientierung, d. h. man fühlt sich zu Männern bzw. zu Frauen hingezogen. Die sich in der Kindheit ausgeprägte und in der Adoleszenz stabilisierte Geschlechtsidentität bleibt unabhängig von der sich entwickelnden sexuellen Orientierung erhalten. Einzig auffallendes Merkmal ist, dass sich Homosexuelle weniger stark geschlechtsrollentypisch beschreiben. Sie sind sich also ihres Geschlechts genauso sicher wie Heterosexuelle, beschreiben sich aber weniger stereotyp und offener, was die Geschlechtsrollenzuschreibung angeht.

Homosexuelle Episoden als Erprobung der sexuellen Orientierung kommen, so schreibt Blos (1973/2001) in seinem Standardwerk über Adoleszenz, bei Jungen wie bei Mädchen während dieser Phase vor. Bereits Freud war der Überzeugung, »dass jeder Mann, auch der normalste, der homosexuellen Objektwahl fähig ist, sie irgendwann einmal im Leben vollzogen hat und sie in seinem Unbewussten festhält oder sich durch energische Gegeneinstellung gegen sie versichert« (Freud, 1907, S. 19). In Kinseys Untersuchungen über das sexuelle Verhalten des Mannes berichten 37 % der Befragten über mindestens ein homosexuelles Erlebnis zwischen Pubertätsbeginn und Erwachsenenalter. Auch Blos (1973/2001) und Laufer und Laufer (1989) berichten, dass ca. 60 % der männlichen Jugendlichen bereits in der Vorpubertät zumindest vorrübergehend unterschiedliche homosexuelle Aktivitäten wie Exhibitionieren, Penismanipulation, Gruppenonanie o. ä. erlebt haben. Es ist zu bedenken, dass es in vielen männlichen Initiationsriten in sogenannten primitiven Kulturen um die systematische Austreibung aller Spuren des Weiblichen aus dem Heranwachsenden und seinem Körper geht. Homosexuelle Regungen werden unbewusst mit weiblich konnotierter Schwäche und Unmännlichkeit assoziiert, es geht also auch um die Repression des Weiblichen, d.h. die Durchsetzung eines rein viril-martialischen Männlichkeitsbildes.

In allen männlichen hegemonialen Kulturen existiert ein Antagonismus zwischen normalen und schwulen Männern, wobei im Kern zwei Ängste stehen, die Angst, selbst homosexuell zu sein, und die Angst, als schwul zu gelten und diffamiert zu werden. Beide Ängste stehen auch weit oben in der Hierarchie jugendtypischer Gewaltbereitschaft. Die Grenze zwischen männlich und nichtmännlich ist aus dieser Perspektive klar, muss strikt eingehalten werden, notfalls mit Gewalt. Schwul sein gilt als eines der häufigsten Schimpfwörter in der Schule.

Manche Jugendliche wünschen sich oder praktizieren auch Sexualität mit gleichgeschlechtlichen PartnerInnen, aber identifizieren sich nicht als Lesben, Schwule oder Bisexuelle, weil sie befürchten, sich damit der gesellschaftlichen Stigmatisierung auszusetzen. Andere Jugendliche erleben Gefühle gleichgeschlechtlicher Attraktion, leben diese Gefühle aber aus Angst vor Stigmatisierung nicht sexuell, sondern praktizieren heterosexuelles oder asexuelles Verhalten. So spüren diese Jugendlichen zwar über lange Jahre ihre homo- oder bisexuelle Orientierung, ohne diese mit einem Partner oder einer Partnerin auch sexuell zu leben und auch ohne mit anderen darüber zu sprechen.

Für manche Jugendlichen führt die Auseinandersetzung mit vorhandenen Gefühlen des Hingezogen-Seins zum gleichen Geschlecht zu einer lesbischen, schwulen oder bisexuellen Identität. Für diese Jugendliche bedeutet die Erkenntnis der sexuellen Orientierung eine große Erleichterung nach der schwierigen Zeit der inneren Zweifel. Wenn sie von ihren Eltern und anderen Bezugspersonen unterstützt werden, ist es ihnen oft möglich, ein befriedigendes Leben zu führen und die Entwicklungsschritte zu dieser Identität zu bewältigen.

Die Situation ist besonders dramatisch bei bisexuellen Jugendlichen. Generell sind Jugendliche, die bei ihrer sexuellen Orientierung noch unsicher sind (LGBTQ), d.h. lesbische, schwule und bi-

6 Sexuelle Identität und bisexuelles Schwanken

und transsexuelle Jugendliche, einem höheren Risiko ausgesetzt, Selbstmordgedanken zu haben und Suizide zu versuchen, als ihre heterosexuellen Mitschüler. Auch die Gefahr, Opfer von Mobbingangriffen durch Gleichaltrige zu werden oder die Schule zu schwänzen, ist bei ihnen größer. Zu diesem Ergebnis kommt eine aktuelle Studie der Universität Illinois, die in der Oktoberausgabe des Magazins »Educational Researcher« veröffentlicht wurde. Für die Untersuchung wurden 13.000 Jugendliche aus Dane County im US-Bundesstaat Wisconsin anonym über einen Onlinefragebogen befragt.

Während etwas mehr als 7 % der heterosexuellen Jugendlichen mitteilten, in den vergangenen 30 Tagen über Selbstmord nachgedacht zu haben, war dies bei einem Drittel der LGBTQ-Jugendlichen der Fall. Mit knapp 44 % sind bisexuelle Jugendliche dem größten Risiko ausgeliefert, gefolgt von denjenigen, die sich wegen ihrer sexuellen Orientierung noch nicht sicher sind (32 %). Bisexuelle Schüler weisen zudem die meisten Selbstmordversuche auf: Der Studie zufolge hat mehr als ein Fünftel von ihnen im vergangenen Jahr einmal versucht, sich das Leben zu nehmen.

Während dieser Zeit haben – laut Studie – mehr als 22 % der LGBTQ-Jugendlichen die Schule geschwänzt. Diese Zahl bleibt nach Aussage der Forscher auch bis zur »High School« (also bis zur Klasse 12) stabil. Bei den befragten Heterosexuellen bejahten sehr viel weniger, unentschuldigt gefehlt zu haben: In den Klassen 6 bis 9 war dies bei 7 % der Fall, in den höheren Klassen bei etwa 14 %. Da das Risiko, unentschuldigt nicht zur Schule zu gehen, bei LGBTQ-Jugendlichen schon ab der sechsten Klasse deutlich höher ist als bei ihren heterosexuellen Mitschülern, plädieren die Forscher dafür, in der Schule über sexuelle Orientierung zu diskutieren und das Thema »sexuelle Identität« in Mobbingpräventions-Programme einzubeziehen, damit sich das schulische Umfeld für die LGBTQ-Jugendlichen verbessert.

## 6.1.3 Transgender und das dritte Geschlecht

Wie eingangs erwähnt, gibt es Personen, bei denen das biologische Geschlecht nicht eindeutig ist. Diese Varianten der körperlichen Entwicklung umfassen ein breites Spektrum (neben dem klassischen »Hermaphrodismus« zahlreiche andere Varianten wie das Turner- und Klinefelter-Syndrom), und sie treten selten auf (bei 1 : 4500 Geburten). In der 2016 veröffentlichten Leitlinie »Varianten der Geschlechtsentwicklung« wird u. a. die Empfehlung ausgesprochen, nichtzwingend notwendige irreversible Eingriffe zu vermeiden und dem jeweiligen Individuum zu einem späteren Zeitpunkt selbst die Entscheidung zu überlassen, welches Geschlecht es annehmen will (Schweizer, Köster & Richter-Appelt, 2019).

Auch bei einem eindeutigen biologischen Geschlecht kann es manchmal notwendig sein, die Funktion und das Verhalten des anderen Geschlechts anzunehmen – etwa in Kulturen in denen männliche Nachfolger fehlen und eine Tochter dann komplett diese Funktion und Rolle übernimmt (vgl. Seiffge-Krenke, 2012a). Ebenso gibt es das dritte Geschlecht in manchen Kulturen und unter bestimmten Bedingungen (Graul, 2017), und es scheint so zu sein, dass die Übernahme dieser jeweils anderen Geschlechtsidentität unproblematisch ist. Das Gefühl und Erleben, einem bestimmten Geschlecht anzugehören, ist also sehr stark sozial determiniert.

Lange kannte das deutsche Personenstandsrecht nur Mann und Frau, inzwischen gibt es eine weitere Möglichkeit. Wird die Geburt eines Neugeborenen beurkundet, kann statt »weiblich« oder »männlich« eine dritte Bezeichnung angegeben werden: »divers«. Einen entsprechenden Gesetzentwurf der Regierung hat der Bundestag 2018 angenommen. Menschen, bei denen sich das biologische Geschlecht nicht klar zuordnen lässt, bekommen damit erstmals eine eigene Kategorie und rechtliche Anerkennung. Der Gesetzgeber nimmt Bezug auf die erwähnten »Varianten der Geschlechtsentwicklung« und bezieht sich dabei auf verschiedene medizinische Diagnosen. Die Regelung soll auch auf die spätere Entwicklung Rücksicht nehmen. Ein als »divers« markiertes Kind kann später die Zuordnung durch Erklärung gegenüber dem Standesamt ändern oder sogar ganz streichen lassen. Das soll schon, mit Einwilligung der Eltern, ab dem 14. Lebensjahr möglich sein; wenn diese sich weigern, entscheiden die Familiengerichte. Zugleich darf man den Vornamen ändern.

Diese Entwicklung nimmt Befunde über Menschen mit Varianten der körperlichen Geschlechtsmerkmale auf, bei denen in der Vergangenheit häufig ein Geschlecht festgelegt, irreversible Operationen vorgenommen wurden, ein Eintrag als »männlich« oder »weiblich« erfolgte und das Kind mit entsprechenden Geschlechtszuweisungen und Stereotypen großgezogen wurde. Die Betroffenen haben später als Erwachsene beklagt, dass sie keine Entscheidung darüber hatten, welches Geschlecht sie annehmen und in welche Richtung sie ihre Geschlechtsidentität entwickeln wollen (Schweizer et al., 2019).

In den letzten Jahren hat zunehmend eine Kritik an dem binär organisierten System der Zweigeschlechtlichkeit und der sozialen Norm der Heterosexualität eingesetzt (Flaake, 2019). Transgender-Jugendliche sind Jugendliche mit einem eindeutigen biologischen Geschlecht, die sich mit der zugewiesenen Geschlechtsrolle, festgemacht an ihren äußeren Geschlechtsmerkmalen, nicht wohlfühlen. Die Pubertät mit ihrer geschlechtsbezogenen Zuweisung wird von Transgender-Jugendlichen als hoch problematisch erlebt, weil sie sich schon vorher in ihrem Körper nicht wohl fühlten und nun der Druck steigt, sich einem Geschlecht eindeutig zuzuordnen. Die Interviews, die in Flaake (2019) abgedruckt sind, zeigen ein Leiden an dem Zwang auf, sich einem Geschlecht zuzuordnen (»Wieso kann ich nicht was dazwischen sein?«) und die massiven Abwertungen und das Lächerlichmachen, dem diese Jugendlichen insbesondere im Peer-Kontext ausgesetzt sind. Wahrscheinlich ist es für andere Jugendliche besonders bedrohlich, dass man herkömmliche Geschlechtsrollen, Identitäten und entsprechende körperliche Zuordnungen in Frage stellt. Das Schwanken der Transgender-Jugendlichen zwischen den beiden Polen männlich und weiblich kann auch als eine Suchbewegung auf dem Weg der Identitätsfindung angesehen werden, wobei immer wieder ein großer Wunsch offenkundig wird, so akzeptiert zu werden, wie man ist, beispielsweise von den Eltern.

Die Möglichkeit, ihre verwirrenden Gefühle, die Angst und die Scham in einem anonymen, wertschätzenden Rahmen, z. B. in Online-Beratungsforen äußern zu können, ist für diese Jugendlichen sehr wichtig (Flaake, 2019). Bei den Anfragen, die an diese Foren gehen, wird offenkundig, dass auch Nichttransgender-Jugendliche teilweise ähnliche Fragen haben (Jungen, die mit Mädchen ausgehen, sich aber auch, in der Umkleidekabine beispielsweise, stark von Jungen angezogen fühlen, Mädchen, die gleichzeitig in einen Jungen und ein Mädchen verliebt sind u. ä.). Es gibt also offenkundig so etwas wie ein Nachdenken, ein Reflektieren darüber, dass ein Stück weit normal ist. Darum soll es nun gehen.

## 6.2 Bisexuelles Schwanken als Entwicklungsphänomen

Für die Identitätsentwicklung hatte Erikson (1971, S. 185) im Stadium des Moratoriums eine bisexuelle Diffusion beschrieben. Sie ist in seiner Theorie mit der Aufnahme von sexuellen Beziehungen verknüpft: »Die bisexuelle Diffusion ist der unmittelbare Vorläufer des Konfliktes Intimität gegen Isolation.« Für Erikson ist die Entwicklung psychosozialer Intimität (die auch intime Beziehungen zu Freunden, nicht nur Geschlechtspartnern umfasst) nicht möglich ohne ein gesichertes Identitätsgefühl. Zwei problematische Entwicklungen hat er als Folge der bisexuellen Diffusion beschrieben: sexuelle Beziehungen ohne Intimität und das Zurückziehen aus jeglicher Beziehung, die Abstinenz. In der Tat finden wir heute bei Jugendlichen sehr verschiedene Varianten, die insgesamt für eine Diversität sexueller Beziehungen sprechen (Shulman, Seiffge-

der Heterosexualität zuzuwenden. Das Anwachsen der narzisstischen Kräfte spielt im Reifungsprozess der Identität eine wichtige Rolle. Erstens hat der Narzissmus eine Art einigende Kraft, die eine Sicherung gegen das Zerfließen der Persönlichkeit als Folge der zu zahlreichen Identifizierungen enthält. Zweitens hebt er das Selbstbewusstsein, stärkt so das jugendliche Ich und leistet somit Positives im Reifeprozess.

### 6.2.2 Bisexuelles Schwanken speziell im Jugendalter: das Fünfphasenmodell von Blos

Es war Peter Blos (1904–1997), ein aus Karlsruhe stammender deutscher Psychoanalytiker und enger Freund Eriksons, der eindrücklich deutlich machte, dass insbesondere in der Adoleszenz dem bisexuellen Schwanken eine große Bedeutung zukommt, weil nun die endgültige Festlegung auf eine eher männliche oder eher weibliche Geschlechtsidentität und entsprechend auf eine bestimmte sexuelle Präferenz erfolgt. Wichtig ist des Weiteren, dass er definitiv, im Unterschied zu Freud und Deutsch, das bisexuelle Schwanken für Jungen wie Mädchen gleichermaßen typisch hält und es auf eine bestimmte, frühe Entwicklungsphase der Adoleszenz begrenzt. Blos emigrierte später nach USA und England und verfasste die meisten Werke daher in englischer Sprache. Seine 1973 erstmalig in Deutsch erschienene klinische Anthologie enthält auch das berühmte Fünfphasenmodell der Adoleszenz, in dem das bisexuelle Schwanken besonders in den Frühphasen der Adoleszenz verortet wird und der Identitätserweiterung und Neukonzeptualisierung dient:

Während der *Präadoleszenz* (etwa 10. bis 12. Lebensjahr) kommt es zu einem Wiederaufleben der Prägenitalität. Jungen und Mädchen haben in diesem Alter Lust an schmutzigen Witzen, flüstern, kichern. Geheimnisse seien häufig. Als Konsequenz der Triebzunahme werden Abwehrmechanismen verstärkt eingesetzt. Allerdings glückt die Abwehr nicht vollkommen, und so finden sich

## 6.2 Bisexuelles Schwanken als Entwicklungsphänomen

Symptome, die als »Spannungsventile« anzusehen sind – wie Magen- und Kopfschmerzen, an den Nägeln knabbern, auf den Lippen herumbeißen, an den Fingern, den Haaren herumspielen sowie erhöhte motorische Unruhe. Es kann bei Mädchen zu einem Aktivitätsschub mit jungenhaftem Benehmen kommen (Tomboy-Verhalten). Blos erklärt dies durch eine Verleugnung der Feminität: passive Bestrebungen würden überkompensiert. Bei Jungen findet sich eine starke Abwehr alles Passiv-Weiblichen.

Im Stadium der *Frühadoleszenz* (etwa 13 bis 14 Jahre) beginnt der Prozess der Trennung von den frühen Objektbindungen und die Hinwendung zu extrafamiliären Objekten. Die Suche nach einem neuen Objekt folgt zunächst noch einem narzisstischen Schema: Man schließt mit Gleichaltrigen Freundschaft, an denen man ein bestimmtes Charakteristikum besonders liebt, das man selbst gern hätte. Aus diesem Grunde sind Freundschaften latent oder manifest homosexuell. Typisch für eine solche frühadoleszente Freundschaft zwischen Jungen, in der sich Idealisierung und Erotik verbinden, ist jene zwischen Tonio Kröger und Hans Hansen in Thomas Manns Erzählung »Tonio Kröger«. Grund für die Beendigung einer solchen homosexuell gefärbten exklusiven Freundschaft sind unvermeidliche Frustrationen, in denen der Freund/die Freundin auf gewöhnliche Proportionen schrumpft. Hinzu kommt eine weitere typische Form der Idealisierung: der Schwarm, eine idealisierte und erotische Beziehung, die sich auf Männer und Frauen beziehen kann. Der passive und masochistische Charakter (das Quälen, die Sehnsucht) ist deutlich, die Bisexualität wird bei Mädchen weniger verdrängt als etwa bei Jungen.

Die Phase der eigentlichen oder *mittleren Adoleszenz* (etwa 15 bis 17 Jahre) beginnt mit dem Aufgeben der bisexuellen Einstellung und der Wendung zu heterosexuellen Liebesobjekten. Es kommt in dieser Phase zu einer Reihe narzisstischer Zustände (wie Überschätzung des Selbst, Selbsterhöhung auf Kosten der Realitätsprüfung, extreme Empfindlichkeit und Selbstbezogenheit). Sie liefern die Gratifikation, die für die Ablösung von den Eltern und die sekundäre Individuation (die erste Individuation bezieht sich, nach

Theorien von Margaret Mahler, auf die frühe Kindheit), notwendig ist.

In der *Spätadoleszenz* (etwa 18 bis 20 Jahre) werden eine konstante Objektbesetzung sowie eine irreversible sexuelle Einstellung erreicht. Diese Phase geht ruhiger vonstatten, denn »Integration geht eben leiser vor sich als Desintegration« (Blos, 1973/2001, S. 152). Weibliche Homosexuelle betrachten sich ab diesem Zeitpunkt als lesbisch, männliche als homosexuell. Jugendliche unternehmen aber auch Aufschubmanöver (Blos, 1954), denn die Festlegung bedeutet auch eine Begrenzung.

Die *Postadoleszenz* (21 bis 25 Jahre) stellt eine Übergangsperiode zwischen der Adoleszenz und dem Erwachsenensein dar. Es kommt zu einer Konsolidierung sozialer Rollen, zur Berufswahl bzw. dem Abschluss der Berufsausbildung – zumindest zu dem Zeitpunkt, zu dem Blos' Buch geschrieben wurde.

Obwohl sich einiges im von Blos geschilderten Phasenverlauf gegenüber heutigen Entwicklungsgegebenheiten verschoben hat (▶ Kap. 3 und ▶ Kap. 9), sind seine Überlegungen, dass zu bestimmten Zeiten bestimmte Aufgaben »dran sind«, nachdenkenswert und hilfreich, denn sie zeigen, dass die Entwicklung und Konsolidierung der Geschlechtsidentität und einer sexuellen Orientierung ein längerdauernder Prozess ist. Viele seiner klinischen Beobachtungen stimmen noch heute. Das Hin und Her zwischen Aktivität und Passivität, die Bedeutung der körperlichen Reife, die homoerotischen Unterströme in den Freundschaftsbeziehungen sind Phänomene, die wir in Therapien sehr häufig beobachten können. Auch das Tomboy-Verhalten von Mädchen findet sich in allen Kulturen, und zwar schon seit dem 16. Jahrhundert (Seiffge-Krenke, 2012a).

## 6.3 Einige Illustrationen: Bisexuelles Schwanken bei Horney und Colette, ihre Verdeutlichung im Mädchentagebuch

Das in englischer Sprachen 1980 publizierte Originaltagebuch von Karen Horney (»The adolescent diaries of Karen Horney«), das sie während ihrer Jugendjahre (13–17Jahre) und als junge Frau (18–23 Jahre) geschrieben hatte, enthält viele Hinweise auf das bisexuelle Schwanken und die gleichzeitige Schwärmerei für Männer und Frauen.

### 6.3.1 Bisexuelles Schwanken bei Karen Horney

Karen Horney (1885–1952) fiel später durch namhafte psychoanalytische Beiträge zur Psychologie der Frau auf (z. B. Horney, 1926, 1935), hatte jedoch, wenn man den Tagebuchaufzeichnen glauben kann, eher eine »körperlose« Jugend und zeigte viel körperbezogene Abwehr. Während altersgleiche Mädchen viel über ihr Äußeres, ihr Aussehen, ihren Körper schreiben, findet sich in Karen Horneys Tagebuch fast nichts darüber. Nur 2 % der Eintragungen beziehen sich auf Körperliches; darüber habe ich an anderer Stelle berichtet (Seiffge-Krenke, 2015b).

Dagegen enthält das Tagebuch der 13- bis 17-jährigen Karen massenhaft Einträge über ihren Lehrer Herrn Schulze und ihre Lehrerin Frl. Banning. Begeisterte Äußerungen über beide mit fast gleichlautenden Prädikaten (»himmlisch, herrlich, paradiesisch«) sind auffallend. »Ich glaube ich vergehe vor Schwärmerei. Zu Herrn Schulze ist nun auch noch Frl. Banning dazugekommen. Aber sie ist auch wirklich entzückend.« Karen stattet Schulze mit ihrer Freundin Tuti mehrere Besuche ab, und die Schwärmerei hat eindeutig auch eine erotische Komponente: »Oh diese Empfindung, als er in das Zimmer trat! Wie selig, in seine schönen Augen sehen zu dürfen! Ich glaube, dass ich diesen Augenblick nicht so leicht vergessen werde.« In ähnlich überschwänglichen Worten äußert sie sich über Frl Banning. Als sie dieser ein Geburtstagsgeschenk vorbeibringt und die Lehrerin sie umarmt und küsst, ist ihr Glück unbeschreiblich (»ich vergehe...«). Über mehrere Monate hinweg, fast ein Jahr, ist sie zwischen beiden hin und her gerissen. Wenn sie von Frl. Banning kommt, pflückt sie auf dem Weg Blumen für »ihn« (»ich trug seinen Mantel, es war wundervoll«) und beschreibt die Beziehung zu beiden gleichlautend: »Er war natürlich himmlisch«, »Ich hatte eine himmlische Zeit mit ihr«. Nach etwa einem Jahr »erlischt« die Beziehung zu beiden in kurzer zeitlicher Folge mit viel Enttäuschung, ohne dass ein ausreichender Grund gegeben scheint.

Die Begeisterung und körperlich Anziehung, die Karen in Bezug auf beide Lehrer berichtet – ist das das bisexuelle Schwanken? Oder war es eher ein Versuch der Identifizierung mit neuen elterlichen Objekten? Die Ehe der Eltern ist unglücklich, die Beziehung zu ihren Eltern sehr unterschiedlich, so dass eine Doppel-Identifizierung vielleicht nicht immer einfach war.

Karen Horney wird am 15. September 1885 in Hamburg geboren. Ihr relativ alter Vater (bei der Geburt 50 Jahre, verwitwet mit erwachsenen Kindern) stammt aus Norwegen und fährt als Kapitän zur See, die sehr junge und bildhübsche Mutter ist die Tochter eines niederländischen Architekten. Während sie um die Mutter ängstlich besorgt ist, lehnt Karen den Vater als Heuchler ab, der Ansprüche an andere stellt, die er selbst nicht erfüllen kann. Mit 13 Jahren beginnt Karen, Tagebuch zu führen. Die Sorge um die Mutter zieht sich durch die ersten zwei Bände. Sich selbst beschreibt sie als »oft recht traurig und verzagt (. . .) Denn es steht schlimm zu Hause, und Mutter, mein Alles, ist so krank und unglücklich. Oh, wie gern möchte ich ihr helfen und sie erheitern.« Der Religiosität des Vaters kann sie nichts abgewinnen und klagt über seine »Bekehrungsreden« und die »endlosen (. . .) Gebete«. Sie verachtet den heuchlerischen, zum Jähzorn neigenden, »bibelschmeißenden Kapitän«, der gottseidank die meiste Zeit auf See ist und die Harmonie zwischen ihr und »Mutti« sowie ihrem älteren Bruder Bernd nicht stört: »Wir sind unaussprechlich glücklich, wenn Du nicht da bist.« Karen betet ihre Mutter an

## 6.3 Einige Illustrationen: Bisexuelles Schwanken bei Horney und Colette

(»Sonni war meine große Kindheitsliebe«, schreibt sie später). Karen wird erst als junge Erwachsene, als sie mit ihrer ersten Tochter schwanger ist, eine kritische Haltung ihr gegenüber annehmen (»unerträgliche Spannungen zwischen uns«, »ich wünschte sie wäre tot«) und deren konventionelle, ängstliche und spießbürgerliche Haltung kritisieren. Die Eltern trennten sich später.

Es ist wichtig, sich klar zu machen, dass die Mutter Karen als »nicht liebenswürdig« bezeichnet hat, eine harte Kritik dieser schönen Frau an ihrer einzigen Tochter. Karen hielt sich infolgedessen zeitlebens für ein hässliches Entlein. Die Mischung aus Idealisierung und später scharfer Ablehnung, die in Bezug auf die angeschwärmten Lehrer deutlich wird, zeigt sich auch in Bezug auf ihre Eltern und findet sich in Karens Beziehungen zu Männern wieder, zunächst in ihren Jugendlieben mit 18/19 Jahren, die sie in ihren späteren Tagebüchern schildert, und dann in ihrer Beziehung zu ihrem späteren Mann, »little Hornvieh«, Oskar Horney, mit dem sie drei Kinder hatte und von dem sie sich aber bald trennte.

### 6.3.2 Bisexuelles Schwanken bei Colette

Drastischere Beispiele finden sich in den *Claudine* Romanen der französischen Schriftstellerin Sidonie Gabriele Colette (1873–1954), die sie als junge Ehefrau des wesentlich älteren Henry Gauthier Villars schrieb, zunächst begonnen als Hefte eines Schulmädchens und dann, als ihr Ehemann ihr Talent entdeckte, als »Auftragsarbeit«. Dazu wurde sie in ein Zimmer eingeschlossen, mit Papier und Stiften alleingelassen und erst am Abend wieder aus ihrem Gefängnis befreit – wie man es auch in dem Kinofilm 2018 »Colette«, in der Hauptrolle Keira Knightley, sehen kann. In den Geschichten eines französischen Schulmädchens aus der Provinz, im Alter von 15/16 Jahren, die sie aufschrieb, gibt es viele Beispiele für das bisexuelle Schwanken und die Anziehung durch beide Geschlechter:

## 6 Sexuelle Identität und bisexuelles Schwanken

»Heute, beim wohligen Licht der kleinen Lampe, finde ich meine Englischprofessorin ganz besonders reizend. Ihre Katzenaugen glitzern golden, schelmisch und verspielt, und ich verliere mich in ihrem Anblick, hingerissen und bewundernd ... ›Mademoiselle Aimee, Sie sind die süßeste Englischlehrerin der Welt.‹ Ihre Wangen färben sich dunkelrot. ›Pah, ich weiß genau, dass man über uns spricht, was hat das schon zu bedeuten. Kommen Sie, erzählen Sie mir von Ihren Verehrern!‹«.

Claudine erwirkt, dass sie Privatstunden mit Mademoiselle Aimee bekommt, in Englisch, in der Bibliothek ihres Vaters, wo es dann zu Küssen und Umarmungen kommt (»Sie küßt mich und ich schnurre wie ein zufriedenes Kätzchen«, »Ach es tut so wohl sie zu küssen. Sie ist warm und weich wie ein kleines possierliches Tier und erwidert meinen Kuss auf das zärtlichste.« Es finden sich viele Bemerkungen über ihren Duft, ihre Haut, ihren weichen Körper.

Aber auch ein Lehrer wird angeschwärmt:

»Kaum merken wir, dass sich der schöne Doktor unserer Bank zuwendet, als wir uns bereits über unsere Hefte neigen, in ein eifriges Studium vertieft. Duterre scheint für uns nicht vorhanden ... um bequemer lesen zu können, stützt er die Hand auf meine Schulter und wickelt eine meiner Locken um den Zeigefinger ... Ich senke die Lider, ... dass ich auch so blöd erröten muss ... und lasse es wohlig geschehen. Die hübsche Aimee steht im Türrahmen und das zärtliche Lächeln, das aus ihren Goldaugen zu mir herüberstrahlt, tröstet mich beinahe darüber hinweg, sie weder gestern noch heute ohne Zeugen gesehen zu haben.«

Während bei Karen Horney die heterosexuelle Orientierung eindeutig war – nach ihrer Trennung von ihrem Mann waren ihre Liebschaften zu Männern in analytischen Kreisen legendär –, ist die Situation bei Colette weniger eindeutig. Nach ihrer Trennung von ihrem ersten Mann war sie eine Weile als »Vagabundin« im Varieté unterwegs und hatte vermutlich längere Zeit eine lesbische Beziehung zu Missy, einer älteren Schaustellerin. Das bisexuelle Schwanken kann also ein früher Indikator für eine spätere lesbische oder homosexuelle Orientierung sein, in der Regel aber ist es ein normales Entwicklungsphänomen auf dem Weg zu einer reifen Geschlechtsidentität und der entsprechenden sexuellen Präferenz.

### 6.3.3 Bisexuelles Schwanken in Mädchentagebüchern

Inhaltsanalysen von Tagebüchern zeigen ein breites Spektrum von 15 Kategorien, in denen der Körper und enge Beziehungen zu Freundinnen, häufig auch auf den Körper bezogen, thematisiert wird (Seiffge-Krenke, 2013, 2015b). Der Körper nimmt also einen breiten Raum in den Tagebüchern weiblicher Jugendlicher ein. Interessanterweise finden sich weitere Belege für den Körper und insbesondere für die Lust, die eigene sexuelle Identität und sexuelle Präferenz auszuprobieren unter der Rubrik »*Freundschaftsbeziehungen unter Mädchen*«. Diese ist mit 36 % eine der häufigsten Kategorie, und hier finden sich zahlreiche Hinweise auf die Identitätskonstruktion, die Modellierung der Weiblichkeit am Körper der Freundin: Das Tauschen von Kleidung, das gegenseitige Schminken und sich die Haare machen nehmen einen erheblichen Teil ein, der in vielen Tagebüchern beschrieben wird. Der sich verändernde Körper und die beginnende Weiblichkeit wird also in engem Kontext von Mädchenfreundschaften ausgelebt.

Ein ganz erheblicher Teil der geschilderten Aktivitäten zwischen Freundinnen betreffen *homoerotische Erfahrungen*, die sexuelle Stimulation von Brust und Genitalien umfassen, aber auch generell einen sehr engen Körperkontakt beschreiben (»War heute mit Christine im Kino, sie hat mir die ganze Zeit die Hand gehalten, und ich habe mich wohl und sicher gefühlt«), teilweise aber auch eine *Vorbereitung auf heterosexuelle Erfahrungen* sind wie das Einüben von Zungenküssen, das Übernachten bei der besten Freundin (»Wir haben nachts im Bett eine Tafel Schokolade geschlachtet – eine ziemliche Schweinerei«), das gemeinsame Schreiben eines Liebesbriefes an den Freund eines der Mädchens, das sich Verabreden und Ausgehen im Schutze der besten Freundin (»double dating«) und insbesondere das *Phantasieren* über solche Erfahrungen

(»Wir haben den ganzen Abend über Jungs geredet und gegiggelt
-- Stichwort »Frösche und Märchenprinzen«). Diese Kategorien
fanden sich in allen Tagebüchern, ob sie nun von 1919 oder von
1989 waren. In den früheren Tagebüchern waren die Ausdruckformen lediglich metaphorischer: »Der Frühling kommt, die Knospen sprießen, das macht sich auch bei mir bemerkbar.«

Dabei war es bei der Auswertung auffällig schwierig, zwischen homoerotischen und heterosexuellen Anziehungen zu unterscheiden. Fast gleichlautend wurden gleichzeitige körperliche Beziehungen zwischen zwei Mädchen und den Mädchen und ihren männlichen Liebespartnern beschrieben. Dies war auch deshalb schwierig, weil die Mädchen ihre Annäherung an das andere Geschlecht im Schutze der besten Freundin vornahmen und die Gefühle und Erfahrungen dabei detailgenau beschrieben bzw. austauschten. Hinzu kam eine »Übernahme« des sexuellen Partners der Freundin, ja ein regelrechtes Ausspannen. Die Grenzen zwischen dem, was erst noch »Freund« war und dann »Lover«, waren also fließend (▶ Kap. 5), und nach der Trennung wurde dieser wieder als »Freund« ins gemeinsame Netzwerk aufgenommen. Erst in der mittleren und späten Adoleszenz, so zeigen die Auswertungen, entsteht so etwas wie eine Exklusivität als Paar, wo die Freundin nicht mehr beteiligt wird, ja geradezu störend erlebt wird und die sexuelle Präferenz eindeutig auf den Jungen fällt.

## 6.4 Bisexuelles Schwanken und der Verzicht auf die Phantasie, beide Geschlechter zu sein

Castendyk (2004) beschreibt, dass zur Bewältigung einer sicheren Geschlechtsidentität der Neid auf das andere Geschlecht bewältigt werden muss. Dazu gehört als erster Entwicklungsschritt der Verzicht auf die Phantasie, beide Geschlechter »zu sein«. Dass es nicht bei dieser Phantasie bleiben muss, zeigen Entwicklungen der letz-

## 6.4 Bisexuelles Schwanken und der Verzicht auf die Phantasie

ten Jahre, in denen Künstler Männliches und Weibliches provokant an einem Körper miteinander vereinen (z. B. Conchita Wurst, David Bowie). Diese medialen Inszenierungen stellen eine besondere Herausforderung in der Therapie von Jugendlichen dar, zeigen sie doch, ebenso wie das dritte Geschlecht in manchen Kulturen (Graul, 2017) sowie die Medienberichte über Transgender und die Ergänzung des Personenstandsgesetz um eine dritte Kategorie für intersexuelle Personen, Alternativen auf, die über die Phantasien hinausgehen und mehr als zwei Geschlechter kennen.

Bringen wir nun Blos' Position des bisexuellen Schwankens für beide Geschlechter in der frühen Adoleszenz mit den Arbeiten von Laufer & Laufer (1989) in Beziehung. Sie hatten auf die schwierige Leistung der Integration der physisch reifen Genitalien in das Körperbild aufmerksam gemacht, von dessen Gelingen die weitere Entwicklung (Progression vs. Entwicklungszusammenbruch) abhängt. Das Misslingen wird mit zahlreichen in der Adoleszenz neu auftretenden oder sich verstärkenden Störungen wie Essstörungen, Depressionen und Suizidalität in Zusammenhang gebracht. Insbesondere die gewalttätigen Attacken gegen den eigenen Körper in Form von Automutilation und Schneidesymptomen seien ein Ausdruck dieser mangelhaften Integration.

### 6.4.1 Bisexualität und vollständiger Ödipuskomplex

In der klassischen Psychoanalyse ist die Orientierung an zwei Geschlechtern und an der heterosexuellen Objektwahl weiterhin bestimmend. Zentrale These ist, dass auf die Phantasie, beide Geschlechter zu haben, verzichtet werden muss, um erotisches Begehren zu realisieren. Erst durch den Verzicht auf eine der beiden Positionen wird erotisches Begehren auf den anderen möglich. Nur durch diese sexuelle Positionierung findet eine (hetero) sexuelle Objektwahl statt, meint (Stakelbeck, 2017). Wie er ausführt, umfasst der vollständige Ödipus die Beziehung zu beiden Eltern und damit auch die Bisexualität. Der Ödipuskomplex als

Schaltstelle von Identifikationen muss also in seiner vollständigen Form die Bisexualität enthalten. Die Bisexualität manifestiert sich als zärtliche Bestrebungen zu beiden Eltern. Schon Freud hat, wie dargestellt, diesen vollständigen Ödipuskomplex mit seiner Bisexualität beschrieben, durch die Integration männlicher und weiblicher Anteile. Neu aus heutiger Sicht ist aber, dass das Paar, seine Beziehung zueinander, auch verinnerlicht werden muss, das zeugende Paar.

Durch den negativen und positiven Ödipuskomplex, d.h. die Gleichzeitigkeit einer homosexuellen und heterosexuellen Objektwahl, der Liebe zu Vater und Mutter, wird die »konstitutionelle Bisexualität« im Sinne von Freud ermöglicht. Die Bisexualität bezieht sich in seinen Ausführungen also auf die Objektwahl (d.h. die heterosexuelle *und* homosexuelle Objektwahl) sowie die männlichen und weiblichen Identifizierungen. Entscheidend für die Bisexualität sei die psychische Repräsentation, die aktive Frau und der passive Mann seien Belege für diese bisexuelle Haltung. Heute ist es allerdings generell gesehen viel einfacher als früher, weibliche und männliche Anteile zu integrieren.

### 6.4.2 Die Bedeutung der Doppelidentifikation und der Optimierungsdruck

Bei der Integration der physisch reifen Genitalien ins Körperbild ist der Jugendliche damit konfrontiert, die Präsenz des jeweiligen Genitales ebenfalls wahrzunehmen (Laufer & Laufer, 1989). Es ist aber auch, anders als noch von Freud angenommen, aus heutiger Sicht eine Identifikation mit dem gleichgeschlechtlichen Elternteil für die Identitätskonstitution nicht ausreichend (Seiffge-Krenke, 2012a). Es muss vielmehr eine Identifizierung mit beiden Eltern erfolgen, ein Prozess der nicht ohne Gefahren ist.

Die Dilemmata, die für das Mädchen beispielsweise mit der Identifizierung mit der Mutter verbunden sind, beziehen sich nach psychoanalytischer Sicht auf die Problematik der Macht bzw. Ohn-

## 6.4 Bisexuelles Schwanken und der Verzicht auf die Phantasie

macht und auf die entsexualisierte Gebär-Mutter: Weiblichkeit ist Mütterlichkeit, und Mütterlichkeit schließt Sexualität aus. Dieses entsexualisierte Mutterbild bringt das Mädchen mit Beginn der Pubertät in eine paradoxe Situation: Einerseits sind das Wachsen der Brüste, genitale Sensationen und Menstruation mit sexuellen Phantasien und Wünschen verknüpft, andererseits würde die Identifizierung mit der Mutter auch die Identifizierung mit einem entsexualisierten Körper umfassen. Wie schon ausgeführt wurde (▶ Kap. 5), sind die besten Freundinnen wichtige »Entwicklungshelfer«, die von der Psychoanalyse übersehen worden waren, auch die kreative Erschaffung von Phantasiefreundinnen und das Niederschreiben von Reflexionen und Phantasien erfüllt eine ungemein wichtige Funktion bei der Entwicklung eines neuen Körpergefühls – und zeigt die schöpferische Potenz der Mädchen in dieser wichtigen Entwicklungsphase (Seiffge-Krenke, 2013).

In Bezug auf die Doppelidentifikation ergeben sich bei der Identifikation des Mädchens mit väterlichen Anteilen andere Probleme und Gefährdungen. Für die Identifikation mit dem Vater ist die Integration der väterlichen zeugenden Potenz notwendig, und dies schließt ein Wissen um die Vagina als aufnehmendes Organ ein. Beobachtungen über Menstruation, Abort und Defloration bestätigten die Ängste des Mädchens vor Beeinträchtigung der körperlichen Integrität, und durch die Unsichtbarkeit des Genitales hätte das Mädchen keine Möglichkeit, sich von der Unbegründetheit seiner Befürchtungen zu überzeugen. Es können also auch Beschädigungsängste, und zwar massive, auftreten, wenn es bei Mädchen um Identifikation mit dem Vater geht (Seiffge-Krenke, 2017a). Für Jungen sind andere Gefährdungen zu vermuten, wenn es um die Doppelidentifikation geht, z. B. die Angst vor Schwäche und Verweiblichung (Homophobie) und die Angst vor Rivalität und Entmachtung durch den Vater (Hopf, 2014).

Fassen wir das bislang Gesagte zusammen, so ergibt sich, dass die entscheidenden Entwicklungen in der Phase zwischen 13 und 17 Jahren stattfinden. Die Geschlechtsidentität, aber auch die Objektwahl, lässt sich als ein Prozess der Integration und Differenzierung verstehen. Während sich die wirklichen Prävalenzraten von Personen mit einem uneindeutigen Geschlecht nicht wesentlich erhöht haben (Schweizer et al., 2019), hat die Zahl von Jugendlichen zugenommen, die angeben, Transgender zu sein oder die sich nicht eindeutig in ihrer Geschlechtsidentität festlegen wollen bzw. mit dem vorhandenen Geschlecht nicht einverstanden sind. »Warum kann ich nicht beides sein?« ist die Aussage einer solchen Jugendlichen, die in eine Beratungsstelle kommt. Die Identitätsentwürfe sollen also einiges offenlassen, eine Festlegung wird vermieden oder hinausgeschoben. Im Kontext einer Gesellschaft, die unter Optimierungsdruck steht, ist dies vielleicht auch eine verständliche Reaktion. Es wurde aber auch deutlich, dass Erwachsenwerden auch eine Verzichtleistung umfasst und Omnipotenzansprüche behutsam bearbeitet werden sollten.

# 7

## Schule, Werte, Sinn

Für die Konzeption von Identität von Erikson, die die Grundlage dieses Buches ist, stand der relationale Aspekt (Identität aus Beziehungen) im Vordergrund. Insbesondere durch seine sequentielle Konzeption – erst Identität dann Intimität – lag der Fokus klar auf dem Beziehungsbereich. Allerdings war ihm von Anfang an wichtig, dass der junge Mensch seinen Platz in der Gesellschaft findet und Verantwortung übernimmt (Erikson, 1950/1971). Spätere Konzeptionen, die Operationalisierungen von Eriksons Ansatz darstellen, etwa bei Marcia, schlossen auch den Leistungs- bzw. Berufsbereich und die politischen und gesellschaftlichen Einstellungen und Werte ein, die zu einer Person gehören und ihre Identität ausmachen. Wie die jüngste Forschung zeigt, sind die Identitätsentwicklungen im Bereich Beruf und Partnerschaft ähnlich verzögert und können selbst im jungen Erwachsenenalter keinesfalls als abgeschlossen gelten. Umso mehr gilt für das Jugendalter, dass hier noch alles im Fluss ist.

Die Schule ist der Lebensraum, in dem sich die meisten Jugendlichen, zumindest in Deutschland, befinden. Schulische Leistung beeinflusst den Selbstwert, und der »Wert« von Kindern bemisst sich auch bei vielen Eltern anhand der Schulleistung. Wie sich das auf die sich wandelnde Identität der Jugendlichen auswirkt, soll im Folgenden untersucht werden. Des Weiteren wollen wir der Frage nachgehen, welche Bedeutung Einstellungen, Werte, politisches Engagement und Religion für die Identität von Jugendlichen haben.

## 7.1 Identität und Schule

Für die meisten Erwachsenen sind Arbeit und Beruf neben der Familie die wichtigsten Bereiche ihres Daseins, füllen einen Großteil des Tagesablaufs aus, definieren Identität und Status in der Gesellschaft, korrelieren mit Gesundheit und Zufriedenheit. Für Jugendliche ist es in vielen Ländern die Schule, denn Berufstätigkeit bzw. der Beginn der Lehre trifft auf eine zunehmend geringere Anzahl von Jugendlichen, besonders in Deutschland, zu. Die Befunde zur Haltung von Jugendlichen gegenüber der Schule sind seit Jahren recht ähnlich. Einerseits stellt die Schule einen starken Stressfaktor dar, andererseits ist für die Identität vor allem der männlichen Jugendlichen in der mittleren Adoleszenz alles andere wichtiger als Schule.

## 7.1.1 Bloß kein Streber sein

Die Halbwertzeit von Wissen wird immer kürzer und das Umgehen mit diesen vielfältigen Veränderungen und Herausforderungen stellt neue Qualifikationsanforderungen. Insbesondere im Jugendalter ist ein Mindestmaß an Autonomie und Mitbestimmung bei Entscheidungen wichtig. Jedoch passt sich die Schule diesen Bedürfnissen häufig nicht ausreichend an. So nimmt die Regulierung der Lerninhalte in der Sekundarstufe eher zu, und die Lehrkräfte erleben sich stark in der Rolle der Leistungskontrollierenden (Spiel, Lüftenegger & Schober, 2019). Es ist daher nicht verwunderlich, dass die Freude am Schulbesuch und die Zufriedenheit mit der Schule in der Adoleszenz deutlich abnimmt und sich auch das Klima in der Klasse verschlechtert – Faktoren, die zum Schulstress beitragen.

Anders als bei Erwachsenen, wo es zahlreiche Studien über berufsbezogene Identität gibt (z. B. Luyckx, Seiffge-Krenke et al., 2014), liegen im Jugendalter keine Studien zum Zusammenhang von Leistung (in der Schule) und Identität vor. Aber es gibt Hinweise aus der Selbstkonzeptforschung. So zeigt die Studie von Schauder (2012), dass das schulische Selbstkonzept insbesondere in der mittleren Adoleszenz bei Jungen wie Mädchen sehr niedrig ist – deutlich niedriger als Selbstkonzeptkomponenten, die sich auf die Familie und Freunde beziehen. Insbesondere für männliche Jugendliche ist die schulische Identität stark dadurch bestimmt, bloß kein Streber zu sein. Das schulische Selbstkonzept von Mädchen ist, trotz besserer Leistungen, noch niedriger als das der Jungen. Das schulische Selbstkonzept hat sich zwar in den letzten 20 Jahren etwas erhöht, bleibt aber nach wie vor deutlich unter Selbstkonzeptkomponenten, die sich auf die Familie und Freunde beziehen. Das bedeutet, dass dieser Bereich für die meisten Jugendliche nach wie vor nicht sehr bedeutsam ist. Im Sinne der Konzeptualisierung von Stern (1994) könnte auch die »self-agency« sehr gering ausgeprägt sein, während die Jugendlichen in den Bereichen Eltern und Freunde wesentlich aktiver sind.

7 Schule, Werte, Sinn

## 7.1.2 Schulstress, Zukunftsangst und Orientierungsprobleme

Traditionelle Berufsbiographien und das Empfinden, nach Abschluss einer Ausbildung quasi das »Anrecht« auf eine lebenslange Position erworben zu haben, sind heutzutage kaum noch gegeben, das erfahren auch schon Jugendliche und das trägt zu ihrer Irritierung und Unschlüssigkeit bei. Die Angst, nicht den gewünschten Ausbildungsplatz oder Studienplatz zu bekommen, nimmt Rangplatz 1 unter den Zukunftsängsten bei Jugendlichen in vielen Ländern ein.

Das möchte ich zunächst an einer Studie (Haid et al., 2010) verdeutlichen, die drei Länder einschloss, die Türkei, Italien und Deutschland, die sich hinsichtlich des Industrialisierungsgrades, der Arbeitslosigkeit und des Schulniveaus unterscheiden. Bei 3259 Jugendlichen mit einem Durchschnittsalter von 15 Jahren wurde die Stresswahrnehmung in den Bereichen Zukunft und Identität untersucht und außerdem ihr Bewältigungsverhalten von Stressoren in diesen beiden Bereichen. Die Ergebnisse zeigen, dass das Bewältigungsverhalten im Umgang mit Stressoren in beiden Bereichen insgesamt ähnlicher war als die Stresswahrnehmung, was auf länderspezifische Stressbelastungen hindeutet und angesichts der länderspezifisch unterschiedlichen Lebensbedingungen verständlich erscheint. Auffälligster Befund aber war, dass Jugendliche aus allen drei Ländern zukunftsbezogene Stressfaktoren einheitlich als belastender als Identitätsstressoren eingestuft haben. Dieser Befund steht im Einklang mit einer Reihe von Studien, die seit Jahrzehnten die ängstliche Zukunftserwartung der Jugend in vielen Ländern belegen, beispielsweise in Finnland und in Deutschland (Seiffge-Krenke & Gelhaar, 2008).

Dass die Angst, arbeitslos zu werden oder nicht in das gewünschte Trainingsprogramm, die gewünschte Ausbildung einsteigen zu können, bei Jugendlichen aus allen drei Ländern den höchsten Stresswert einnimmt, ist ein eindrucksvoller Befund, der nur am Rande mit den realen Lebensbedingungen zu tun hat, sondern eher ein Ausdruck genereller Sorge und Unsicherheit ist als jugendtypische Wahrnehmung. Denn tatsächlich sind die Jugendarbeitslosenquoten und Beschäftigungschancen in allen drei Ländern sehr unterschiedlich. Es zeigten sich beeindruckende Ähnlichkeiten in der Rangfolge zukunftsbezogener Ängste, dazu gehören neben der Angst vor Arbeitslosigkeit, der Sorge, den gewünschten Ausbildungsplatz zu bekommen, auch Unsicherheiten über die eigenen Interessen.

Die sehr hohe Bedeutung von ängstlichen Zukunftsantizipationen wurde auch in einer weiteren Studie deutlich, in der wir 11.035 Jugendliche aus 18 Ländern untersuchten (Seiffge-Krenke et al., 2012). Diesmal wurde schulbezogener Stress und Zukunftsstress untersucht. Da kulturelle und wirtschaftliche Ähnlichkeiten über nationale Grenzen hinweg bestehen können, wurden die Jugendlichen aus den 18 Ländern drei geographischen Regionen zugeordnet (▶ Kap. 10). Das Grundranking der Stressbelastung war in allen Regionen und Ländern recht ähnlich. Die meisten Jugendlichen haben zukunftsbezogenen Sorgen (Angst vor Arbeitslosigkeit, Sorge, nicht den gewünschten Ausbildungsplatz zu bekommen) einen hohen Rang von 1 oder 2 zugewiesen. Unter den schulbezogenen Stressoren wurde der Druck, gute Noten zu erreichen, als am Stressigsten empfunden (Rang 1 in allen Regionen). Unter allen Stressbereichen nehmen demnach Zukunftssorgen den Rangplatz 1 ein, gefolgt von Schulstress (Persike & Seiffge-Krenke, 2012). Die Feststellung, dass der Stress in den Bereichen Zukunft und Schule mit zunehmendem Alter zunahm, deutete darauf hin, dass ältere Jugendliche einem höheren Druck ausgesetzt waren, hier erfolgreich zu sein. Tatsächlich werden Jugendliche heute vor allem nach ihrer Schulleistung beurteilt, und der schulische Erfolg ist für Eltern ein wichtiger Indikator für den Wert ihres Kindes, das lässt sich auch für Deutschland belegen (Seiffge-Krenke, 2008).

Dieser Schulstress, d. h. der Zwang, gute Noten zu machen, die zunehmende Rivalität unter Mitschülern u. ä ist eng mit den Zukunftssorgen verknüpft, weil ein guter Schulabschluss zumindest eine Möglichkeit signalisiert, beruflich eher eine Wahl zu haben. Dennoch sind die weiteren Entwicklungen unklar und wenig vorhersehbar. Klassische Berufswege haben abgenommen, immer neue Beschäftigungsverhältnisse entstehen. Die frühere Identität in einem Beruf, bei einer Firma ist weitgehend verschwunden. In Zeiten digitalisierter Arbeitsplätze und transnationaler Produktionsnetzwerke nehmen klassische Formen von Berufen ab. Die Grauzone von ungesicherten Arbeitsverhältnissen nimmt zu. Junge, qualifizierte Menschen hangeln sich von einem Zeitvertrag zum nächsten, erleben sich ausgenutzt, hin- und hergeschoben (Conzen, 2017). Das realisieren auch Jugendliche und das trägt zu der erwähnten Stressbelastung bei.

Jugendliche beobachten darüber hinaus, dass ihre Eltern ihnen bei den zukünftigen beruflichen Entscheidungen keine Hilfe sein können. Zugleich wächst der Druck unter den Gleichaltrigen, weil gute Noten wichtig sind und einen gewissen späteren Berufserfolg zu signalisieren scheinen. In unserer oben genannten Studie war der Druck, gute Noten zu machen, der wichtigste schulische Stressfaktor. Allerdings ist dies, wie erwähnt, nur eine Scheinsicherheit, denn die Orientierung, wie es weitergeht, ist mehr als ungewiss. Eine erarbeitete Identität, die nach Exploration ein gewisses Commitment für einen beruflichen Bereich einschießt, liegt für die meisten Jugendlichen in weiter Ferne. Dies erklärt die sehr niedrigen Werte in der bereits geschilderten Studie von Kroger et al., 2010 (▶ Kap. 3). Es wird aber auch deutlich, dass der gegenwärtige Entwicklungskontext für Jugendliche hier viele berufliche Wahlmöglichkeiten, aber wenig Entscheidungshilfe und eine ungewisse Zukunft bietet. Dennoch gibt es, wie in Kapitel 4 (▶ Kap. 4) ausgeführt, auch heute noch Jugendliche, die relativ klar in ihrer späteren beruflichen Identität sind und diese auch zielstrebig verfolgen und planen.

## 7.2 Werte, Ideale, Religion – noch eine Stütze der Identität?

Jugendliche haben ein existenzielles Bedürfnis nach Idealen, möchten Antwort auf letzte Fragen finden. Werte und Überzeugungen, Glaube und Religion können eine starke Stütze des Identitätsgefühls sein, mit tiefen Erfahrungen von Begeisterung, Ergriffenheit und Sinnhaftigkeit einhergehen und nehmen andererseits leicht etwas Überspitztes, Selbstgerecht-Fanatisches an und werden, gerade in Zeiten der Krise, immer wieder zum Vorwand für Hass und Zerstörungslust (Conzen, 2017).

Aufbauend auf Freuds These wird auch heute noch von psychoanalytischer Seite vertreten, dass der Mensch zur moralischen Person wird, indem er sukzessiv die Normen und Gebote seines Kulturkreises verinnerlicht. In einer besonnenen, grundsätzlich am Wohl der Mitmenschen orientierten ethischen Haltung können Werte, Ideale und religiöse Überzeugungen human gelebt werden, wichtigstes Anzeichen einer selbstverantworteten Identitätsfindung (Erikson 1968). Gerade in Zeiten der Identitätsverunsicherung können das Gewissen, moralische Normen eine wichtige Funktion haben, Orientierung und Halt bieten.

Aus heutiger Sicht besteht die Gewissensbildung nicht mehr hauptsächlich in der starren Vermittlung von Geboten und Verboten. Werte, Normen und Glaubenshaltungen sind in der Moderne vielschichtiger geworden, werden flexibler und toleranter gehandhabt, vor allem kritischer hinterfragt. Dennoch kann man nicht von einer allgemeinen »Sinnkrise«, einem »Beliebigwerden von Moral« oder einer weitgehenden »politischen Indifferenz der Jugend« sprechen (Dornes, 2012). Schon vor Jahrzehnten beschrieb Keupp (1999) die Patchworkidentität, und dies gilt natürlich auch für die Wertorientierungen der Jugendlichen. Die heutige Einstellung von Jugendlichen zu Politik, Weltanschauung und Religion ist so bunt, patchworkartig und widersprüchlich wie die gesamte postmoderne Gesellschaft. Freidenkertum, Atheismus und Nihilismus, Strenggläubigkeit und neue Formen von Religiosität und Spiritualität, der Kampf für Frieden und Umwelt, konservative Werte und fundamentalistische Positionen – all dies begegnet uns nebeneinander (Conzen, 2017). Es würde den Rahmen dieses Buches sprengen, diese Vielfalt zu beschreiben. Im Folgenden sollen aber einige jugendtypische Beispiele dafür gegeben werden und aufgezeigt werden, wie sie die Identitätsentwicklung beeinflussen.

### 7.2.1 Jugendliche Identitäten im Veganismus

Der Veganismus ist in den letzten Jahren aus der Nischenstellung herausgetreten und beeinflusst eine Vielzahl von gesellschaftlichen und lebensweltlichen Bereichen. Besonders bei jungen Menschen sind vegane Lebensweisen sehr verbreitet. Die jugendkulturelle Verbreitung, die Thrun (2017) konstatiert, geht einher mit einem bestimmten Vermeidungsverhalten, zugleich wird aber auch die eigenverantwortliche Versorgung und insbesondere die Beziehung der eigenen Identität als VeganerIn in ganz besonderer Weise mit der Welt verflochten.

Durch den Veganismus wird das Mensch-Tier-Verhältnis in bestimmter Weise geordnet, er enthält Optionen, die nach ethisch-moralischen Prinzipien gestaltet sind. Bewusstseinsbildung und Verantwortungsgefühl sind wesentliche Elemente und gründen auf einer Antizipation der Zukunft. Zukunftsorientierung ist ohnehin ein wesentliches Merkmal der sozio-kognitiven Entwicklung von Jugendlichen (▶ Kap. 3). Im Veganismus wird die Selbstsorge mit der Weltsorge verknüpft, d.h. die Identitätsbildung wird in Relation zu mittel- und langfristigen gesellschaftlichen Veränderungen gesetzt (Rosa, 2016). Die vernunftorientierte Lebensweise, die die tierischen Ressourcen schont, wird als Beitrag zu einer in Zukunft veränderten Welt erachtet. Es ist also eine kollektive Verantwortung spürbar. Dabei muss allerdings noch Ideal und lebenspraktische Umsetzung zur Deckung gebracht werden. So zeigen die Interviews, die Thrun (2017) durchführte, dass zwar auf tierische

## 7.2 Werte, Ideale, Religion – noch eine Stütze der Identität?

Produkte im Essen verzichtet wird, nicht jedoch z. B. auf Medikamente, die Tierprodukte enthalten. Wichtiger Aspekt des Veganismus ist des Weiteren, dass man einen Bruch mit den bisherigen Ernährungsgewohnheiten selbstbestimmt vorgenommen hat und sich zugleich gegen die gesellschaftliche Normalität des Tierkonsums stellt. Man muss sich also dem gesellschaftlichen Druck wiedersetzen und aktiv sein veganes Lebenskonzept umsetzen. Das jugendkulturelle Element ist insofern von Bedeutung, als entsprechen Prinzipien und Normen in der Peer-Group und in Foren vertreten sein können, denen man sich anschließt.

### 7.2.2 Politische Verantwortung übernehmen: Fridays for future

Zu einer Bewegung, die die politische Verantwortung für die jetzige und die zukünftige Generation stark unterstreicht, gehört auch *Fridays for future*. Nicht wenige SchülerInnen leben vegan, gehen Freitags demonstrieren und treiben über Kongresse und Aktivitäten eine Bewegung voran, in der der Klimaschutz aktiv vertreten wird und keine Angst vor Konfrontation mit der (zu passiven, blockierenden) Elterngeneration besteht (Frankfurter Rundschau 14.7.2019).

Greta Thunberg ist mit den von ihr über die sozialen Netzwerke initiierten und organisierten »Schulstreiks für das Klima«, inzwischen »Fridays for Future«, weltweit bekannt geworden. Sie gilt als junge Repräsentantin der globalen Klimaschutzbewegung, mit Auftritten im Bundestag, vor der UNO, bei Großdemonstrationen. Vom us-amerikanischen Magazin *Time* ist sie 2018 in die Liste der 25 einflussreichsten Teenager des Jahres, 2019 in die Liste der 100 einflussreichsten Persönlichkeiten des Jahres aufgenommen worden. Persönlich vertritt sie (zusammen mit ihrer Familie) einen moralisch bedingungslosen Umwelt- und Naturschutz zum Schutz der bedrohten Biosphäre und um den eigenen ökologischen Fußabdruck gering zu halten – u. a. rein vegane Ernährung, keine Flugreisen.

Im Gefolge ihrer Vordenkerin Greta Thunberg zeigen auffällig viele weibliche Jugendliche Haltung und erheben ihr Wort gegen meist ältere, mächtige Männer. Sie finden Gehör, werden in Talkshows eingeladen, schaffen es auf die Titelblätter großer Zeitschriften und zeigen sich ausgesprochen couragiert: So gab eine Jugendliche dem CDU-Generalsekretär Kontra: »Wieso sollten Schüler Euch erklären, wie ihr die Klimaziele einhaltet, die ihr selbst unterzeichnet habt?« (SZ, 14.7.2019, S. 2).

Für Hurrelmann, der von der SZ dazu interviewt wurde, hat der wachsende weibliche Protest einen logischen Hintergrund: »Schon seit 20 Jahren stellen die Wissenschaftler in den Shell-Studien Bewegung bei den Geschlechterrollen fest« (S. 3). Mädchen seien in Sachen Bildung schon lange auf dem Vormarsch. Für 12- bis 25-Jährige zeige sich, Mädchen haben mehr Energie, mehr Motivation, schneiden in den Prüfungen besser ab und haben im Schnitt die besseren Zeugnisse.

Dass diese »Frauenpower« nicht immer und zwangsläufig zu höherem Selbstbewusstsein und Engagement gesellschaftlicher Art führt, hat Carol Gilligan (1982) mit ihrer These vom Stimmverlust belegt: Carol Gilligan war Schülerin von Erikson, später Mitarbeiterin von Lawrence Kohlberg, bevor sie selber Professorin in Harvard wurde. In »In a different voice« beschreibt sie, wie die kompetenten Mädchen ihre Stimme verlieren und sich anpassen, unsicherer werden, sich zurücknehmen. Das Selbstkonzept ist zwar, wenn man die Befunde von Schauder (2012) anschaut, innerhalb der letzten 20 Jahre bei Mädchen etwas positiver geworden, doch ist dies nicht allein entscheidend für die Identitätsentwicklung, weil es nur ein Teilaspekt der Identität ist.

Unter der Perspektive der *self-agency* betrachtet ist ja auch schon in anderen Kapiteln dieses Buches (▶ Kap. 5 und ▶ Kap. 6) die sehr kritische Sicht der Mädchen auf sich und ihren Körper, ihr niedrigeres Selbstkonzept, dargestellt worden, die zu einem self-handicapping führen kann. Mädchen sind also durchaus nicht

## 7.2 Werte, Ideale, Religion – noch eine Stütze der Identität?

nur laut, mutig und engagiert, sondern nehmen sich vielfach auch ungewöhnlich oft zurück in vielen Lebensbereichen. Insofern ist die Zusammenstellung der »Bücher für böse Mädchen« in Göppel (2019) hilfreich, um hier gegenzusteuern.

### 7.2.3 Sinnkrisen und religiöse Werte

Schwere Lebenskrisen und Schicksalsschläge können Religion wieder zur Stütze werden lassen. Die Beschäftigung mit dem Tod, die bei Jugendlichen im Vergleich zu Kindern eine neue Form angenommen hat, ebenso wie die Tatsache der Suizidalität in diesem Lebensabschnitt – bis hin zu realen Suiziden – zeigt, dass Sinn, religiöse Fragen, für sie von Bedeutung sind.

Kommt es zu Situationen, wo das eigene Versagen, die eigene Ohnmacht offenkundig werden, kann dies einen vernichtenden Schmerz, eine Identitätskrise auslösen. Typisch sind ganz unerwartete Reaktionen – der völlige Rückzug aus der vermeintlichen Freundschaft, der totale Kontaktabbruch zu den Freunden. Es kommt zu einem »Triumph des primären Narzissmus über die Realität« (Chasseguet-Smirgel, 1981, S. 65), ein letzter Versuch, sich als Herr des eigenen Schicksals zu erleben und die Beleidiger der eigenen Person in stärkste Gewissensnöte zu stürzen. Henseler (1974) hat den heilsamen Suizidversuch/Suizid beschrieben, in dem das angeschlagene Selbst wieder rekonstruiert wird. Solche Suizide werden häufig gewählt, wenn der eigene Lebensweg, die eigene Identität, sich nicht verwirklichen lässt. Der *Suizid* ist dann die letzte Möglichkeit, das Selbstwertgefühl noch zu retten.

Klassisches Beispiel ist Heinrich von Kleist, der aus einer preußischen Offiziersfamilie stammte und der den Druck der Familie, sich in eine militärische Laufbahn zu begeben, nicht mehr länger aushielt. Seine schriftstellerischen Versuche wurden von der Familie abgelehnt und von Goethe lächerlich gemacht. Der Suizid, den er zusammen mit einer Todkranken dann vollzog, war eine Erlösung, es war ein »heiterer Tod«, selbstbestimmt und frei. Am 21.

## 7 Schule, Werte, Sinn

November 1811 nahmen sich Heinrich von Kleist und seine Begleiterin Henriette Vogel am Kleinen Wannsee, der damals noch weit außerhalb Berlins lag, gemeinsam das Leben.

In einer Schulklasse gab es einen sehr unauffälligen Jungen, der eher am Rand stand. Während alle andere Jungs sportlich waren und sich für Fußball begeisterten, stand er, unsportlich wie er war, abseits. Auch bei den aufregenden Unternehmungen mit den Mädchen war er eher ausgeschlossen – zu unattraktiv, zu verklemmt. Seine sehr guten Mathematik- und Physiknoten konnten ihn da nicht retten, denn mit 16, 17 Jahren galten gute Noten wenig. Er wurde als Streber abgelehnt. Es gab keine wirkliche Feindschaft zu den anderen, und er wurde auch nicht gemobbt oder gehänselt – er war einfach »Luft«, und kaum einer der anderen Jugendlichen kümmerte sich um ihn oder versuchte, einen Kontakt herzustellen. Er war einfach mit dabei, aber eben am Rande, irgendwie bedeutungslos.

Das änderte sich allerdings radikal, als dieser Schüler unmittelbar nach dem Abitur nach Paris reiste und, kaum dem Zug entstiegen, sich dann vom Eifelturm stürzte. Das nötigte seinen ehemaligen Klassenkameraden Respekt ab und zerknirscht fragten sie sich, ob sie ihn nicht früher hätten beachten und wertschätzen können. Der Abschiedsbrief, den der Schüler hinterließ, zeigte, dass er mit sich im Reinen war. Er hatte einen Weg gefunden, sein Selbstwertgefühl zu retten und die Aufmerksamkeit der anderen zu erhalten – um den Preis seines Lebens.

Mehr Jugendliche scheinen derzeit wieder nach Gott zu fragen und zu suchen. Wir erleben nicht nur eine erstaunliche Renaissance von Religion, sondern auch, wie schon geschildert, einen hohen Anspruch an Verantwortung und Sorge für die Umwelt, wie er in *Friday for Future* und anderen Bewegungen von Jugendlichen zum Ausdruck kommt. Auch die Shell-Studie (2015) bescheinigt den Jugendlichen Liberalität, Weltoffenheit und Umweltbewusstsein, ein Eintreten für humanistische Werte.

Es gibt zwar einen immer geringer werdenden Prozentsatz von Kirchenbesuchern, zugleich gibt es aber eine sehr aktive Jugendbewegung in der Kirche. Es ist eher eine individualisierte Religion, die den Gemeinschaftsbezug sucht, sich aber in der praktischen Lebensführung weitgehend aus Autorität, Dogma und Lehrmeinung der Kirchen gelöst hat. Die doppelte Moral, das Lebensfrem-

## 7.2 Werte, Ideale, Religion – noch eine Stütze der Identität?

de mancher Entscheidungen lässt die religiöse Bindung bröckeln, weniger im offenen Protest, eher im resignativen Rückzug. Nur eine kleine Gruppe streng Gläubiger möchte am Unverrückbaren der Tradition festhalten, hier wird der Übergang zum Fundamentalismus fließend.

Bedenklich hält Conzen (2017) in diesem Zusammenhang das Wachsen einer Geisteshaltung, die er »angepassten Fundamentalismus« nennt. Man »wählt« eine bestimmte ultra-orthodoxe religiöse oder politische Gesinnung und vertritt diese mit besonderer Entschlossenheit, nicht, weil man im Tiefsten überzeugt ist, sondern damit man narzisstische Bestätigung und Zugehörigkeit erlangt. Historisch neu ist die weltweite Vernetzung, die Raffinesse der medialen Inszenierung. Die dezidiert christliche Werte beschwörenden Anführer rechtspopulistischer Bewegungen in Europa scheinen mit allem technischen Know-how auf die »Karte Sinn« setzen. Das außerordentliche Engagement, die scheinbar loyale Verehrung traditioneller Autoritäten, die Feier der überlieferten Riten – all dies erscheint irgendwo taktisch bestimmt, zielt auf höchst mögliche Publicity, dient letztlich dem Kult des Ego. Das Simple und Selbstgerechte der politischen Botschaften, die Intoleranz und der mitschwingende Hass haben mit Humanität und religiöser Barmherzigkeit nichts zu tun. Ähnliches gilt für das Erstarken völkisch-faschistischer Bewegungen.

# 8

## Auf der Suche nach Resonanz: Identitätskonstruktion durch alte und neue Medien

Mit dem Beginn der formalen Operationen ist es Jugendlichen möglich, sich nicht nur in der Gegenwart, sondern auch in der Zukunft und in der Vergangenheit zu sehen. Die Suche nach Bedeutung und Kohärenz ist bei Jugendlichen ein wesentliches Element ihrer Narrativa, die sie teilweise in der Interaktion mit Gleichaltrigen, teilweise aber auch durch spontane Produktionen wie Tagebücher, Homepages, Blogs, Facebook und Twitter entwickeln. Die Integrationsleistung der eigenen Erfahrungen, der Sicht der anderen auf das Selbst ist häufig noch unsicher und kann im Übergang auch in die Spaltung zwischen einem handelnden und einen beobachtenden Teil führen (▶ Kap. 3).

Zur Identitätsexploration dienen Tagebücher, Foren und Blogs. Die Bedeutung der Narrativa für die Identitätsexploration ist hoch, und selbst heute, in denen Jugendlichen vielfältige neue Medien nutzen, schreibt noch eine erhebliche Zahl, darunter viele Mädchen, Tagebuch. Insbesondere die Auswertungen zu den Jugendtagebüchern zeigen die Suche nach Bedeutung und Kohärenz auf, und bei diesen Narrativa beschreiben Mädchen viel mehr Beziehungsepisoden, die für ihre Identität relevant sind, als Jungen (McLean & Breen, 2009).

## 8.1 Identitätsexploration: Die Sicht auf das Selbst in Tagebüchern

Es ist bemerkenswert, dass innerhalb der Lebensspanne die Jugendlichen die einzige Altersgruppe sind, die intensiv Tagebuch schreiben bzw. geschrieben haben. Die enge zeitliche Begrenzung – die meisten Tagebücher werden am Ende der Adoleszenz aufgeben, es gibt nur sehr selten erwachsene Schreiber – verweist darauf, dass sie ihren Zweck erfüllt haben und die Konturierung der Identität erreicht ist. Seit den 1920er Jahren hat sich, ausgehend von der Wiener Schule unter Charlotte Bühler, eine Tagebuchforschung etabliert. Bis in die jüngste Zeit wurden Auswertungen vorgenommen, die die Beschäftigung der Schreiberinnen und Schreiber mit ihrer eigenen Person aufzeigen, besonders oft in einer Form der Kommunikation mit einem imaginären Gesprächspartner.

### 8.1.1 Das fortgesetzte Gespräch zur Exploration der eigenen Identität

Die Tagebuchforschung (Seiffge-Krenke, 2001b, 2015b; Soff 1989) zeigt, dass die meisten Tagebücher wie ein fortgesetztes Gespräch geführt werden, in dem das eigene Verhalten, die Beziehungen zu anderen, die eigene Identität und der eigene Körper Thema sind. Es wird oftmals mit einer persönlichen Anrede begonnen, am Schluss steht eine Verabschiedung und es ist immer stark referenziell (»Du kannst nicht wissen ..., ich vergaß zu erwähnen ...«). Die Erinnerung an Geschehnisse, aber auch die Phantasien über die Zukunft, werden so kommuniziert, als hätte der Jugendliche ein reales Gegenüber.

In den Mädchentagebüchern, die wir ausgewertet haben, wird deutlich, wie die Identität in engen Mädchenfreundschaften konturiert wird und dass der soziale Vergleich dabei eine große Rolle spielt. Daher nimmt er auch im Tagebuch eine prominente Funktion ein, immerhin 15 % aller Eintragungen in Mädchentagebüchern beziehen sich auf diesen sozialen Vergleich. Das Ich als Thema in den Tagebüchern ist bei Jungen (in 90 % der Eintragungen) noch häufiger als bei Mädchen (in 43 % der Eintragungen). Wir haben einen längeren Prozess des Schreibens von Tagebüchern verfolgt bei 15-jährigen Mädchen im 1. Schreibjahr und schließlich mit 16 Jahren im 2. Schreibjahr (Seiffge-Krenke, 2009). Es finden sich auffällig viele Kategorien, die mit Selbst und Identität zu tun haben, z. B. Selbstkritik, Selbstzweifel, selbsterzieherische Appelle. Selbstkritik ist relativ häufig in Mädchentagebüchern und kommt zwischen 26 % und 37 % in beiden Schreibjahren vor. Selbstzweifel gehen eher zurück, während selbsterzieherische Appelle (»Ich sollte jetzt endlich mehr für die Schule tun«) im 2. Schreibjahr steigen.

Im Übrigen zeigt die Inhaltsanalysen der 80 Tagebücher (Seiffge-Krenke, 2015b) ein breites Spektrum von 15 Kategorien, in denen der Körper (21 %) und enge, vertraute Beziehungen mit anderen Mädchen (36 %), häufig auch auf den Körper bezogen, sehr oft

## 8.1 Identitätsexploration: Die Sicht auf das Selbst in Tagebüchern

| 1. Schreibjahr | | 2. Schreibjahr | |
|---|---|---|---|
| Selbstkritik 37% | Selbstzweifel 12% | Selbstkritik 26% | Selbstzweifel 8% |
| Selbsterzieher. Appelle 22% | Selbstvertrauen 15% | Selbsterzieher. Appelle 38% | Selbstvertrauen 18% |

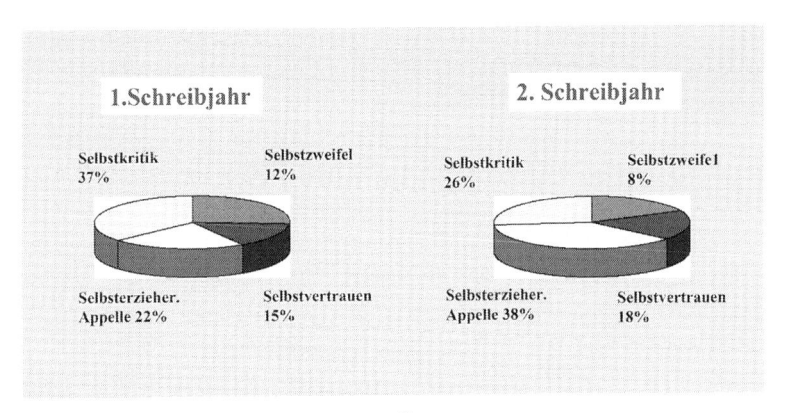

**Abb. 2:** Häufigkeit von selbstbezogenen Äußerungen im Jugendtagebuch

genannt werden im Vergleich zu Schule (6 %) und Eltern (12 %). Dabei unterschieden sich die Tagebücher aus verschiedenen historischen Epochen (aus dem Zeitraum 1919 bis 1998) nur unwesentlich in den dort niedergelegten Inhalten.

Betrachtet man die Eintragungen weiblicher Jugendlicher unter der Rubrik »Körper« näher, kann man verschiedene Kategorien ausmachen: *Veränderungen des Körpers* wie schnelles Wachstum, Entwicklung der Brüste, Menarche und Menstruation werden genau beschrieben und dokumentiert. Dabei sind die *Bewertungen des eigenen Körpers* auffallend negativ und kritisch-vergleichend (»ich bin zu fett«, »wieder zu viele Pickel«). Interessant sind die Einträge, die von *Phantasien über den Körper* handeln wie Phantasien über Reifungsprozesse (»Ich stelle mir vor, wenn das so weiter geht ... ist ja geradezu beängstigend...!«). Eine eigene (seltene) Kategorie *Sexualität* konnten wir ebenfalls finden. Demgegenüber gibt es relativ viele Einträge über *Körperpflege und Mode*, zum Beispiel das Kaufen ausgeflippter Kleidungsstücke, das Lackieren der Nägel. Die negative Bewertung des Körpers, das überwiegend negativ betonte Körperkonzept und die Vielzahl von Körperbeschwerden, die sich in den Tagebüchern finden, entsprechen dem eher negativen Körperkonzept und der hohen Anzahl von Körperbeschwerden, die auch in Fragebogen- und Interviewstudien bei der Untersuchung weiblicher Jugendlicher, verglichen mit männlichen Altersgenossen, gefunden wurden, insbesondere bei frühreifen Mädchen.

Wie in Kapitel 5 (▶ Kap. 5) beschrieben, gibt es des Weiteren besonders viele Eintragungen zu den Aktivitäten, die Mädchen mit ihren besten Freundinnen unternehmen. Hier finden sich zahlreiche Hinweise auf die Identitätskonstruktion, die Modellierung der Weiblichkeit am Körper der Freundin. Hinzu kommen viele Eintragungen, die *homoerotische und sehr symbiotische Beziehungen zur besten Freundin* und die gemeinsame *Annäherung an das andere Geschlecht* beschreiben (▶ Kap. 6).

### 8.1.2 Analysen zur Ich-Entwicklung in Jugendtagebüchern verschiedener Generationen

Die Auswertungen von Soff (1989) an 44 Tagebüchern bestätigen die oben gefundenen Kategorien weitestgehend. So wird etwa die zentrale Bedeutung der Kategorien *Selbst* in diesen Tagebüchern, die von 1958 bis 1984 geschrieben wurden, ebenso deutlich wie in dem von uns ausgewerteten Datensatz, es scheint sich demnach um ein historisch universelles Phänomen zu handelt. Dies wird auch bestätigt durch zusätzliche Auswertungen, die Soff an einigen Tagebüchern aus der Sammlung von Bühler (geschrieben 1907 bis 1923) und Küppers (geschrieben 1946 bis 1962) vornahm (Soff 1989). Zu den wenigen Abweichungen oder Veränderungen über die Jahre zählte beispielsweise die offenere Äußerung über Sexualität oder die Beschreibung sexueller Praktiken, was zeitgeschichtlich wegen der deutlichen Liberalisierung der sexuellen Moral für die jüngere Generation der Schreiber und Schreiberinnen nur zu erklärlich ist.

Die themenbezogene Analyse über alle Tagebücher verschiedener Epochen in der Arbeit von Soff weist die Kategorie *Selbst* als dritthäufigste Kategorie aus: Die Beschäftigung mit der eigenen Person, der körperlichen Entwicklung, die Beschäftigung mit dem

## 8.1 Identitätsexploration: Die Sicht auf das Selbst in Tagebüchern

eigenen Aussehen, den eigenen Stimmungen, die bange Frage, wohin einen diese Entwicklung noch führt, sind Thema. Die Beschäftigung mit der eigenen Person, Reflektionen über das eigene Selbst kommen in Zweidrittel der Mädchentagebücher und einem Drittel der Jungentagebücher vor. Die Fragen »Wer bin ich?« bzw. »Wie bin ich eigentlich?« und das mehr oder weniger deutliche Bewusstsein der eigenen Einmaligkeit spiegeln sich in 18 der 33 Mädchentagebücher und 7 der 11 Jungentagebücher. Interessant sind auch Ausführungen über den »Abschied von der eigenen Kindheit« (wenn etwa die Kleinmädchenhaarspangen nochmal angezogen werden) und die Entdeckung der eigenen Kontinuität und Geschichte. Die Auswertung von 58 Tagebücher (davon 44 von Soff selber gesammelt, die übrigen von Bühler und Küppers) kommt zu dem Ergebnis, dass Fragen der Identität, des Selbst über die Jahrzehnte einen bedeutenden Stellenwert in den Jugendtagebüchern haben.

Eine weitere interessante Auswertung betrifft die Analysen zu Ich-Entwicklung (*ego-development*) im Jugendtagebuch der verschiedenen Epochen, ein Konzept, das dem der Identität sehr verwandt ist. Loevinger (1976) konzipierte das Ego als das primäre synthetisierende und regulierende Agens in der Persönlichkeitsentwicklung des Individuums. In ähnlicher Weise hat McAdams (1998) das Ego als den »Meister der Orchestrierung« von Persönlichkeit und Identität bezeichnet, der dazu dient, den Individuen ein subjektives Gefühl für ihre Persönlichkeit zu vermitteln. Konkreter schlug Loevingers Modell der Ich-Entwicklung (1976) eine empirisch begründete normative Entwicklungssequenz vor, die neun Ebenen umfasst, durch die Individuen theoretisch gehen können: Vorsozial, impulsiv, selbstschützend, konformistisch, selbstbewusst, gewissenhaft, individualistisch, autonom und integriert. Jedes Level unterscheidet sich qualitativ von den angrenzenden, da das Individuum auf jeder aufeinanderfolgenden Ebene komplexer und anpassungsfähiger ist als auf der vorherigen. Die Ebenen beschreiben also eine immer komplexer werdende Sicht auf die Interaktion zwischen Selbst und Gesellschaft.

Die Analyse der 58 Tagebücher, die teilweise über Jahre hinweg kontinuierlich von Schreiberinnen und Schreibern geführt wurden, erbrachte ganz generell, dass in den Tagebüchern älterer Schreiber signifikant höhere Ich-Niveaus ausgezählt werden konnten. Die Tagebücher der 14-jährigen Schreiber beispielsweise erfüllten das Niveau 1.3 bzw. 1.4, d. h. betrafen das selbstschützende und konformistische Ich-Niveau, während etwa 16-Jährige in der Regel auf dem Niveau 1.5 (selbstbewusst) angesiedelt waren. Untersuchte man einzelne Schreiber, die mehrere Tagebücher über Jahre geführt hatten, so zeigten sie in der Regel über die Zeit einen Anstieg auf ein höheres Ich-Niveau. Das war bei den meisten Schreibern der Fall, allerdings gab es auch Schreiber, bei denen es zu einem Plateau in der Ich-Entwicklung kam und erst sehr spät, etwa mit 19 Jahren, zu einer weiteren Ich-Entwicklung auf ein höheres Niveau. Die individuellen Analysen ergaben dann, dass es kritische Ereignisse gab, die zu einer Stagnierung der Ich-Entwicklung geführt hatten.

Interessant ist des Weiteren, dass jeder Schreiber, jede Schreiberin unterschiedliche Ich- Niveaus in einzelnen inhaltlichen Kategorien aufwies. Wurden *Aktivitäten* oder die *Beziehungen zu den Eltern* beschrieben, war das Ich-Niveau deutlich niedriger, als wenn man beispielsweise auswertete, welche Eintragungen der Schreiber, die Schreiberin in Bezug auf die Kategorie *Selbst* machte. Es ist also nicht nur bei einem über mehrere Jahre geführten Tagebuch ein Anstieg in der Ich-Entwicklung nachweisbar, es gibt systematische Unterschiede in den inhaltlichen Kategorien, und das Selbst ist die Kategorie, bei der die größte Ich-Entwicklung stattfand. Dies spricht wiederum für die große Bedeutung der Selbstreflexion für die Identitätsentwicklung.

## 8.2 Das Internet als ideales Medium zur Identitätsentwicklung?

Wenn, wie Erikson annimmt, die Adoleszenz die kritische Periode ist für die Identitätsentwicklung – kann dann nicht das Internet, mit seiner Anonymität und ständigen Verfügbarkeit über alle geographischen Grenzen hinweg, das ideale Setting zur Identitätsexploration sein? Tatsächlich fehlt dem Tagebuch trotz allen referentiellen Dialogs die Möglichkeit zu einer Antwort. Bei den verschiedenen Möglichkeiten der sozialen Medien geht es immer um Antworten, vor allem aber auch um Selbstpräsentation und um fiktionale Erschaffungen des Selbst. Es gibt eine zunehmende Zahl von Computer-Nutzern, die das dringende Bedürfnis verspüren, sich in Chatrooms als ein anderer auszugeben, das eigene Geschlecht auszutauschen. Das Internet als Möglichkeit der Identitätsexploration scheint vor allem bei Jugendlichen wichtig zu sein. Online-Beratungsnetze werden sehr gerne genutzt (Flaake, 2019), hier können mehr oder weniger anonym Fragen gestellt werden, die sich insbesondere auf die körperlichen Veränderungen beziehen, und die Antworten von Professionellen haben eine beruhigende und bestätigende Funktion: »Es ist alles in Ordnung mit Dir, es ist alles im grünen Bereich!«

Was nun die alternativen Identitäten angeht, so wird in vielen Online-Spielen eine virtuelle Welt aufgebaut, in der man einen Avatar erstellen kann, einen künstlichen Charakter, den man beliebig ausgestalten kann – einerseits so, wie man sich erlebt, dann aber auch völlig davon abweichend –, der in dieser Welt mit anderen interagiert. Möglich ist das Ausprobieren verschiedener Identitäten mit z. B. abweichendem Alter und Geschlecht in *Second Life*, wo man mit Rollen experimentiert und Explorationen in beliebige Richtungen möglich sind: Eine Möglichkeit, die besonders gerne von männlichen Jugendlichen genutzt wird. In diesen virtuellen Welten entsteht nie Langeweile oder Stillstand. Ständig geschehen unterhaltsame, überraschende Dinge, ständig sind komplexe Aufgaben zu lösen. Die Attraktivität für Jugendliche (und nicht nur für sie) ist enorm. WoW beispielsweise hat 12 Millionen aktive Spieler weltweit, es ist ein interaktives Spiel, bei dem hohe Spielzeiten notwendig sind, wenn man in der komplexen Spielgeschichte voranschreiten will. Es existiert ein virtuelles Belohnungssystem, dies bestimmt den sozialen Status in der Gruppe und die Handlungsmöglichkeiten in der virtuellen Welt maßgeblich. Diese Belohnungen können eine identitätsstiftende Relevanz einnehmen (KFN-Studie, 2008).

Gegenwärtig beschäftigt die Forschung u. a. der Ausdruck von Identität online. Was verraten beispielsweise Homepages und Blogs über die Identität? Stern (2004) analysierte 233 Homepages von 14- bis 18-jährigen Jugendlichen bzgl. der »expression of identity online«. Die Homepage der Mädchen ist technisch einfacher, ein florales Design überwiegt. Hobbies und Meinungen werden ausgesprochen, der relationale Charakter ist deutlich. Es geht viel um »Du« und »Dein«, und es finden sich viele Hinweise, dass man auf den potentiellen Leser eingeht (»Gästebuch«) und eine Stellungnahme zu dem eigenen Verhalten, Aussehen etc. erwartet. Die Homepage der Jungen ist komplizierter aufgebaut und technisch brillant. Sie geben Hinweise auf ihr Aussehen sowie Zukunftsvorstellungen, d. h. die angebotenen Identitätsfacetten beziehen sich stärker auf Aussehen, Leistung und Zukunftsvorstellungen. Bemerkenswert an dieser Studie war noch, dass jüngere Jugendliche mit ihrer Identität stärker experimentieren als ältere, was ein Hinweis darauf ist, dass bereits bestimmte identitätsbezogene Begrenzungen erlebt wurden.

Bei Blogs zeigt sich die größere Bedeutung der Selbstvalidierung und das spielerische Anbieten von Identität noch deutlicher. Die Studie von Davies (2010) »Coming of age online« enthält eine Analyse von 130 Mädchenblogs (z. B. aus MySpace, Facebook oder Life Journal). Mädchen bloggen häufiger als Jungen (35 % zu 20 %). Blogs haben eine große Bedeutung für die Kommunikation in Mädchenfreundschaften; das soziale Netzwerk ist groß. Onlinefreundinnen sind oft aber auch Offlinefreundinnen. Mädchen suchen

v. a. nach Selbstvalidierung in Blogs, sie bieten spielerisch eine Identität an und warten auf die Reaktion der anderen. Insgesamt ist das Verhalten ähnlich, wie wir es aus der Tagebuchforschung kennen mit der größeren relationalen Bezogenheit der Mädchen.

In Psychotherapie und Beratung kann man häufig auf Jugendliche treffen, die extrem gehemmt sind im sozialen Kontakt zu anderen und kaum Außenkontakte aufweisen. Man kann dann nicht selten überrascht feststellen, dass sie doch einen Weg zur Welt gefunden haben und an ihrer Identität feilen. So hatten wir vor kurzem eine extrem isolierte Patientin, die nicht mehr zur Schule ging und sich seit Wochen in ihrem Zimmer einschloss. Dort entwickelte sie Fortsetzungsgeschichten, in denen es um ein gleichaltriges Mädchen und seine Erlebnisse ging. Diese Geschichten wurden von vielen gelesen – die Mutter berichtete nicht ohne Stolz, dass ihre Tochter 10.000 *follower* hat und jede Menge *likes*.

Bei einem etwa gleichaltrigen Jungen, der ebenfalls völlig zurückgezogen lebte und ebenfalls ein Schulverweigerer war, der seine Eltern und Lehrer völlig ratlos machte, stellte sich heraus, dass er im Internet wunderschöne Gedichte und bezaubernde Liebesgeschichten veröffentlichte. Diese fanden viele begeisterte Leserinnen, und sie nahmen Kontakt mit ihm auf; es kam schließlich zu Verabredungen im »real life«. Diese wirklichen Treffen verliefen aber sehr enttäuschend für den Patienten: Er konnte mit den Mädchen nicht reden, brachte kaum ein Wort heraus, weil »da war nichts dazwischen, kein Bildschirm, keine Tastatur«!

## 8.3 Im Spiegel der anderen: Soziale Medien und Smartphones

Wie Altmeyer (2019, S.10) beschreibt, kommunizieren wir miteinander, um »etwas über das eigene Selbst zu erfahren«. Deshalb sind Menschen »anfällig für das, was das Internet anzubieten hat: nämlich Aufmerksamkeit für die einzelne Person«. (S.15). Es ist also einleuchtend, dass Jugendliche im Prozess der Neukonstruktion der Identität sich dieser neuen Medien bedienen, sie sind schließlich bereits mit den neuen Medien aufgewachsen. Die Smartphones und die Selfies bieten besondere, von Jugendlichen gern genutzte Möglichkeiten.

### 8.3.1 In ständiger Verbindung bleiben: das Smartphone

Die Suche nach Resonanz und Selbstvalidierung wird besonders deutlich durch die enorme Bedeutung, die das Smartphone für die Kommunikation zwischen Jugendlichen hat. Psychoanalytisch kann man das Smartphone regelrecht als Übergangsobjekt verstehen, wofür vieles spricht: Jugendliche tragen es mit sich herum, schauen morgens als erstes und abends als letztes in ihr Smartphone, warten ständig, ob es klingelt oder summt, und wenn es verloren geht, fühlt sich der Jugendliche regelrecht hilflos.

Von Winnicott stammt die Vorstellung eines »intermediären« Übergangsraums (*potential space*), der zwischen psychischer Innen- und sozialer Außenwelt aufgespannt ist, damit die getrennten Sphären von Selbst und Anderem, Phantasie und Realität zusammenkommen. Winnicott hat diesen Raum als Ort bezeichnet, in dem das kreative Potential sowie die Fähigkeit zum Träumen und Tagträumen untergebracht sind. Aber auch psychische Grenzzustände wie die Fähigkeit zur Regression, zur Selbsttäuschung lassen sich hier einordnen. In diesem potentiellen Raum werden nach Winnicott zwischenmenschliche Spiegel- und Resonanzerfahrungen (*intersubjective mirroring*) gemacht, die von frühester Kindheit an der Persönlichkeitsentwicklung und Identitätsbildung dienen. In seiner Vorstellung ist es die frühe Mutter-Kind-Beziehung, in der die Gefühlszustände und das Selbsterleben des kleinen Kindes gespiegelt und so erlebbar und differenziert werden (▶ Kap. 3). Väterliches Mirroring kam bei Winnicott noch nicht vor. Eine hinreichend gute Bemutterung erlaubt dem Kind, zu spielen und schöpferisch zu sein und mit dem eigenen Selbst zugleich die Welt da draußen zu »erschaffen«. Zu diesen Spiegel- und Resonanzerfahrungen kann man neben dem Tagebuch demnach neue Medien wie

## 8.3 Im Spiegel der anderen: Soziale Medien und Smartphones

Blogs und Smartphones rechnen. Sie haben selbstbestätigende und identitätsbildende Funktionen. Winnicott schildert des Weiteren Übergangsobjekte (*transitional objects*), die weder ganz der subjektiven noch ganz der objektiven Welt angehören, sondern beide Welten miteinander verbinden wie beispielsweise das Schmusekissen, der Teddybär oder die Lieblingspuppe, die das Kleinkind überall mit sich herumträgt, weil sie buchstäblich unverzichtbar sind. Übergangsobjekte werden als Teil des Selbst erlebt, obwohl sie ein Teil der Dingwelt sind. Nach Altmeyer (2019) lässt sich das Smartphone als permanentes Übergangsobjekt verstehen, da es all jene Eigenschaften erfüllt, die bereits das kindliche Übergangsobjekt ausmachen. Jeder, der ein Smartphone benutzt, kann diese eigentümliche Faszination nachvollziehen. Auch das Internet und insbesondere die sozialen Medien bieten so etwas wie universelle Übergangsräume zwischen psychischer Innen- und sozialer Außenwelt, in dem Selbst und Andere, Phantasie und Realität, zusammenkommen – auf konstruktive oder destruktive Weise.

Das Smartphone ist ein unverzichtbares Übergangsobjekt, das von einzelnen Jugendlichen, aber auch von Gruppen genutzt wird, um Verbindungen zur Welt oder zueinander zu halten, sich aufeinander zu beziehen, sich miteinander auszutauschen oder sich gegeneinander in Stellung zu bringen – d. h. im Guten und im Bösen zu interagieren.

### 8.3.2 Im Spiegel der anderen: Selbstvergewisserung mit der Kamera

Wie in Kapitel 3 (▶ Kap. 3) beschrieben, bindet Winnicotts entwicklungspsychologisches Konzept die Entwicklung des werdenden Selbst an frühkindliche Resonanzerfahrungen, zu denen Erfahrungen des Gespiegelt-, Gehört-, Beachtet-, Anerkannt- und auch Geliebtwerdens gehören. Auch die Neurobiologie geht davon aus, dass das Gefühl des eigenen Selbst als Metarepräsentation eines frühen Dialogs zwischen Kind und Umwelt im impliziten Gedächtnis verankert wird: »Aus dem Du der Mutter wird das Ich des Kindes!« Diese Erfahrungen werden im impliziten Gedächtnis gespeichert, im Verlauf der weiteren Entwicklung des Kindes über die Pubertät und Adoleszenz hinaus angereichert und für die Persönlichkeitsbildung verwendet. An diese im Unbewussten aufbewahrten Erfahrungen von Umweltresonanz scheinen die medialen Identitätserlebnisse anzuknüpfen, denn sie haben dieselbe, nämlich eine reflexive Beziehungsstruktur: »Ich werde gesehen – also bin ich!«

Im Spiegel der anderen zu sein hat auch zu einer starken Zunahme beschönigender und harmonischer Selbstdarstellungen geführt, nicht nur bei den Homepages, Blogs und den WhatsApps, sondern vor allem auch in den Bildern, die diesen Botschaften beigefügt werden. Das Selbst wird inszeniert, Bilder von sich werden mit Photoshop nachbearbeitet und an mediale Vorgaben der Schönheit, Attraktivität u. a. angepasst.

### 8.3.3 Narrative Identität, die Verführung zur beschönigenden Selbstdarstellung und die Erfindung von Biographien

Die Lebenswelt der meisten Jugendlichen ist durch die Alltagsverwendung von interaktiven Medien und den Daueraufenthalt in sozialen Netzwerken gekennzeichnet. Alle stehen mit allen in Verbindung. Interaktion und Vernetzung sind die Schlüsselbegriffe der digitalen Moderne. Es wird an einer narrativen Identität gearbeitet, die teilweise eine starke Überarbeitung der Realität darstellen kann und die durchaus etwas Tröstliches hat, wenn etwa kleine Schwächen verschwiegen werden. Die intersubjektive Bedeutung der narzisstischen Spiegelfunktion gilt aber auch für manche Jugendliche. Maler oder Bildhauer, Komponisten oder Musiker, Romanautoren, Lyriker oder Stückeschreiber arbeiten schon auf ein imaginäres Publikum hin, und ihre Autobiographien sind sehr häufig auf einen imaginären Anderen, der Beifall zollt, ausgerichtet: Der mehr oder

## 8.3 Im Spiegel der anderen: Soziale Medien und Smartphones

weniger bewusste Kampf um Anerkennung, um Gesehenwerden zeigt sich aber auch bei manchem Youtuber, Influencern oder anderen medialen jugendlichen Selbstdarstellern. Diese Jugendlichen sind dem bewundernden, dem verletzenden, dem beschämenden Blick des Anderen, aus dessen Perspektive sie sich betrachten, ausgesetzt. Dabei schaut das Selbst auf die Anderen, um aus deren Perspektive etwas über sich zu erfahren. Diese selbstreflexive Blickbewegung hat einen frühen Beginn (▶ Kap. 3) und ist für die Neukonstruktion der Identität besonders wichtig. Beschämende, kränkende Selbsterfahrungen können aktiv verändert, überarbeitet werden. Zu solchen Konstruktionen zählen geschönte Biographien. In den letzten Jahren gingen durch die Medien Berichte von Personen, die angaben, Familienangehörige im KZ verloren zu haben oder selbst auf abenteuerliche Weise Flucht und Vertreibung überlebt zu haben – etwa durch die Nähe zu einem Wolfsrudel, das einen als Kind beschützt hat.

Die Beachtung der eigenen Geschichte bei der Identitätskonstruktion ist für Jugendliche etwas Neues, etwas das Kinder erst in Ansätzen können. Schon seit Freuds Konstruktion des Familienromans (Freud, 1909) ist bekannt, dass Menschen ihre Biographie umschreiben und kränkende Aspekte herausnehmen. Es kommt zu einer Abwandlung der realen Familiengeschichte. Der Begriff »Roman« verdeutlicht eine gewisse Abweichung von der Realität und den konstruktiven Charakter. Der Familienroman geht zwar von der Annahme realer Bezugspersonen des Kindes bzw. des Jugendlichen und seiner realen Lebensgeschichte aus. Dann werden aber etwa die Eltern in diesen Phantasien durch sozial höherstehende Personen ersetzt und der eigene soziale Status wird aufgewertet. So hat z. B. der Märchenerzähler Hans Christian Andersen, der eigentlich aus einer armen Familie stammte (Mutter Wäscherin, Vater Alkoholiker), phantasiert, dass er eigentlich das Kind hochgeborener Eltern sei, das aber entführt worden sei. Von Erikson wissen wir (▶ Kap. 2), dass er sich vorstellte, er sei das Kind dänischer Adeliger.

Bei den oben geschilderten Produktionen der beiden jugendlichen Patienten handelt es sich um kreative Schöpfungen, die allerdings dann den Abgleich mit der Realität nicht standhalten. Dennoch hatten beide Produktionen etwas Tröstliches, erlaubten sie doch den völlig isolierten Jugendlichen einen selbst erschaffenen Außenkontakt, den sie auch stark regulieren und bestimmen konnten. Das führte aber nicht unbedingt zur alltagstauglichen Kompetenz, der *self- agency*. Dennoch sind solche Konstruktionen therapeutisch unbedingt aufzugreifen, sie sind positiv zu sehen und zeigen, dass die relationale Sicht auf das Selbst zumindest in Ansätzen da ist und ausgebaut werden kann.

## 8.4 Gefährliche Foren

Im virtuellen Raum werden demnach identitätsstiftende Spiegel- und Resonanzerfahrungen gemacht, die der Herstellung von Selbsterfahrungen dienen: Dies kann zu wichtigen positiven Selbsterfahrungen, aber auch andererseits, wie beim Cyberbullying und im Darknet, zu aggressiven, vernichtenden und entwertenden Selbsterfahrungen führen.

Das Anbieten von Identitätsaspekten und die sorgfältige Verfolgung der Reaktion des Publikums sind zentral. In den letzten Jahren haben verstärkt Suizide von Jugendlichen öffentliche Aufmerksamkeit erhalten, in denen Jugendliche nach Cyber-Bullying mit einer Identität konfrontiert wurden, die nicht die ihre ist (montierte Nacktfoto, fingierte Geschichten über promiskös Verhalten), und diese Öffentlichkeit war so schambesetzt und schwer auszuhalten, dass Suizide oder Suizidversuche erfolgten. Opfer von solchem Cyber-Bullying betonen immer wieder die dadurch beschädigte Identität; vor allem Mädchen sind in einem Dilemma, da sie einerseits die soziale Validierung für ihre Identitätsexploration stärker benötigen als Jungen, sich andererseits gegen Ausnutzen und Missbrauch schlechter wehren können (Wolak, Mitchell & Finkelhor, 2003).

## 8.4 Gefährliche Foren

In diesem Zusammenhang sind auch die Gefahren bestimmter Foren nicht zu unterschätzen. Als ein Beispiel, das positiv daherkommt, letztendlich aber extreme negative Folgen für die sich wandelnde Identität, das Körperkonzept hat, sind Aktivitäten in gefährlichen Foren, die ein gestörtes Ess-Verhalten massiv unterstützen. Pro-Ana (von pro: für und Anorexia nervosa: Magersucht) und Pro-Mia (Bulimia nervosa: Ess-Brechsucht) sind Foren von Mager- beziehungsweise Ess-Brechsüchtigen im Internet. Sie entstanden Anfang des 21. Jahrhunderts in den Vereinigten Staaten und breiteten sich von dort auch nach Europa aus. Die Anhänger von Pro-Ana, fast ausschließlich Mädchen und junge Frauen, sind zumeist selbst magersüchtig. Sie sind sich ihrer Erkrankung durchaus bewusst, versuchen aber weiter abzunehmen. Die Betroffenen tauschen sich über spezielle Pro-Ana-Websites aus und stellen dort die Magersucht bildhaft als extremes Schlankheitsideal dar, dem sie sich mit radikalen Maßnahmen nähern.

Neben BMI-Rankings werden in einigen Foren Wettbewerbe (sogenannte Contests) organisiert, bei denen das Mitglied mit der größten Gewichtsabnahme oder dem niedrigsten BMI gewinnt. Viele Nutzer der Foren schreiben ein Ess- und Gewichts-Tagebuch, in dem Essverhalten und Gewichtsverlauf dokumentiert werden. Typisch ist auch die Suche nach einem twin (Zwilling), einem Partner mit gleichen Körpermaßen und Alter zur gegenseitigen Unterstützung beim weiteren Abnehmen. Die meisten Foren sind nichtöffentlich und verlangen das Ausfüllen eines detaillierten Aufnahme-Fragebogens zur Freischaltung.

Es ist auffällig, dass sich die Pro-Ana-Bewegung und die dazugehörigen Webforen typischer Merkmale bedienen, die für Jugendliche ganz generell und insbesondere für weibliche Jugendliche besonders attraktiv sind. Dazu gehört zum einen die Zielsetzung, die sich so liest, als ginge es um eine Art der Selbstverwirklichung, der Souveränität und der Macht über den eigenen Körper, die gegen eine feindselige Umwelt verteidigt werden muss. Auch die Assoziation von »Ana« mit dem Namen »Anna« ist gewollt und steht für eine idealisierte Personifikation der Magersucht. Hier wird besonders der Vergleich unter Mädchen/ Freundinnen beschworen, wie es auch in dem Brief an Ana und insbesondere in den zugeordneten Webforen, in denen sich angemeldete und von einem Moderator zugelassene Besucher gegenseitig dazu animieren, weiter an Gewicht zu verlieren, deutlich wird. Die hochgeladenen Bilder, auch Thinspirations genannt, zeigten häufig Prominente mit retouchiertem besonders magerem Körper oder auch Magersucht, aber auch Negativbeispiele fettleibiger Menschen. Auch der in der Adoleszenz so häufige Abwehrmechanismus der Askese (Anna Freud, 1960) wird durch Seiten wie »Zehn Gebote« bedient, und insgesamt wird ein magersüchtiger Körper idealisiert. Es ist offenkundig, dass sich die Betroffenen weiter dazu anspornen, mit allen Mitteln abzunehmen, und dass Unbeteiligte so ebenfalls an Magersucht erkranken können.

Andere Foren, die besonders von Mädchen genutzt werden und suggestiv zu pathologischem Verhalten anhalten, sind beispielsweise *rote Tränen*, in denen Mädchen zum Schneiden und Ritzen animiert werden. Die Kehrseite der sozialen Bezogenheit kann also eine starke Suggestibilität und Verführung durch gefährliche Foren sein.

## 8.5 Warum in der Adoleszenz und warum mehr Mädchen?

Dass sich das Tagebuchschreiben so eng auf die Periode der Adoleszenz begrenzt und die eigene Person so sehr im Mittelpunkt steht, wird u. a. mit dem adoleszenten Egozentrismus in Zusammenhang gebracht, einer kurzzeitigen Phase der extremen Selbstbezogenheit, die jedoch möglicherweise notwendig ist in einer Phase, in der die Identität im Umbruch ist und alte Identifikationen hinterfragt werden. Elkind (1967) hat zwei verschiedene Phänomene beschrieben, die unmittelbar mit der Identitätsentwick-

## 8.5 Warum in der Adoleszenz und warum mehr Mädchen?

lung zusammenhängen: die *imaginäre Audienz* und den *personal fable* (▶ Kap. 3). Sie beziehen sich auf die Fehleinschätzung, man sei einzigartig (»Ihr versteht mich nicht«) und andere beobachten und beachten einen sehr. Beide Phänomene sind heute in der starken Nutzung der neuen Medien durch Jugendliche deutlich. Zugleich verweist dies auf die enorme Bedeutung der Freunde als Möglichkeit der Identifizierung und zur Identitätsexploration.

Wenn man narrative Identitätsexploration durch Tagebücher, Blogs und Chats analysiert, fällt sofort ein Geschlechtsunterschied auf, und es stellt sich die Frage: Warum mehr Mädchen? Seit Anfang des letzten Jahrhunderts belegen Studien, dass Tagebuchschreiben eine spezifisch weibliche Strategie zur Neukonstruktion der Identität ist, die Rate der Schreiberinnen ist deutlich größer als die der Schreiber. So etwa habe ich 80 Tagebücher von weiblichen Jugendlichen und 13 Tagebücher von männlichen Jugendlichen analysiert, die Geschlechtsverteilung bei Soff (1989) betrug 33 zu 11 und bei Bühler 25 zu 9 (Bühler, 1925). Dies mag damit zusammenhängen, dass Tagebuch Geheimdokumente sind, die generell nicht gerne herausgegeben werden (alle Schreiber übergaben Jugendtagebücher, die Jahre zurücklägen, kein einziger ein aktuelles Dokument), und dass das Schreiben eher als »weiblich« gilt, Männer also eher zögerlicher waren bei der Herausgabe dieser Dokumente.

Auch beim Umgang mit den neuen Medien in Form von Blogs und Chats fällt auf, dass Mädchen viel häufiger aktiv sind als Jungen und mit ihren realen und virtuellen Freunden und Freundinnen eine erhebliche Zeit im Netz verbringen, um sich über alltägliche Erfahrungen, Erlebnisse und Probleme auszutauschen (Schorb, 2013), während Jungen eher in den Gilden spielen. Unabhängig von der Aktivität im Netz gibt es aber auch noch heute viele Mädchen, die zusätzlich Tagebuch schreiben. Hochzeit des Schreibens ist die mittlere Adoleszenz, die Altersstufe zwischen 13 und 16 Jahren.

Die bedeutenden Geschlechtsunterschiede hängen vermutlich mit der Funktion zusammen, die Tagebücher im Leben der Jugendlichen haben. Nach den frühen Untersuchungen der Wiener Schule unter Charlotte Bühler erfüllt das Tagebuch drei verschiedene Funktionen: es fungiert als Erinnerungsstütze, als Ventil für Gefühle und als Ersatz für fehlende Freunde. Spätere Untersuchungen (Seiffge-Krenke, 2001b) haben zusätzliche Motive gefunden, wie Mode (»Weil andere Mädchen auch ein Tagebuch haben«) oder, selten, das Verarbeiten kritischer Lebensereignisse (nach dem Tod von Angehörigen, der Scheidung der Eltern, einem Umzug u. ä.).

In der Tat beginnen mehr Mädchen als Jungen mit dem Tagebuchschreiben, weil ihnen eine vertraute Person fehlt. Dies wird bereits in Anne Franks Aufzeichnungen deutlich: »Und nun bin ich bei dem Punkt angelangt, um den sich die ganze Tagebuchidee dreht: Ich habe keine Freundin« (A. Frank, 1956, S. 11). Anne Frank wird ihr Tagebuch anreden, sehr persönlich, und bis zum August 1944 in einem fortgesetzten Gespräch mit dieser Freundin leben (»Liebe Kitty, ich nehme an, Du bist erstaunt«, »Du kannst nicht wissen«, »ich hatte Dir noch nicht erzählt«, »Du mußt mich nicht falsch verstehen«), in dem sie sehr oft auf den mutmaßlichen Seelenzustand ihrer Kitty eingeht und das mit einer Verabschiedung endet (»bis zum nächsten Mal, Anne«). Ein solches fortgesetztes Gespräch findet sich in fast allen Tagebüchern von Mädchen, die ich untersucht habe, es wirkt wie der Austausch mit einer Fantasiefreundin (Seiffge-Krenke, 2000). Ähnliche Beobachtungen machte Soff (1989). Meine Auswertungen zeigten, dass durch Gegensätze oder Ähnlichkeiten zu dieser Fantasiefreundin (»Sie ist geduldiger als ich«) die Identität konturiert wird.

Für Jungen dagegen ist das Tagebuch eher eine Gedächtnisstütze, und es wird weniger kommunikationsorientiert geführt, sondern ist oftmals eher eine Beschreibung von Aktivitäten und Personen (»Um 3 Uhr mit Benny zum Fußballspielen«). Angesichts der Geschlechtsunterschiede in der Wahrnehmung des eigenen Selbst und der Art, wie Freundschaften erlebt und geführt werden, nämlich als exklusive Beziehungen von hoher Intimität (Seiffge-Krenke, 2009), lässt sich schlussfolgern, dass für weibliche Jugend-

## 8.5 Warum in der Adoleszenz und warum mehr Mädchen?

liche das Schreiben eines Tagebuchs, mit dem sie das Intimste teilen können, wichtiger für die Identitätsentwicklung ist als für männliche Jugendliche. Auch die häufigeren Kontakte der Mädchen in den sozialen Netzwerken des Internet unterstreichen die Bedeutung des engen Austauschs mit ähnlichen Anderen in einer Zeit der Identitätsumstrukturierung (Seiffge-Krenke, 2012a). Wie beschrieben ist das Wissen um die eigene Person im Wesentlichen relational, d.h. entsteht überwiegend aus der Verarbeitung von Interaktionserfahrungen. Die stärkere intersubjektive Bezogenheit ist vermutlich die Ursache für die stärkere Tendenz zur Selbstexploration im Gespräch mit sich selbst, mit anderen Mädchen (Seiffge-Krenke, 2017a). Die schriftliche Selbstexploration der eigenen Identität war aber schon immer ein bedeutsames und typisches Mittel für weibliche Jugendliche, wenn sie heute auch weitere Medien nutzen (McLean et al., 2009). Die Bezogenheit im Sinne einer relationalen Identität ist also in den narrativen Konstruktionen der Mädchen besonders deutlich, trifft jedoch auch auf Jungen zu.

Unklar muss bleiben, ob und welche Veränderungen der Identität durch die enorme Vergrößerung der Netzwerke zustande gekommen sind. Wir haben bislang zu dieser Frage noch keine belastbaren Daten. Es ist aber zu vermuten, dass der massive Einbezug der neuen Medien mit einer Audienz und einem sozialem Vergleich zwischen sehr vielen Personen (»Me and my 400 face book friends«, Manago et al., 2012) die Selbstfokussierung und narzisstische Tendenzen verstärkt, ein Aspekt, der auch schon bei den Smartphones und der geschönten Selbstdarstellung in Form von Bildern und in WhatsApp-Nachrichten angedeutet wurde.

# 9

## Das »narzisstische Zeitalter« und ein verändertes Elternverhalten als Einflussfaktoren auf die Identitätsentwicklung

In Zeiten, in denen sich viele um sich selbst drehen und sich mit Selfies ihrer Existenz versichern, liegt der Verdacht nahe, dass unsere Gesellschaft mehr Narzissten produziert als je zuvor. Geht unser Selbstdarstellungswahn Hand in Hand mit einer ordentlichen Prise Narzissmus? Fördert unsere Konsum- und Leistungsgesellschaft eine solche Ich-Zentriertheit? Und hat dies letztendlich auch Auswirkungen auf die Neukonstruktion der Identität der Jugendlichen?

Junge Leute brauchen heute länger, um ein kohärentes erwachsenes Selbst zu entwickeln. Paradigmatisch soll nun aufgezeigt werden, was sich in der Selbst- und Identitätsentwicklung Jugendlicher im Vergleich zu früher geändert hat und welche familienpsychologischen, aber auch gesamtgesellschaftlichen Ursachen dafür zu benennen sind. Dass die Stabilisierung bzw. strukturelle Festigung des Selbst heute länger braucht als noch in vergangenen Dekaden, zeigen Forschungsbefunde in vielen Industrieländern, so auch in Deutschland, auf (Seiffge-Krenke, 2015c). Sie verdeutlichen eine gewisse Universalität der Charakteristiken sowie Folgen für die psychische Gesundheit (Seiffge-Krenke & Escher, 2015), die sich keineswegs nur auf eine Zunahme narzisstischer Störungen beschränken, sondern ein breites Spektrum von psychischen Störungen umfassen. Der Belastungsgrad der Adoleszenz, in der es um die Revision und Neustrukturierung des Kern-Selbst geht, ist also erheblich, wobei, wie ich aufzeigen möchte, im Sinne der Konzeptualisierung von Stern (1994) vor allem die »self-agency« (Urheberschaft) und die »self-coherence« (Selbstkohären) betroffen sind.

## 9.1 Identitätsentwicklung und narzisstische Phänomene in der Adoleszenz

Die Entwicklung des Selbst zeigt auf, dass die infantile Omnipotenz in zunehmenden Realitätssinn übergeht, infantile Grandiosität allmählich einem reifen Selbstwertempfinden Platz macht (Kohut, 1971). Wie bereits in Kapitel 3 (▶ Kap. 3) erwähnt, scheint es in der Adoleszenz einen gewissen Rückschritt in der Selbstentwicklung zu geben, insofern als narzisstische Phänomene und ein phasenspezifischer Egozentrismus auftreten. Auch normale Jugendliche können durch die für diese Entwicklungsphase typische starke Tendenz zu Grandiosität und extremer Selbstbeschäftigung beinahe psychotisch anmuten.

## 9.1.1 Empirische Belege für die Perspektive der Spiegelung des Selbst im anderen

Bei der Darstellung der geschlechtsspezifischen Identitätsentwicklung (▶ Kap. 4 und ▶ Kap. 5) waren wir bereits auf zahlreiche Belege für die Spiegelung des Selbst im Anderen, der im Austausch mit wichtigen Anderen produzierten und veränderten Identität eingegangen. Auch in Kapitel 8 (▶ Kap. 8) waren wir auf das Bedürfnis nach Resonanz der Jugendlichen gestoßen, das bei der Suche nach dem neuen Ich zu einer verstärkten Zuwendung zu den sozialen Medien und zu einem erheblichen Narzissmus führen kann. Wir wollen diese Perspektive im weiteren Verlauf des Kapitels um gesamtgesellschaftliche und familiendynamische Faktoren erweitern, zunächst aber soll nochmals verdeutlicht werden, wie sehr der Jugendlichen hier schöpferisch tätig ist, was die *self-agency* betont:

Vom psychoanalytischen Standpunkt aus liegen die Hauptprobleme für das Auftreten narzisstischer Phänomene in der frühen Adoleszenz in den Besetzungsverschiebungen. Der Entzug von Besetzungen von den Eltern führt zu einer verstärkten Besetzung des Ichs mit narzisstischer Libido, die zu einer Reihe narzisstischer Zustände führt (wie Überschätzung des Selbst, Selbsterhöhung auf Kosten der Realitätsprüfung, extreme Empfindlichkeit und Selbstbezogenheit, überscharfe Wahrnehmung, zum Teil an Halluzinationen erinnernd). In der mittleren Adoleszenz beginnt, nach der Absetzung der elterlichen Liebesobjekte, die Suche nach einem neuen Objekt. Wie in Kapitel 4 und 5 (▶ Kap. 4 und ▶ Kap. 5) beschrieben folgt die Suche nach neuen Objekten, z. B. bei Freundschaftsbeziehungen, zunächst einem narzisstischen Schema.

Auch Kohut (1971), der sich besonders um eine Integration von normalen und pathologischen Phänomenen des Narzissmus bemühte, vertrat die Auffassung, dass die narzisstische Libido solche Objekte besetzt, die als Erweiterung des Selbst erfahren werden; das wurde von ihm als Selbstobjekte bezeichnet. Kohut hat eine eigene Entwicklungslinie des Narzissmus (bzw. des Selbst und seiner

## 9.1 Identitätsentwicklung und narzisstische Phänomene in der Adoleszenz

Selbstobjekte) unabhängig von der Trieb- und Objektbeziehungsentwicklung konzipiert und beschrieben, dass die Selbstliebe neben der Objektliebe bestehen bleibt. Im Verlauf der Konsolidierung des Selbst treten Verschmelzungsbedürfnisse in den Hintergrund, es bleiben aber Bedürfnisse nach Spiegelung, Idealisierung sowie Gleichheit recht lange erhalten. d. h. der Mensch sei – so Kohut – in erster Linie bestrebt, Selbstkohärenz zu erreichen.

Die entwicklungspsychologische Forschung konnte in der Tat die idealisierenden, narzisstisch getönten Freundschaftsbeziehungen unter Jugendlichen belegen. Ein wichtiger Mechanismus zum Identitätserwerb durch beste Freunde in der Adoleszenz ist die Identifikation, wobei, wie in Kapitel 5 (▶ Kap. 5) beschrieben, die Mädchenfreundschaften noch exklusiver, körperlich verschmelzender und narzisstisch spiegelnder sind als die Jungenfreundschaften (Seiffge-Krenke, 2015a und b). Die besitzergreifende Perspektive – das Objekt soll zur Verfügung stehen – ist ausgeprägter. Mädchenfreundschaften sind wegen der hohen Ansprüche an das Ich-Ideal der Freundin und die Ähnlichkeiten zwischen beiden auch brüchiger, d. h. stärker von Trennungen betroffen: Enttäuschungen werden offener ausgetragen und Abweichungen vom eigenen Selbst schlecht verkraftet (Hartl et al., 2015). Sich im Spiegel durch die Freunde sehen und erleben schafft somit Kohärenz als Abwehr gegen Fragmentierung und hilft bei der Neukonzeptualisierung der Identität. Die insbesondere in der frühen bis mittleren Adoleszenz zu beobachtende maximale Konformität mit der besten Freundin, dem besten Freund (»Wir sehen alle gleich aus!«) hilft dabei, ein kohärentes Selbst zu finden in einem sich rasant verändernden Körper.

Jugendliche, die keine Freunde haben, schaffen sich Phantasiefreunde, um mit ihnen in einem imaginären Austausch zu treten, um sich in ihnen zu spiegeln und abzugrenzen (Seiffge-Krenke, 2000). Imaginäre Freunde sind ihrem Schöpfer eher ähnlich, sind also narzisstische Zwillinge (Kohut, 1971). Sie haben aber auch die Funktion einer »narzisstischen Wache« (Nagera, 1969, S.172), die bei allzu großen Selbstwertkränkungen schützt und hilft, die phantasierte Grandiosität aufrechtzuerhalten.

Bei der Analyse von Tagebuchaufzeichnungen zeigt sich ebenfalls die schöpferische Potenz (*self-agency*), wenn etwa ein Gegenüber konstruiert wird, mit dem man in eine oft jahrelange Kommunikation tritt und der bei der Neukonstruktion der Identität unterstützt. Mangelnde Übereinstimmung zwischen dem realen und idealen Selbst ist oft Thema in den Tagebuchaufzeichnungen von Jugendlichen, und, wie in Kapitel 8 (▶ Kap. 8) beschrieben, nehmen selbstkritische Bemerkungen und selbsterzieherische Appelle (»Ich sollte endlich ...«, »Ich müsste mal ...«) über die Adoleszenz hinweg stark zu (Seiffge-Krenke, 2001b). Das Tagebuch ist also – ähnlich wie der beste Freund, die beste Freundin und der imaginäre Gefährte – ein Objekt, in dem sich der Jugendliche spiegeln und entwickeln kann (Bernfeld, 1931). Auf diese Funktion hat schon Erikson (1950/1971) hingewiesen. Es wird allerdings auch, wie in Kapitel 8 (▶ Kap. 8) beschrieben, mit dem erhöhten Egozentrismus und der erlebten Einzigartigkeit in Beziehung gebracht (Elkind, 1967).

### 9.1.2 Weitergehende starke Selbstfokussierung und Exploration der eigenen Identität im jungen Erwachsenenalter

Für die sich an die Adoleszenz anschließende Entwicklungsphase zeigt sich eine weitergehende starke Selbstfokussierung und ein sehr langsames Fortschreiten der Identitätsentwicklung. Die Frage der *self-agency*, d.h. die Frage, inwieweit junge Leute heute noch Agenten ihrer eigenen Identitätsentwicklung sind, stellt sich bereits in der Adoleszenz (Seiffge-Krenke et al., 2009); aber dies wird immer offenkundiger und schwieriger zu erreichen in der neu entdeckten Phase des »emerging adulthood«, der Phase zwischen 18 und 25 Jahren (Arnett, 2004). Auch die Frage der Selbstkohärenz wird jetzt immer drängender und ist dennoch viel schwerer zu realisieren als für junge Erwachsene vor einigen Jahrzehnten.

Charakteristisch für diese erst vor gut 20 Jahren entdeckte neue Entwicklungsphase ist zum einen, dass es zu Verschiebungen in

## 9.1 Identitätsentwicklung und narzisstische Phänomene in der Adoleszenz

objektiven Markern des Erwachsenenalters kommt (wie Heirat, Berufseintritt und Familiengründung), die sich bis ins dritte Lebensjahrzehnt hinziehen. Hinzukommen aber insbesondere psychologische Merkmale, unter denen der extreme Selbstfokus auffällt. Wie auch bei den Befunden an Jugendlichen, die in diesem Buch geschildert wurden, handelt es sich um Merkmale, die bei der Untersuchung normaler, nicht klinisch auffälliger junger Leute in einer großen Anzahl von Industrieländern, darunter auch Deutschland (Seiffge-Krenke, 2015c), gefunden wurden. Es handelt sich um fünf psychologische Merkmale, die die Entwicklungsphase des »emerging adulthood« charakterisieren:

Das zentrale Merkmal des ausgedehnten Erwachsenwerdens ist aus Sicht Arnetts (2004) die *Exploration der eigenen Identität*, besonders im partnerschaftlichen und beruflichen Bereich. Zwar liegt der Beginn dieser Identitätsbildung bereits in der Adoleszenz, intensiviert sich jedoch durch die Möglichkeiten und Entwicklungen im jungen Erwachsenenalter (Cote & Schwartz, 2002). Da die jungen Erwachsenen noch frei von typischen Verpflichtungen des Erwachsenendaseins sind, beispielsweise Kinderbetreuung und Ehe, bietet ihnen diese Form von Unabhängigkeit eine einzigartige Chance, die eigenen Möglichkeiten und Ziele zu erforschen, kennenzulernen, auszutesten und schließlich das eigene Ich zu formen. Sie suchen Antworten auf die Fragen, wer sie sind, was sie im Leben erreichen wollen.

Ein weiteres charakteristisches Merkmal ist die *Instabilität*. Die Experimentierfreudigkeit und Instabilität zeigt sich auch in der beruflichen und Umzugsmobilität. Das überrascht nicht, da Studium, Distanzierung von den Eltern, feste Partnerschaften und Berufseinstieg zentrale Aufgaben der Transition zum Erwachsensein sind (Seiffge-Krenke & Gelhaaar, 2006), die häufig einen Wohnortswechsel bedingen. Die Mehrheit der Berufseinsteiger gibt ihr Arbeitsverhältnis binnen eines Jahres auf; durchschnittlich sieben Anstellungen erfolgen in den ersten zehn Berufsjahren. Auch im partnerschaftlichen Bereich zeigt sich diese Instabilität. 43 % der jungen Leute hatten innerhalb des letzten Jahres mindestens eine

Trennung erlebt, 24 % davon sogar mindestens zwei Trennungen (Shulman et al., 2017b).

Möglicherweise bedingt durch die vielen Veränderungen im Bereich Partnerschaft, Beruf und Wohnort gibt es deutliche Hinweise auf eine *Selbstfokussierung* in dieser neuen Entwicklungsphase des »emerging adulthood«. Größere Autonomie zusammen mit weniger Verantwortung bei finanzieller Unterstützung schaffen jungen Leuten einen Freiraum, in dem sie sich auf ihre eigene Entwicklung konzentrieren können. Die intensive Auseinandersetzung mit dem Selbst führt zu einem Anstieg des Selbstwertgefühls; allerdings fehlt öfter auch die Bezugnahme auf andere (Nelson & Barry, 2005). Der massive Einbezug der neuen Medien mit sozialem Vergleich von sehr vielen »friends« (Manago et al., 2012) verstärkt die Selbstfokussierung und narzisstische Tendenzen.

Das Gefühl des »*Dazwischenseins*« (»age of feeling in-between«, Arnett, 2004) ist ein weiteres Bestimmungsmerkmal. Zwar sind die jungen Leute ab dem Alter von 18 Jahren rechtlich gesehen erwachsen, füllen diese Rolle aber nur partiell aus. Sie sind in der Lage, autonome Entscheidungen, unabhängig von sozialen Normen und auch weitgehend unabhängig von finanziellen Beschränkungen, zu treffen. Diese Vielfalt an Möglichkeiten, die sich den jungen Leuten bietet, resultiert in einer *Heterogenität der Lebensläufe*. Unterschiede im beruflichen und partnerschaftlichen Status, der beruflichen Entwicklung, Wohnsituationen und Werteeinstellungen führen zu einer großen Diversität der Entwicklungsverläufe, von Einfluss ist auch die ethnische Herkunft (Seiffge-Krenke & Haid, 2012).

Der Selbstfokus lässt sich empirisch auch bei Berufstätigen, in der Lehre Befindlichen und Arbeitslosen nachweisen, ist aber am ausgeprägtesten bei Studierenden (Seiffge-Krenke, 2017). Die gleichaltrigen Berufstätigen sind deutlich weniger selbstfokussiert, explorieren deutlich weniger, fühlen sich eher erwachsen und sind schon viel stärker auf andere bezogen. Dass das Praktikum in Manila, das PJ in Colombo und der BA-Studiengang in Hongkong einem Bedürfnis nach übermäßiger Bewunderung entgegenkommen und der soziale Vergleich in den neuen Medien narzisstische Tendenzen verstärken kann, ist zweifelsfrei.

In seinem Roman *Die Liegenden* (der Titel des Romans bezieht sich darauf, dass der Sohn den ganzen Tag auf dem Sofa liegt, umgeben von einer Vielzahl von Medien – TV, Smartphone, Computerspiel etc.) schildert er eindrucksvoll die Selbstfokussierung und Größengefühle in Bezug auf die eigene Bedeutung. Zugleich wird der Mangel an Empathie in andere offenkundig, insbesondere in die, die ihn mit all dem versorgen. Dies betrifft in erster Linie seinen alleinerziehenden Vater, der alles tut, um seinen Sohn bei Laune zu halten, klaglos Socken aufsammelt und das schmutzige Geschirr abwäscht.

Hier deutet sich schon an, dass narzisstische Phänomene bei der Kindergeneration und elterliche Erziehungshaltungen eng zusammenhängen, ein Aspekt der nun genauer aufgegriffen wird.

## 9.2 Das »Zeitalter des Narzissmus« und familiendynamische Veränderungen, die zu einer erhöhten Selbstfokussierung und einer verzögerten Identitätsentwicklung beitragen

Verlängerte Identitätsexploration, fehlendes Commitment, Selbstfokussierung und eine gewisse Portion Narzissmus sind also Merkmale von 18- bis 25-Jährigen, die sich in vielen westlichen Industrienationen nachweisen lassen, und stellen somit eher ein kulturell-zeitgeschichtliches als ein nationales Phänomen dar. Dies gilt auch für die beobachtete Zunahme an Narzissmus bereits bei Jugendlichen. Allerdings lassen sich in den letzten Jahrzehnten auch familiendynamische Veränderungen nachweisen, die dem Kind einen besonderen Wert für das Selbst der Eltern zuweisen und die narzisstische Entwicklungen bei Jugendlichen unterstützen und zur weiteren Zunahme des Narzissmus im jungen Erwachsenenalter beitragen.

### 9.2.1 Gesellschaftliche Veränderungen: Das »narzisstische Zeitalter«

Tatsächlich gibt es schon seit den 1980er Jahren Hinweise auf eine Zunahme des Narzissmus in der jungen Generation (Ziehe, 1979), und es wurde sogar von einem »narzisstischen Zeitalter« gesprochen. Ziehe beschrieb den »neuen Sozialisationstyp«, den er bei Jugendlichen der 1970er und 1980er Jahre entdeckt haben will, als gekennzeichnet durch einen starken Versorgungswunsch im Jetzt (»viel, schnell und jetzt«), ein extremes Vermeidungsverhalten und regressive Tendenzen. Im Grunde sind dies Merkmale, wie sie aktuell in »*Die Liegenden*« beschrieben wurden. Die von Ziehe beschriebene leichte Kränkbarkeit dieser neuen Jugendlichengeneration stellt die Kehrseite des Narzissmus dar und weist letztlich auf ein geringes Selbstbewusstsein hin. Auch in gegenwärtigen, vor allem von pädagogischer und soziologischer Seite propagierten Typisierungen des Jugendlichen (vgl. dazu zur Übersicht Göppel, 2019) scheint die Postmoderne, so der allgemeine Tenor, in erster Linie Egozentriker, Selbstdarsteller, bindungs- und verantwortungslose Individuen zu produzieren. Diese Vorstellung hat durchaus etwas Moralisches und wird auch gegenwärtig in den Medien stark vertreten (Zeller, 2017).

Da jedoch die Identitätsentwicklung Jugendlicher auch die gesamtgesellschaftlichen und familienbezogenen Veränderungen aufnimmt und integriert, ist zu bedenken, dass gesamtgesellschaftliche Veränderungen der letzten Jahrzehnte, die eine Ausdehnung des Identitätsentwicklung hin zu reiferen Formen (erarbeitete Identität nach Marcia) (▶ Kap. 3) bis in die späten zwanziger Jahre und den Beginn der dreißiger Jahre ermöglichen, grundlegend für diese ausgedehnte Entwicklungsmöglichkeit waren.

Diese Veränderungen sind für sich genommen zunächst überwiegend positiv zu bewerten. Dazu gehören unter anderem eman-

## 9.2 Das »Zeitalter des Narzissmus« und familiendynamische Veränderungen

zipatorische Entwicklungen (z. B. Loslösung von klassischer Rollenverteilung zwischen Mann und Frau), sexuelle Revolutionen (bspw. tolerantere Sexualmoral und Akzeptanz vor-ehelicher sexueller Erfahrungen) und die Verbreitung individualistischer Wertesysteme (z. B. Bedeutung von Selbstverwirklichung). Hinzukommen Faktoren wie verlängerte Schul- und Ausbildungszeiten (Autorengruppe Bildungsberichterstattung, 2010), aber auch die Notwendigkeit, sich in ökonomisch unsicheren Zeiten durch Mehrfachqualifikation vor Arbeitslosigkeit schützen zu wollen, eine Perspektive, über die bereits Jugendliche nachdenken. Dies macht die Entwicklung von Selbst-Kohärenz nicht einfach für sie, und die Unwägbarkeiten ihrer zukünftigen Lebenssituation, die nur teilweise durch sie beeinflussbar ist, beeinträchtigen auch die *self-agency*.

Eine Analyse von Malkin (2017) zeigt in allen westlichen Industrienationen ein Bedürfnis nach übermäßiger Bewunderung, einen Mangel an Empathie, Größengefühle in Bezug auf die eigene Bedeutung, Phantasien über unbegrenzten Erfolg, Macht, Schönheit oder idealer Liebe sowie die Überzeugung, »besonders« und einmalig zu sein, auf. In diesem gesamtgesellschaftlichen Trend zur übermäßigen Befasstheit mit dem eigenen Selbst wachsen junge Leute gegenwärtig heran. Sie sind demnach von Modellen des Selbst umgeben, in der Egozentrik und die Orientierung an eigenen narzisstischen Interessen quasi gesellschaftliche Norm geworden ist.

Hinzu kommt, dass die meisten jungen Menschen in dieser Phase nicht in der Lage sind, eine vollständige Autonomie zu erreichen, da sie, zumindest in der Schul-, Ausbildungs- und Studienzeit, in einem starken finanziellen Abhängigkeitsverhältnis zu ihren Eltern stehen. Das gilt besonders für die Jugendlichen, aber auch noch die darauffolgende Generation: Bis zu 30 % der emerging adults in verschiedenen Ländern sind im Alter von 26 Jahren aufgrund finanzieller, partnerschaftlicher oder beruflicher Probleme mindestens einmal zu den Eltern zurückgezogen (Seiffge-Krenke, 2016c). Das verdeutlicht, dass sie zwar versuchen, die Verantwortung für ihr Leben zu übernehmen (*self-agency*), diese jedoch bei kritischen Lebensereignissen zum Teil auch wieder abgeben. Sie nehmen damit also sowohl Aspekte der Erwachsenenrolle als auch Aspekte aus der Adoleszenz an, was für ein Verständnis dieser Entwicklungsstufe als Zwischenphase spricht.

### 9.2.2 Familiendynamische Einflüsse: narzisstischer »Missbrauch« durch die Eltern, elterliche Separationsängste und zu viel Unterstützung

Für die Eltern erwachsen daraus neue emotionale, soziale und finanzielle Verpflichtungen, die in dieser Form früher nicht bestanden haben. Zugleich sind sie selber von Identitätsverunsicherungen und Umbrüchen in einer Weise betroffen (Trennung, Arbeitslosigkeit), die für frühere Eltern-Generationen noch nicht galten (Seiffge-Krenke, 2012a). Es gibt des Weiteren Hinweise darauf, dass bestimmte elterliche Erziehungsstile und Bindungsmuster zur Beeinträchtigung der Selbst- und Identitätsentwicklung der Kinder führen. So zeigen eigene Längsschnittstudien, dass unsichere Bindungsmuster und eine zu lange Unterstützung durch die Eltern Kinder zu Nesthockern oder Spätausziehern machen (von Irmer & Seiffge-Krenke, 2008). Eltern von späteren Nesthockern unterstützen die Kinder über die gesamte Jugendzeit bis ins junge Erwachsenenalter unangemessen lange emotional und praktisch. Eltern von zeitgerecht Ausziehenden hatten dagegen ihre Unterstützung bereits ab dem Alter von 15 Jahren ihrer Kinder drastisch reduziert.

> Dies wird auch in dem Buch *Die Liegenden* von Serra (2014, S. 58) karikierend aufgegriffen, wenn etwa ein Bekannter der Familie ausruft: »Das ist die erste Generation, bei der die Alten arbeiten und die Jungen schlafen.« Er bezieht sich auf die nächtlichen Ausflüge des Sohnes, der entsprechend dann bis zum Mittag schläft, während sein Vater, nachdem er die Wäsche gemacht und die Küche aufgeräumt hat, zur Arbeit geht. In dem Buch beeindruckt auch, wie der Vater um Aufmerksamkeit bei seinem Sohn wirbt, der kaum den Blick von den diversen Displays wendet, und welche

## 9.2 Das »Zeitalter des Narzissmus« und familiendynamische Veränderungen

Strategien der Vater verwendet, um den Sohn zu etwas in seinem Sinne zu bringen. Von »Ich bezahl Dich auch dafür, wenn Du« und »Wieviel willst Du haben? Soll ich es Dir bar geben oder überweisen?« über »Tue es bitte mir zu liebe« bis hin zu kurzen autoritären Ausbrüchen ist die ganze Palette von intrusiven und manipulativen elterlichen Strategien enthalten.

Diese Schilderung entspricht recht gut empirischen Befunden, denn in den letzten Jahren haben manipulative Strategien und psychologische Kontrolle als Erziehungsprinzipien stark zugenommen, mit nachteiligen Auswirkungen auf die Identitätsentwicklung (Barber, 2002). Diese Eltern üben Druck auf das »Kind« aus, indem sie in ihm Schuldgefühle wecken oder manipulative Strategien anwenden, um das »Kind« zu einer Identitätskonzeption, zu einem Verhalten in ihrem Sinne zu bringen. Dies interferiert aber mit der Entwicklung einer eigenständigen Identität und dem autonomen Funktionieren. Wenn »die Kinder« verstärkt explorieren, was phasenspezifisch angemessen ist, reagieren Eltern mit einer Zunahme psychologischer Kontrolle (Luyckx, Soenens, Vansteenkiste, Goossens & Berzonsky, 2007).

Diese Veränderungen gehen einher mit der Tatsache, dass Kinder inzwischen eine große Bedeutung für den narzisstischen Selbstwert der Eltern bekommen haben (Seiffge-Krenke & Schneider, 2012), und dieses Selbstobjekt wird nicht gerne aufgegeben. Beide Eltern, Mütter wie Väter, versuchen verstärkt, mit psychologischer Kontrolle die Nähe zum »Kind« wiederherstellen. In der Tat waren die elterlichen Trennungsängste (Kins, Soenens & Beyers, 2011; Seiffge-Krenke & Escher, 2018) verantwortlich für die Zunahme von elterlicher psychologischer Kontrolle, um die Exploration des »Kindes« (untersucht wurden Eltern mit ihren jugendlichen bzw. erwachsenen Kindern) in Richtung auf eine eigenständige Identität und zunehmende Autonomie zu verhindern. Diese Ergebnisse unterstreichen, dass es unter den heutigen Lebensbedingungen bei gestiegenem Wert der Kinder besonders schwierig für Eltern ist, unangemessen hohe emotionale und praktische Unterstützung zu reduzieren und Bedingungen zu schaffen, die es ihren Kindern erlauben, Selbstkohärenz und Selbstwirksamkeit zu erfahren. Einige

## 9 Das »narzisstische Zeitalter« und ein verändertes Elternverhalten

»Kinder« wiederum reagieren auf die paradiesischen Zustände des »Hotel Mama« mit teilweise parasitären Verhaltensweisen, die Empathie in die Situation der Eltern, die heutzutage selbst von Brüchigkeit in Bezug auf Partnerbeziehungen und Beruf betroffen sind, vermissen lassen.

Dass ein Zuviel an elterlicher Unterstützung nicht förderlich ist für die Entwicklung von *self- agency*, ist mir als Copingforscherin (z. B. Seiffge-Krenke et al., 2009, Seiffge-Krenke, 2011; Persike & Seiffge-Krenke, 2015) natürlich bewusst. Kompetenz kann sich nur entwickeln, wenn es Gelegenheiten gibt, Probleme selbst zu lösen. In dem autobiographischen Bericht »Mars« von Fritz Zorn (1979; S. 26) wird dies anschaulich beschrieben: Dem Protagonisten blieben die Probleme erspart, und damit die Möglichkeit, sich mit den Problemen auseinanderzusetzen und daran hinsichtlich seiner Identität zu reifen.

Die große Bedeutung von Kindern für ihre Eltern und ihre starke narzisstische Besetzung hat jedoch auch positive Auswirkungen: So berichten die Shell-Studien über die Jahre zunehmend von sehr positiven, harmonischen Eltern-Kind-Beziehungen (z. B. Shell-Studie, 2015). Die Explorationsmöglichkeiten der Jugendlichen werden unterstützt, und die Jugendlichen zeigen sich zunehmend selbstbewusst. Das wird besonders deutlich in der Studie von Schauder (2012), der das Selbstkonzept von Jugendlichen in einem Querschnittvergleich 1999 und 2009 erhob. Es zeigte sich bei männlichen wie weiblichen Jugendlichen nach 20 Jahren ein deutlich höheres Selbstbewusstsein als bei der jüngeren Kohorte. Dass es damit Erzieher nicht unbedingt leichter haben, wird aus Daten der OECD von 2009 deutlich, in denen berichtet wird, dass Schüler zwar selbstbewusster, aber auch weniger respektvoll und disziplinloser seien.

## 9.3 Ineinandergreifen von normaler und pathologischer Entwicklung

Der Übergang zwischen »noch normaler« oder »schon pathologischer« Entwicklung ist oftmals schwer auszumachen. Ich möchte daher abschließend zwei Beispiele für eine eher problematische Entwicklung geben, bei der psychotherapeutische Unterstützung notwendig wurde.

### 9.3.1 Der ganz normale Narzissmus?

In den folgenden Fallbeispielen soll das Ineinandergreifen von normaler und pathologischer Entwicklung verdeutlicht werden. Ich beginne mit einem Jugendlichen, der relativ viele Merkmale vom normalen Narzissmus bzw. Egozentrismus aufweist:

Emilio hat einen italienischen Vater, er ist 16 Jahre alt und seit drei Wochen auf der psychosomatischen Station. Seit der 8. Klasse klagt er über Bauchschmerzen, Kopfschmerzen; seit der 10. Klasse fällt dann ein immer mehr zunehmender Schulabsentismus auf. Er hat den Termin für eine Nachprüfung nicht wahrgenommen; seine Mutter hat mit der Schule arrangiert, dass er irgendwann nachschreiben soll, der Termin ist allerdings völlig offen. Sein Verhalten auf Station ist von großer Ambivalenz gekennzeichnet. Erst behauptet er »Es tut mir so gut hier«, dann will er »nichts wie weg« und äußert wenig später »Na meinetwegen, ich bleibe für 3 Wochen«.

Emilio hat zwei Brüder, beide seien körperlich krank (der älteste, 21 Jahre, hat eine Skoliose, der zweitgeborene, 19 Jahre, eine rheumatische Erkrankung). Ob und wie sehr die beiden dadurch in ihrem Alltag und in der Schule etc. beeinträchtigt sind, hat die Bezugstherapeutin nicht erfragt. Beide Brüder haben ihre Ausbildungen vor den Prüfungen unterbrochen und sind nun zu Hause. Auch die Eltern seien sehr belastet, der Vater leide unter Burnout und sei momentan in Reha, berichtet die Bezugstherapeutin. Die Mutter habe Depression und Panikattacken, den Kontakt zu ihrer Herkunftsfamilie sei abgebrochen. Aber auch der Vater wurde, weil die Familie die Heirat mit einer Deutschen missbilligte, von seiner Familie abgelehnt, es besteht kein Kontakt mehr.

Auf Station verweigert Emilio jegliche Aktivität, ist sehr stur, macht nichts; einzig der Sport, der macht ihm Spaß und da ist er gut und auch gut integriert in die Gruppe. Wann immer man ihn auf bestimmte Pflichten und Regeln auf der Station oder in den jeweiligen therapeutischen Angeboten festlegen will, verweigert er sich (»mein Kopf ist leer«, »dazu brauche ich drei Jahre!«). Er liebt Ironman, scheint einerseits ganz sportlich, dann wieder ganz bedürftig, und es kommen dann so Äußerungen wie: »Es muss doch was für außergewöhnliche Kinder mit ungewöhnlichen Kräften geben«, zugleich wird deutlich, dass er im Dunkeln Angst hat.

In der Musiktherapie ist er sehr festgelegt, will was von den Dr. Who nachspielen, kriegt es nicht hin, dann muss der Musik-Therapeut dies auf seine Anweisungen hin für ihn übernehmen. Er äußert extravagante Interessen an Jazz und gaukelt Kreativität und Empathie vor – so erlebt es der Musik-Therapeut. In der Kunsttherapie betont er immer wieder seine besondere Wahrnehmung, dass er die Farben intensiver sehe, nicht so wie die anderen. Dann malt er viel Graphisches, wo Augen vorkommen, das innere Auge »watches you«, »hello its me«, andererseits matscht er mit dem Ton und kriegt außer einem unförmigen Tonklumpen nichts hin. Auch in der Tanztherapie achtet er wenig auf die anderen, merkt nicht, dass er zu viel Kraft einsetzt.

In der Supervision wird deutlich, dass sich die gesamte Familie in der Krankheit eingerichtet hat, keiner arbeitet mehr, alle sind krank und zu Hause, und der Anspruch an das Helfersystem der Klinik ist groß: »Sie müssen uns helfen!« Positiv zu werten ist Emilios sportliches Engagement, angesichts des beeinträchtigten Körperkonzepts seiner beiden Brüder (und vermutlich auch seiner Eltern) ein Fortschritt. Selbst- und Fremdwahrnehmung klaffen enorm auseinander. Viele Ideen der Grandiosität werden geäußert – normale Regeln sind nicht für ihn gemacht, und seine reale Leistung in einigen Bereichen ist sehr gering. Zugleich hat er einige kindliche Anteile, so z. B. eine Dunkelangst, also eine Angst, die eigentlich in der frühen bis mittleren Kindheit überwunden wird. Bei Nachfragen zeigt sich, dass die Mutter ihn anscheinend ähnlich umfangreich versorgt hat wie die beiden Brüder, da konnte er keine Kompetenz (*self-agency*) lernen.

Ich fühle mich insbesondere bei den vielen Augen-Zeichnungen an den adoleszenten Egozentrismus erinnert, die von Elkind (1967)

## 9.3 Ineinandergreifen von normaler und pathologischer Entwicklung

als typisch für 13- bis 15-Jährige beschrieben wurde, insbesondere an die imaginäre Audienz (»jeder beobachtet und beachtet mich«). Elkind hat dies als ein normales Durchgangsphänomen, ein passageres Phänomen beschrieben, aber zur Auflösung wären Sozialkontakte notwendig.

Es stellt sich dann heraus, dass Emilio schon früh von allen Außenkontakten depriviert wurde. Die Mutter hatte ihn nicht in den Kindergarten gehen lassen, und auch in der Schule hatte er wenige Freunde. Die Lernmöglichkeiten zur Auflösung des adoleszenten Egozentrismus – oder erhöhten Narzissmus – durch die Gruppe der Freunde war ihm als Lernchance nicht gegeben. Stattdessen ist er in einer Sanatoriumsatmosphäre aufgewachsen; der Patient als bislang gesundester von allen Familienmitgliedern ist auf dem Weg zu einer gefährlichen Identifizierung mit dem familiären Rollenmodell: Rückzug ins Private bei Verweigerung aller Pflichten und hoher Anspruchlichkeit an die Versorgung durch andere. Zugleich scheint normaler, aber lang anhaltender Egozentrismus vorzuliegen, und die Empathie in die Objekte fehlt – was besonders auf Station deutlich wird. Teilweise ist es bereits zu der Ausbildung eines pathologischen Größenselbst gekommen, gefolgt von Kleinheitsgefühlen.

Im Sinne der OPD-KJ könnte man an einen Selbstwertkonflikt (vorwiegend aktiver Modus) und einen Versorgungskonflikt (passiver Modus) denken. Es ist aber auch deutlich, dass an der Strukturachse (Empathie in andere, Selbsterleben, Objekterleben) gearbeitet werden muss, denn andere werden zu sehr benutzt. Die depressive Mutter – und wohl auch der Vater -- scheinen nicht in der Lage gewesen zu sein, das Selbst des Patienten angemessen zu spiegeln und zu begrenzen und zur Entwicklung eines kohärenten und kompetenten Selbst beizutragen. Der auffallende Rückzug vor den Prüfungen bei den Brüdern – so auch beim Patienten selber – zeigt auch hier eine narzisstische Thematik an. Gesunder Narzissmus ist nach Kohut (1971) damit verknüpft, dass ein Teil der Realität gemeistert und der Person ein gewisser Erfolg hinsichtlich eines an Idealen orientierten Lebens möglich wird. Dazu kommt die erhaltene Bestätigung durch andere Menschen und eine Form von Unabhängigkeit, einer autonomen Selbstvorstellung. Dies schließt auch ein, andere nicht nur in ihrer Funktion als Versorger der eigenen Bedürfnisse zu sehen.

### 9.3.2 Wenn man nichts wert ist

Es gibt allerdings auch familiendynamische Veränderungen, die auf eine gewisse Ignoranz der Eltern schließen lassen. So wurde vielfach auf Wohlstandsverwahrlosung hingewiesen (Göppel, 2019), d. h. auf Entwicklungsbedingungen, wo es den Kindern materiell an nichts zu fehlen scheint, aber die Empathie, Zuneigung und Liebe der Eltern lässt sehr zu wünschen übrig. Oft teilt sich solche Ignoranz und geringe Wertschätzung des Kindes nur indirekt mit. Manchmal gibt es aber dann Ereignisse, die diese schlimme Vermutung zu bestätigen scheinen, wie im folgenden Fall einer Patientin aus einer ambulanten Psychotherapiepraxis. Diese weibliche Jugendliche sucht die Therapeutin wegen zahlreicher Störungen auf, in deren Zentrum eine Depression steht, begleitet von einer leichten Essstörung und Ritzen. Die komorbiden Symptome bestehen schon seit geraumer Zeit, ohne dass sie durch die Mutter bemerkt worden waren. Erst in der Folge eines Suizidversuchs reift der Entschluss der Tochter, sich in Psychotherapie zu begeben

> Zum Erstgespräch erscheint ein hübsches 15-jähriges Mädchen, deren zierliche Figur unter weit geschnittener Kleidung versteckt ist. Die Patientin wünscht sich nach einem stationären Aufenthalt in der Kinder- und Jugendlichenpsychiatrie eine ambulante Psychotherapie. Valentina wirkt im Erstkontakt sehr ängstlich und unsicher und berichtet sehr leise sprechend von ihrem Klinikaufenthalt. Sie schildert zögerlich und knapp ihre Symptome. Ihre Stimmung ist traurig und niedergeschlagen, sie berichtet über seit einiger Zeit bestehende Ess-Probleme, früher hätte sie sich auch geritzt. Das alles sei schlimmer geworden seit einem Jahr: Da habe sie von ihrer Oma erfahren, dass ihr Vater gar nicht ihr leiblicher Vater sei. Sie leide auch unter der Bevorzugung ihrer beiden jüngeren Geschwister durch die Mutter. Valentina gibt an, kaum über ihre Themen zu sprechen,

## 9.3 Ineinandergreifen von normaler und pathologischer Entwicklung

weil sie der Mutter nicht zur Last fallen wolle. Sie habe den Eindruck, alles nicht zu schaffen. Die Mutter lese ihr Tagebuch und stelle sie dann über das Gelesene zur Rede. Während des Gesprächs sitzt Valentina mit herunterhängenden Schultern auf der Stuhlkante, zupft sich an der Haut der zitternden Hände. Ihre Fingernägel sind stark abgekaut.

Im Elterngespräch berichtet die Mutter, Valentina leide sehr darunter, dass ihr Vater nicht der leibliche Vater ist, was sie vor einem Jahr auf unangemessene Weise erfuhr. Seit wann ihre Tochter so depressiv sei, könne sie nicht sagen, auch von dem Ritzen hätte sie nichts bemerkt. Die Mutter redet sehr viel, und in der Stunde nimmt ihre schwierige Beziehung zu ihrem jetzigen Ehemann, der viel trinkt, einen großen Raum ein, sowie ihre Überforderung durch die drei Kinder. Sie ist genervt von Konflikten mit Valentina, diese möchte mehr Unabhängigkeit.

Später gibt es eine gemeinsame Sitzung mit der Mutter und Valentina. Wiederum füllt die Mutter die Stunde überwiegend mit Klagen über ihre eigene schwierige Lebenssituation. Valentina wirkt im Beisein ihrer Mutter sehr still, fast abwesend. Sie spricht nicht und ergänzt auch nicht, als ihre Mutter in der dritten Person über sie spricht.

Die Mutter wurde mit 16 von ihrem 17-jährigen Freund schwanger. Sie wollte abtreiben, war schon auf dem Weg in die Klinik, ließ sich aber an der Haustür von ihm überreden, es nicht zu tun. Ihre Stiefmutter schlug eine Adoption vor. Schon vor Valentinas Geburt standen die Adoptiveltern fest. Einige Stunden nach der Geburt entschied sich die Mutter gegen die Adoption. Noch in der Klinik wurde sie von ihrem Freund verlassen. Ihre geschiedenen Eltern verweigerten beide, sie aufzunehmen. So wurde ein Vormund bestellt und ein Platz im Mutter-Kind-Heim organisiert. Als Valentina drei Monate alt war, lernte die Mutter ihren jetzigen Mann kennen. Zu diesem Zeitpunkt war sie 17 und er 19 Jahre alt. Es gibt zwei gemeinsame Kinder (8 Jahre, männlich, und 5 Jahre, männlich). Als die Eltern sich kennenlernten, war der (Stief-)Vater ebenfalls minderjährig und habe bereits anfängliche Probleme mit Drogen und Alkohol gehabt.

Im Zusammenhang mit der unklaren Elternschaft bzw. der Ablehnung durch die Mutter ist von Bedeutung, dass Valentina das Gefühl hat, dass die jüngeren (Halb-) Geschwister bevorzugt werden.

Über die Vaterproblematik, wie auch über die mütterliche Ablehnung, wurde in der Familie nie gesprochen. Valentina war also mit der Tatsache, dass ihr Vater nicht ihr leiblicher Vater ist, alleingelassen worden. Bis heute wissen die jüngeren Geschwister nichts davon. Über die Beziehung ihres leiblichen Vaters zur Mutter weiß Valentina nichts, und im Erstgespräch schweigt sich ihre Mutter ebenfalls darüber aus. Die Beziehung der

## 9 Das »narzisstische Zeitalter« und ein verändertes Elternverhalten

Mutter zum (Stief-) Vater war geprägt von anhaltenden familiären Konflikten aufgrund der Suchtstruktur des Vaters. Valentina berichtet weinend, dass sie noch heute große Angst habe, wenn der (Stief-)Vater betrunken nach Hause komme, da sie sich noch immer für den Schutz der Mutter und der jüngeren Geschwister verantwortlich fühle. In den Elterngesprächen bestätigten die Eltern, dass über weite Strecken der Kindheit der Patientin der neue Mann der Mutter alkohol- und drogenabhängig war.

Valentina muss viel Betreuungsfunktionen für ihre jüngeren Geschwister übernehmen, wird aber zugleich wie ein viel jüngeres Kind behandelt (Schlafenszeit 19 Uhr, Ausgehverbote). Desweiterenn begründen die Eltern das Umgangsverbot, das sie Valentina für bestimmte Jugendliche erteilen, mit der Sorge, sie könne alkoholabhängig werden wie der Stiefvater.

Valentina war ein unerwartetes und unerwünschtes Kind. Ihre Mutter entscheidet sich erst nach der Geburt für sie. Die Mutter, selbst fast noch ein Kind, wird in dieser Situation von allen Bezugspersonen verlassen und muss das Leben mit dem Säugling ebenso alleine bewältigen, wie sie auch die schwere Geburt (Notkaiserschnitt wegen Beckenendlage) alleine durchstehen musste. Es ist zu vermuten, dass Valentina von Beginn an die ambivalente Haltung ihr gegenüber spürte. Der aktuelle Auslöser für die Symptomatik liegt darin, dass Valentina vor ca. einem Jahr völlig unvorbereitet und ohne von ihren Eltern aufgeklärt worden zu sein von der betrunkenen Oma erfahren hat, dass ihr Vater nicht der leibliche Vater ist. Dieser Vorfall ist von ihr vermutlich als Wiederholung der seit Beginn ihres Lebens zumindest latent spürbare Ablehnung erlebt worden.

Insgesamt wird bereits in den Erstgesprächen die starke Vernachlässigung durch beide Eltern deutlich und der dahinterstehende Selbstwertkonflikt von Valentina, dass sie für ihre Eltern wertlos und ungewollt ist. Die geringe emotionale Verbundenheit und wenig empathische Haltung der Mutter wird immer wieder deutlich: »Mit meiner Mutter kann ich nicht über Gefühle reden, sie fragt nach der Schule, aber nicht wie es mir geht.« Auch die Schilderungen der Mutter über Valentinas Entwicklung und deren doch recht massiven, schon seit Jahren bestehenden Symptome wirkten in der Gegenübertragung extrem distanziert und unbeteiligt. So

## 9.3 Ineinandergreifen von normaler und pathologischer Entwicklung

scheint sie die starken Vernarbungen an den Händen ihrer Tochter nicht bemerkt zu haben, ebensowenig wie die Stimmungsveränderungen: »Ich weiß nicht, wann das alles angefangen hat mit der Traurigkeit.« Auffällig ist des Weiteren, dass die körperliche Entwicklung zur Frau – und damit die zunehmende Ähnlichkeit mit der Mutter – Valentina große Probleme bereitet, wie an den sehr starken Menstruationsbeschwerden und den Ess-Störungen deutlich wurde.

Bei Valentina und ihrer Mutter wurde biographisch deutlich, warum die Mutter so wenig Empathie für ihre Tochter hat. Im klinischen Kontext sehen wir in den letzten Jahren zunehmend Kinder und Jugendliche, die von ihren Eltern vernachlässigt wurden, weil die Eltern ihre eigenen narzisstischen Bedürfnisse in den Vordergrund stellen. Eltern, die den ganzen Tag arbeiten gehen und noch abends eine Zusatztätigkeit annehmen, um Geld zu verdienen, damit sie beispielsweise eine Reise (ohne die Kinder) machen können oder ein besonderes Auto kaufen können, sind keine Seltenheit. Die Inobhutnahme durch das Jugendamt auf Grund einer solchen Wohlstandsverwahrlosung hat stark zugenommen.

Ich möchte in diesem Zusammenhang an einige biographische Besonderheiten bei Erikson und sein beeinträchtigtes Selbstwertgefühl erinnern (▶ Kap. 2). Es hat ihn sehr beschäftigt, dass er nicht wusste, wer sein leiblicher Vater war, er hat seinen Namen geändert und den Namen seines Ziehvaters integriert, was eine bemerkenswerte Leistung ist. Mit der Neuschöpfung von Erikson (Eriks Sohn) hat er eine kreative Lösung gefunden. Dennoch hat er Zeit seines Lebens unter Selbstwertproblemen und Depression gelitten.

# 10

## Der Einfluss des kulturellen Kontexts auf die Identitätsentwicklung

Von Erikson stammt das Zitat »Identität, das ist der Schnittpunkt zwischen dem, was eine Person sein will, und dem, was die Welt ihr zu sein gestattet« (Erikson, 1983, S. 31). Erikson war durch die Forschungen an verschiedenen Indianerstämmen, aber auch durch die Biographien berühmter Personen wie Gandhi (▶ Kap. 2), auf den Einfluss des kulturellen Kontexts auf die Identitätsentwicklung gestoßen. Bereits in vorangegangenen Kapiteln wurde der Umwelteinfluss auf die Identitätsentwicklung heutiger Jugendlicher und der Einfluss zeitgeschichtlicher Phänomene – das narzisstische Zeitalter – deutlich. Besondere Herausforderungen werden des Weiteren an die Identitätsentwicklung im Kontext einer zunehmend kulturellen Diversität und anderen Werten in den Einwanderungskulturen gestellt. Das betrifft nicht nur dem Umgang mit Exploration, Committment und Autonomie, sondern auch die Frage, wieweit der eigene Identitätsentwurf von den Vorstellungen der Einwanderungskultur entfernt sein darf, also auch den Aspekt der *agency*. Da es sich vielfach um kollektivistische Gemeinschaften handelt, prallen individualistische Ziele (mit ihrer Betonung von Selbstverwirklichung und Autonomie) auf kollektivistische Werte, in denen der Respekt vor den Wünschen der erweiterten Familie und die Abstimmung mit den Erwartungen und Interessen von Familienmitgliedern Vorrang haben vor eigenen Zielen.

Für Jugendliche mit Migrationshintergrund ist die Integration von Identitätsaspekten aus der Herkunftskultur und jenen der Aufnahmekultur ein schwieriger Verarbeitungsprozess, bei dem die Eltern vielfach wenig helfen können. Aber auch bei deutschen Jugendlichen zeigte sich, dass elterliche Separationsängste und psychologische Kontrolle den Identitätsprozess der Kinder beeinträchtigen können (▶ Kap. 9). Eltern können allerdings auch die Identität ihres Kindes beeinträchtigen durch einen unangemessenen Umgang mit der ethnischen Herkunft eines Kindes. Das Jugendliche in vielen Ländern heute, auch durch die Vernetzung mit Hilfe der neuen Medien, vielfach ähnliche Interessen in Bezug auf die Exploration von Identitätsfacetten haben, soll abschließend anhand von kulturvergleichenden Daten gezeigt werden. Sie demonstrieren ebenfalls, dass familiäre Interaktionsmuster, die die Identität beeinträchtigen, relativ universell gültig sind.

## 10.1 Entwicklung der ethnischen Identität: Besonderheiten bei adoptierten Jugendlichen

Die Entwicklung der ethnischen Identität ist ein längerdauernder Entwicklungsprozess, der auch für deutsche Jugendliche nicht ganz einfach ist. Wie wir beschrieben haben (Seiffge-Krenke & Haid, 2012), ist dies bereits für deutsche Jugendliche keine einfache Integrationsleistung, setzt sie doch voraus, dass man sich mit der deutschen Geschichte, und insbesondere den Verbrechen des Nationalsozialismus und der Vernichtung eines großen Teil andersgläubiger (Juden) oder aus anderen Ländern stammender (»Zigeuner«) bzw. »unwerter« Menschen (geistig, körperlich oder/und psychisch beeinträchtigter Menschen), auseinandersetzen muss. Wie sehr die Tendenz zur Verleugnung dieser Verbrechen damals und heute wirksam ist, zeigt ein Erstarken von faschistischen, rechtsradikalen Ideen und die Tatsache, dass Umfragen in 2019 eine zunehmende Bereitschaft unter Jugendlichen ergeben haben, populistischen Ideen zu folgen. Das, was als »deutsch« angesehen wird, ist also kritisch zu hinterfragen.

Besondere Herausforderungen ergeben sich zusätzlich durch ein Aufwachsen in einer fremden Kultur und die Spannung, in seinem Identitätsentwurf von dem abzuweichen, was die Eltern wünschen, bzw. dem starken Druck in Richtung auf eine bestimmte Identität, die nicht die eigene ist, auszuhalten. Dies ist eine Herausforderung für Jugendliche, die als Kind aus einem anderen Land in eine deutsche Familie adoptiert wurden. Eltern können die ethnische Identität ihres adoptierten Kindes sehr beeinträchtigen. Obgleich es eine Voraussetzung der Adoptionsbüros ist, dass Adoptiveltern ihren Kindern die ethnische Herkunft nahebringen und zu einer Integration von Werten und Haltungen der Herkunftskultur und Aufnahmekultur aktiv beitragen, wird dies nicht immer gemacht.

## 10.1 Entwicklung der ethnischen Identität

In der folgenden Fallvignette von Alia wird deutlich, wie sehr die deutsche Familie trotz der offenkundigen auch äußerlichen Andersartigkeit diese Anteile der Identität ihres Kindes verleugnet, ja ausgegrenzt hat und das Mädchen ganz konform als Deutsche erzogen hat.

> Das afrikanische Mädchen wurde im Alter von 4 Jahren in eine deutsche Familie adoptiert und ist mit zwei Stiefgeschwistern aufgewachsen und geradezu stereotyp deutsch erzogen und gekleidet, was in starkem Kontrast zu ihrem afrikanischen Aussehen steht. Sie wird im Alter von 14 Jahren in die Beratungsstelle gebracht, da sie sehr zurückgezogen und depressiv sei, dann wieder für die Adoptiveltern auf unerklärliche Weise aggressiv. Das Mädchen hat extreme Zukunftsängste, sie hat zum Beispiel Angst, mal keine Arbeit zu finden und wie ihre leibliche Mutter – so haben es ihr die Adoptiveltern vermittelt – als Pennerin aufgegriffen zu werden. Bei den Erstgesprächen mit den Eltern und Alia wird offenkundig, dass die gesamte Familie die Herkunft des Mädchens vollständig ignoriert bzw. stark abgewertet hat. Alia fühlt sich fremd, und sie sieht auch so auffällig anders aus, wird in der Klasse sehr gehänselt und kann für sich selber keine Zukunft in Deutschland sehen (»self in future«). Daher möchte sie, sobald sie ausziehen kann, nach Afrika, um sich »unter Gleichen« zu fühlen. Im Verlauf der Therapie beginnt sie zu zeichnen, und diese Zeichnungen sind afrikanische Muster, die an die bedruckten Stoffe erinnern, die die Frauen in ihrem Herkunftsland tragen.

Mit der Therapeutin kann die Patientin allmählich einen Zugang zu dem afrikanischen Anteil in ihrer Identität gewinnen und den Plan entwickeln, in ihr Herkunftsland zurückzugehen, um dort, nach einer Krankenschwesterausbildung in Deutschland, zu arbeiten. Diese tröstliche Phantasie hilft ihr, sich selbst wieder in der Zukunft zu sehen und eine Identität zu entwickeln, in der afrikanische und deutsche Anteile einen Platz haben.

## 10.2 Herausforderungen für Jugendliche mit Migrationshintergrund

Für Jugendliche mit einem anderen ethnischen Hintergrund, die mit ihren Familien nach Deutschland eingewandert sind, ergibt sich ein weiteres Spannungsfeld, das durch die zunehmenden Autonomiewünsche, aber auch das Interesse an romantischen Beziehungen viel Konfliktstoff enthalten kann. Das Interesse an romantischen Beziehungen beispielsweise ist zwar interkulturell ähnlich hoch (»All you need is love« vgl. Seiffge-Krenke et al., 2010), lässt sich jedoch in verschiedenen Kulturen auf Grund von andersartigen oder sehr restriktiven Vorschriften nicht so realisieren, wie es für deutsche Jugendliche gilt. Darauf habe ich bereits in Kapitel 5 (▶ Kap. 5) hingewiesen.

In Migrantenfamilien gibt es viele Konflikte, weil zu Hause die traditionellen Werte und Normen gelten und draußen die der Einwanderungskultur (Farver et al., 2002). Es besteht ein unterschiedliches Akkulturationsniveau zwischen Eltern und Kindern, d. h. die Kinder sind besser integriert als ihre Eltern. Für eine gelungene Identitätsentwicklung ist es allerdings wichtig, dass Kinder Identitätsaspekte aus dem Herkunftsland und dem Einwanderungsland integrieren können (*Integration* nach Berry, 1990). Eine zu starke *Assimilation* (Identitätsaspekte der Aufnahmegesellschaft werden komplett übernommen, die eigene kulturelle Herkunft/Identität wird ignoriert) stellt ein Problem dar. Wenn dagegen die eigene kulturelle Identität aufrecht erhalten werden muss und Identitätsaspekte des Einwanderungslandes (z. B. in Form von Jugendkultur, Moden, Jugendsprache) verboten sind, kann es leicht zur *Separation* kommen mit entsprechenden psychischen Symptombildungen, wie man sie etwa bei dissoziativen Störungen findet (z. B. türkische Mädchen, die auf das Verbot der Übernahme von deutschen Werten und deutscher Freizeitkultur mit Gangstörungen reagieren).

Jugendliche, die besser adaptiert sind als ihre Eltern, haben insbesondere dann große Probleme, wenn Vater und Mutter unterschiedliche Adaptationsstrategien verfolgen, z. B. der Vater sich vollständig an die Aufnahmegesellschaft assimiliert, die Mutter dagegen sich verweigert, Identitätsaspekte der Aufnahmegesellschaft zu übernehmen (Separation). Für solche Jugendliche ist es eine große Erschwernis ihrer Identitätsentwicklung, wenn sie zwischen solchen widerstreitenden Identitätsentwürfen der Assimilation (Vater) und Separation (Mutter) hin- und hergerissen werden. Marginalisierte und separate Eltern berichten über viel mehr Konflikte mit ihren Kindern als integrierte und assimilierte Eltern; deren Kinder hatten auch große Schwierigkeiten in der Entwicklung einer ethnischen Identität.

Für Jugendliche mit Migrationshintergrund ist die Integration von Identitätsaspekten aus der Herkunftskultur mit denen der Aufnahmekultur ein schwieriger Verarbeitungsprozess, bei dem die Eltern vielfach wenig helfen können. Aber auch bei deutschen Jugendlichen zeigte sich, dass elterliche Separationsängste und psychologische Kontrolle den Identitätsprozess der Kinder beeinträchtigen können (▶ Kap. 9).

## 10.3 Identität und Familienbeziehungen in verschiedenen Kulturen

Zum Schluss möchte ich auf eine eigene Untersuchung eingehen, die Perspektiven zusammenbringt, die in verschiedenen Kapiteln dieses Buches bereits getrennt erörtert wurden, sie aber auf Jugendliche aus anderen Ländern erweitern, wobei deutsche Jugendliche eingeschlossen wurden. Das Projekt, das ich mit Kollegen und Kolleginnen in 7 Ländern durchgeführt habe (Seiffge-Krenke et al. 2019 b und c), untersucht Identitätsentwicklung, elterliches Verhalten und die Symptombelastung.

## 10.3.1 Ähnliche Identitätsentwicklung bei Jugendlichen aus vielen Ländern

Dieses Buch hat aufgezeigt, dass die Identitätsentwicklung in den meisten westlichen Ländern heute gegenüber früher langsamer voranschreitet, es ist allerdings bislang unklar, wie die Identitätsentwicklung bei Jugendlichen aus nicht-westlichen Ländern aussieht. Während für westliche Länder die Autonomie von den Eltern und eine Individuation zentrale Entwicklungsziele sind, ist weniger klar, wie es darum bei Jugendlichen in anderen Ländern bestellt ist (Georgas et al., 2006). In ähnlicher Weise ist unklar, ob elterliches intrusives Verhalten und ängstliche Kontrolle und Separationsangst, die als Risikofaktoren für die Identitätsentwicklung von Jugendlichen in westlichen Industrieländern gelten, in gleicher Weise Risikofaktoren für Jugendliche aus anderen Ländern, z. B. mit einer kollektivistischen Familienkultur, darstellen. Bisherige kulturbezogene Untersuchungen hatten enorme Variationen im elterlichen Verhalten ergeben (Kagitcibasi, 2005). Wir erwarteten entsprechend, dass sich starke Unterschiede im wahrgenommenen elterlichen Verhalten in unserem Vergleich zwischen Jugendlichen aus verschiedenen Ländern finden lassen, und zwar sowohl in Bezug auf psychologische Kontrolle als auch in Bezug auf ängstliches Monitoring, während Unterschiede in der wahrgenommenen Unterstützung eher gering ausfallen sollten.

Wir wählten Jugendliche aus zwei Ländern aus, die als sich entwickelnde Länder mit starken Veränderungen im Bildungsbereich und der Wirtschaft gelten (Pakistan und Peru), die jedoch gleichzeitig, nach Gelfand et al. (2011), als »tight cultures« anzusehen sind, d. h. mit relativ strikten elterlichen Erziehungsverhaltensweisen und strengen sozialen Normen, die aber zugleich in der Striktheit variieren. Des Weiteren wählten wir Jugendliche aus zwei Ländern aus, die durch kürzliche ökonomische und politische Veränderungen gekennzeichnet sind (Türkei und Griechenland), zugleich aber relative enge Familienbande haben (Georgas et al., 2006). Wir wählten außerdem Jugendliche aus drei europä-

## 10.3 Identität und Familienbeziehungen in verschiedenen Kulturen

ischen Ländern aus (Frankreich, Deutschland und Polen), die für sich genommen ebenfalls beträchtliche Variationen in der Qualität der Eltern-Kind-Beziehungen aufweisen dürften. Die Länder unterscheiden sich auch insofern, als Möglichkeiten zur Exploration in unterschiedlicher Weise erlaubt und unterstützt werden, sowie in den zukünftigen Chancen für die junge Generation, Aspekte, die ebenfalls die Exploration und das Commitment im Bereich der Identität sowie die Symptombelastung beeinflussen können.

Für dieses Projekt wurden daher Daten von 2.259 Jugendlichen aus sieben Ländern (Frankreich, Deutschland, Türkei, Griechenland, Peru, Pakistan, Polen) erhoben. Etwa 300 Jugendliche wurden pro Land befragt mit einem Durchschnittsalter von 15 Jahren; das Geschlechterverhältnis war ausgeglichen. Alle Teilnehmer beantworteten den DIDS (Dimensions of Identity Development Scale von Luyckx et al., 2006), der fünf Identitätsdimensionen (Exploration in die Tiefe, Exploration in die Breite, Commitment eingehen und Identifizierung mit dem Commitment sowie ruminative Exploration) erfasst, sowie einen Fragebogen, der das Ausmaß elterlicher Unterstützung, psychologischer Kontrolle und Separationsangst umfasst, und schließlich ein Verfahren zur Erfassung der Symptombelastung, den YSR (Youth Self Report). Ich gehe zunächst auf die Identitätsentwicklung ein, der Bezug zur Wahrnehmung der elterlichen Erziehugsstile und mögliche Auswirkungen auf die Gesundheit werden im folgenden Abschnitt dargestellt.

Die Ergebnisse zeigen eine recht ähnliche Identitätsentwicklung bei Jugendlichen aus allen Ländern mit einem relativ aktiven Vorgehen (hohe Werte in Exploration, hohe Werte im Committment) bei relativ niedrigen Werten in der eher dysfunktionalen Identitätsdimension, der ruminativen Exploration. Damit liegen aktive Explorationsversuche im Sinne einer *agency* beispielsweise deutlich über dem »Auf-der-Stelle-Treten«. Zugleich sind aber auch Unterschiede zwischen den Jugendlichen aus den sieben Ländern in der Identitätsentwicklung deutlich, die insbesondere im Kontrast zwischen den weniger aktiven Jugendlichen aus Mitteleuropa und den deutlich aktiveren Jugendlichen aus den meisten anderen Ländern zu erkennen sind.

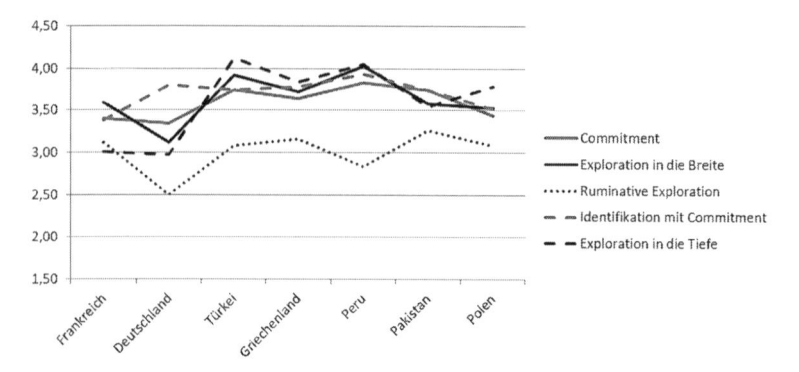

**Abb. 3** Identitätsentwicklung bei Jugendliche aus sieben Ländern

Die Ergebnisse zeigen, dass Jugendliche aus Schwellenländern, die sehr vielen ökonomischen und gesellschaftlichen Umbrüchen ausgesetzt sind (wie in Peru und der Türkei), sehr viel aktiver in der Identitätsexploration sind und auch stärker bereit sind, ein Commitment zu zeigen, verglichen mit deutschen und französischen Jugendlichen, die in relativ gesicherten Verhältnissen aufwachsen. Die enorme Anstrengung dieser Jugendlichen, die unter deutlich belastenderen Umständen aufwachsen (vgl. UNICEF Office of Research, 2014), verdient unseren Respekt. Es ist allerdings auch zu bedenken, dass für europäische Jugendliche, also Jugendliche aus Frankreich, Deutschland, Griechenland und Polen, durchaus auch Identitätsbarrieren vorliegen können, die unter dem Begriff Prekarisierung fallen. Trotz zunehmender Qualifikation junger Leute sind deren Chancen, den gewünschten Ausbildungs- und Arbeitsplatz zu bekommen, deutlich geringer als für frühere Generationen, massiver Leistungsdruck und Arbeitsplatzkonkurrenz haben stark zugenommen. Arbeitslosigkeit in der Familie ist eine häufige Erfahrung geworden. Die Mobilität von Familien (häufige Umzüge, lange Anfahrtswege zur Arbeit oder »Wochenendeltern«) hat zugenommen, ebenso wie familienstrukturellen Varianten (Trennungen, Eineltern-Familien, Patchwork-Familien, vgl. Seiffge-Krenke & Schneider, 2012). Die Jugendlichen, die wir untersuchten, stammten überwiegend aus der Mittelschicht und wuchsen überwiegend in Zweieltern-Familien auf. Dennoch ist zu bedenken, dass Arbeitslosigkeit, wirtschaftliche Rezension und andere gesamtgesellschaftliche Veränderungen etwa auf Jugendliche aus Polen, Griechenland und Peru einen Einfluss haben (vgl. OECD's employment outlook, 2015) und dass Jugendliche aus anderen Ländern wie der Türkei und Pakistan unter Terrorismus, Gewalt und politischer Unsicherheit leiden – Bedingungen, die sowohl die Identitätsentwicklung als auch die psychologische Gesundheit dieser Jugendlichen beeinträchtigen können.

## 10.3.2 Eltern als Identitätsbremse – ein universelles Phänomen?

Für Eltern von Jugendlichen steht verstärkt die Aufgabe an, die Kinder loszulassen und ihnen eine eigenständige Entwicklung und Identität zu ermöglichen. Es wurde schon für westliche Kulturen in diesem Buch darauf hingewiesen, dass die starke psychologische Bedeutung, die Kinder für Eltern bekommen haben, dazu geführt hat, dass, bei gleichzeitigem Wegfall von autoritärer Kontrolle, Eltern heute zunehmend psychologische Kontrolle einsetzen, um das Kind in Richtung auf eine ganz bestimmte Identitätsentwicklung zu drängen – ganz im Sinne der in Kapitel 4 (▶ Kap. 4) beschriebenen Fallvignette von Daniel.

Was wissen wir aus der 7-Länder-Studie zu dieser Fragestellung? Zunächst ist daran zu erinnern, dass bei europäischen Jugendlichen der Fokus auf der Autonomie liegt, wie für individualistische Kulturen charakteristisch, während in eher kollektivistische Kulturen wie Peru und Pakistan eine längere familiäre Abhängigkeit und Unterstützung selbstverständlich ist (Georgas et al., 2006;

Kagicibasi, 2005) und die eigenen Bedürfnisse mit den Interessen und Erwartungen der erweiterten Familie abgestimmt werden sollten. Ein sehr wichtiges Ergebnis der 7-Länder-Studie (Seiffge-Krenke, 2019 b und c) war zunächst, dass die eher als problematisch angesehenen Erziehungsstile der psychologischen Kontrolle deutlich weniger ausgeübt wurden als positives, unterstützendes elterliches Verhalten. Aus Platzgründen wurde in der folgenden Abbildung nur die Einschätzung des mütterlichen Erziehungsstils abgebildet, die Einschätzung des väterlichen Erziehungsverhaltens sah aber recht ähnlich aus.

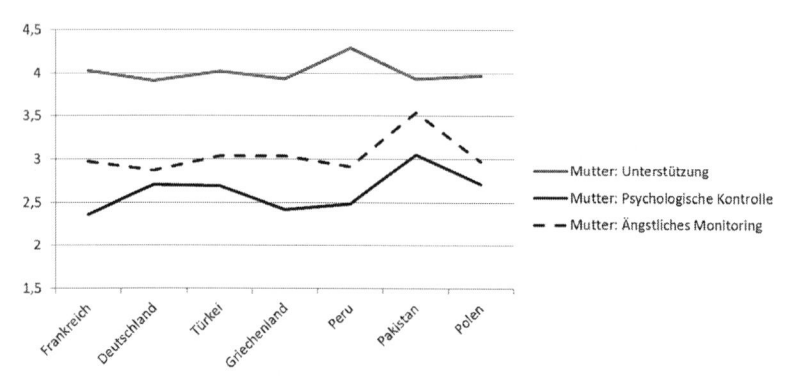

**Abb. 4:** Mütterliche Erziehungsstile bei Jugendlichen in sieben Ländern

Zu den bemerkenswerten Ergebnissen, die sich einheitlich in allen Ländern finden ließen, zählten die hohe mütterliche Unterstützung – der Level lag in allen Ländern weit über den Werten für psychologische Kontrolle und ängstliches Monitoring – und die relativ niedrigen Werte in ruminativer Exploration. Dies bedeutet, dass die familiären Beziehungen in allen Ländern als positiv und unterstützend erlebt werden (Hofer & Moore, 2010) und dass ein ängstliches Auf-der-Stelle-Treten in Bezug auf die Identitätsentwicklung eher selten auftritt. Mütterliches ängstliches Monitoring kam in allen Ländern ebenfalls mit mittlerer Ausprägung vor, was darauf hindeutet, dass der psychologische Wert von Kindern und das ängstliche Bemühen, ihren Lebensweg mitzugestalten (Lemoyne & Buchanan, 2011) inzwischen für viele Eltern auf der ganzen Welt gilt.

Allerdings war ein hohes Ausmaß an mütterlicher Unterstützung, psychologischer Kontrolle und ängstlichem Monitoring keineswegs in allen von uns untersuchten Ländern mit Symptombelastung assoziiert. Für pakistanische Jugendliche traf das unseren Befunden nach nicht zu, was Ergebnisse einer früheren Studie (Iljaz & Mahmood, 2009) bestätigt. Demgegenüber konnten wir bei deutschen und peruanischen Jugendlichen hohe Zusammenhänge zwischen mütterlicher psychologischer Kontrolle und Symptombelastung nachweisen, aber auch bei den Jugendlichen aus den übrigen Ländern war dieser Zusammenhang noch sehr bedeutsam. Dies weist darauf hin, dass ein schädlicher Einfluss einer zu hohen mütterlichen psychologischen Kontrolle auf die Identitätsentwicklung von Jugendlichen in vielen Ländern nachweisbar ist und nicht nur für Zentraleuropa und die USA gilt (Barber 2002; Luyckx et al., 2007). Für die recht einheitliche Identitätsentwicklung – trotz einiger Unterschiede – ist sicher die Tatsache der Beschulung – alle Jugendlichen waren noch Schüler – und der Einfluss der neuen Medien in Rechnung zu stellen, sowie Entwicklungen der Globalisierung, die auch zu einem einheitlicheren elterlichen Erziehungsverhalten geführt haben.

## 10.4 Identitätsstress: Der Blick über den Tellerrand

Deutschland ist zunehmend eine multikulturelle Gesellschaft geworden, und wir wollen abschließend einen weiteren Blick »über den Tellerrand« wagen und uns anschauen, welche identitätsrelevanten Probleme von Jugendlichen in unterschiedlichen Ländern als bedeutsam und belastend angesehen werden. In einer umfangreichen kulturvergleichenden Studie an 13.000 Jugendlichen aus 20 Ländern (Durchschnittsalter 15 Jahre), 54 % weiblich, wurden verschiedene Identitätsstressoren untersucht. Damit der generelle sozioökonomische und Bildungshintergrund in etwa vergleichbar ist und nur die Kultur einen Einfluss hatte, wurden Jugendliche untersucht, die an High Schools in großen Universitätsstädten in diesen 20 Ländern zur Schule gingen (Seiffge-Krenke, in Vorber.)

Im Vergleich der Gruppen Zentraleuropa (N=3820), Osteuropa (N= 2368), Südeuropa (N=1513), Asien (N=2150), naher Osten (N=1003), Lateinamerika (N=1708) und Nordamerika (N=707) fiel zunächst auf, dass das Gefühl, anders zu sein als die anderen, in allen 7 Regionen der Welt den letzten Rangplatz (12) hatte, d. h. als am wenigsten belastend erlebt wurde. Auch neue Dinge machten selten Angst (Rangplatz 11). Ziemlich einheitlich in fast allen Ländern war »Ich möchte herausfinden, was ich wirklich möchte« (Rangplatz 1 bzw. 2), und zwar in allen Regionen, außer in Zentraleuropa und den USA. Hier war als relativ starker Stressor (Rangplatz 2 oder 3) dagegen angegeben: »Ich bin unzufrieden mit meinem Äußeren.« Dies zeigt die starke individualistische Orientierung am eigenen Aussehen oder Vorteil in den westlichen Industrienationen.

Kulturelle Unterschiede in Bezug auf eine eher individualistische versus kollektivistische Identitätsorientierung (Ich-orientiert versus Wir-orientiert) zeigen sich auch schon beim Vergleich verschiedener Länder innerhalb von Europa. So etwa finden wir Gefühle von Traurigkeit und Angst vor Zurückweisung durch andere (weil man »anders ist«) viel häufiger in südeuropäischen Ländern wie Italien, Spanien, Griechenland und Frankreich als etwa in zentral oder nordeuropäischen Ländern wie Deutschland, Finnland und den Niederlanden.

In der Familie werden die zentralen eher kollektivistischen oder individualistischen Werte vermittelt, entsprechend lernen solche Kinder in interdependenten Kulturen zunächst das Wort Wir vor dem Wort Ich und entscheiden sich für Beruf und Partnerschaft immer auch stark unter dem Gesichtspunkt, wie sie ihrer

## 10.4 Identitätsstress: Der Blick über den Tellerrand

Familie, ihrem Clan, ihrem Volk dienen können, während individualistisch Aufgewachsene in den westlichen Industrienationen auf eigener Freiheit, persönlicher Auswahl und Entscheidung und individueller Leistung bestehen. Auch wenn man die südeuropäischen Länder noch nicht im eigentlichen Sinne als interdependent oder kollektivistisch in den Werten charakterisieren kann, ist schon deutlich, im Vergleich zu den zentraleuropäischen Ländern, dass die Bedeutung von Beziehungen, die Wertigkeit von Familie für die eigene Identität wichtiger ist.

In einer weiteren Studie (Seiffge-Krenke, 2019b) haben wir die Identitätsprobleme von Migrantenjugendlichen in Deutschland untersucht, und da zeigte sich, dass in 11 der 12 identitätsbezogenen Stressfaktoren jugendliche Migranten signifikant höhere Werte hatten als gleichaltrige deutsche Jugendliche. Stressoren wie »Ich möchte herausfinden wie ich wirklich bin«, »Ich möchte herausfinden, was beruflich zu mir passt« wurden von den Migrantenjugendlichen als viel belastender wahrgenommen. Deutsche Jugendliche dagegen hatten nur in einem einzigen Identitätsstressor einen höheren Wert und das war: »Ich bin unzufrieden mit meinem Aussehen« – wiederum ein starker Hinweis auf die individualistische Orientierung in der Identitätsentwicklung.

# 11

## Integration und Ausblick

Die Identitätsbildung ist eine zentrale Herausforderung für die Entwicklung junger Menschen auf dem Weg ins Erwachsenenalter (Kroger et al., 2010). Erikson (1968) definierte Identität als »ein Gefühl für sich selbst, das aus der Integration vergangener, gegenwärtiger und zukünftiger Erfahrungen resultiert« (S. 36), und betonte sowohl Kontinuität als auch Veränderung. Zum Abschluss dieses Buches soll eine Integration der verschiedenen Befunde und Perspektiven vorgenommen und einige Anregungen gegeben werden, wie man den adoleszenten Identitätsprozess förderlich begleiten kann, ohne die *agency* des Jugendlichen allzu sehr zu beeinträchtigen.

## Die Bedeutung konzeptueller Differenzierungen

Wir folgten in diesem Buch der Konzeption von Erikson und den abgeleiteten empirischen Umsetzungen, etwa in dem Ansatz von James Marcia und seinen kanadischen Kollegen sowie Koen Luyckx und seiner belgischen Forschergruppe, die die neuesten Adaptationen vorgenommen haben. Es ist interessant zu sehen, dass sich über die Jahrzehnte eine immer stärkere Ausdifferenzierung der ursprünglichen Konzepte von Exploration und Commitment ergeben haben. Dies verweist auf den starken Einfluss des sich verändernden Entwicklungskontextes, denn seit den frühen Konzeptionen sind Jahrzehnte vergangen. Ich bin in diesem Buch daher verstärkt auf solche neuen kulturellen und zeitgeschichtlichen Einflüsse auf die Identitätsentwicklung eingegangen. Die historischen Beispiele zeigten aber auch, dass bestimmte Grundprobleme, z. B. das Verhältnis zum eigenen Körper im Jugendalter, auch historisch ziemlich durchgängig sind und dass für Jugendliche alte und moderne Ansätze besonders wichtig sind, in denen es um die narrative Identität geht.

Obwohl die meisten dieser neueren Studien an jungen Erwachsenen durchgeführt wurden, ist die konzeptuelle Differenzierung interessant und sollte auch bei Jugendlichen Anwendung finden. Dazu zählt etwa die Bedeutung der ruminativen Exploration, des Auf-der-Stelle-Tretens und nicht Vorankommens in der Identitätsentwicklung, aber auch die Aufdifferenzierung des diffusen Status in zwei Untergruppen, eine sorglose Diffusion (*carefree diffusion*) und eine sorgenvolle Diffusion (*troubled diffusion*). Jugendliche haben, so Erikson und Marcia, durchaus das Recht auf ein Moratorium. Sie wissen noch nicht, wo es identitätsmäßig langgeht, aber sie machen sich eher keine Sorgen darüber. Es ist sicher zu vermuten, dass die identitätsbezogene berufliche und partnerschaftliche Orientierung im Jugendalter erst beginnt, dass mehr Jugendliche (im Vergleich zu jungen Erwachsenen) daher eine *carefree diffusion* aufweisen. Für junge Erwachsene besteht dagegen ein erheblicher

Entwicklungsdruck, identitätsrelevante Entscheidungen in den Bereichen Beruf und Partnerschaft allmählich zu fällen, so dass sorgenvolle Diffusion hier doch eher wahrscheinlich erscheint.

## Die Schnittstelle zwischen Normalität und Pathologie

Dennoch möchte ich an dieser Stelle betonen, dass auch Jugendliche unter den unklaren Prozessen leiden können, wie sich an einer erheblichen Anzahl von psychischen Störungen im Jugendalter zeigen lässt, die in dieser Form bei Kindern noch nicht bestanden. Diese unklaren Prozesse (»Ich weiß nicht wer ich bin«) sind nicht selten Anlass für die Inanspruchnahme therapeutischer Hilfe, um Unterstützung auf dem Weg zur Identitätsfindung zu bekommen. Erikson hat sich vor allem als Kliniker verstanden und betonte in vielen seinen Schriften, wie wichtig ihm die therapeutische Arbeit zum Verständnis der normalen Identitätsentwicklung war. Bereits in seinen frühen Schriften hatte er den engen Zusammenhang von Identitätsentwicklung und Psychopathologie herausgearbeitet (Erikson, 1950). Tatsächlich haben in den folgenden Jahrzehnten zahlreiche Studien gezeigt, dass eine problematische Identitätsentwicklung mit verschiedenen psychischen Störungen zusammenhängt (siehe Klimstra & Denissen, 2017 für einen Überblick). Von vielen Autoren werden die massiven Veränderungen der Identität, die in der Adoleszenz notwendig werden, mit der Zunahme von psychopathologischen Störungen in diesem Altersabschnitt zusammengebracht. Wie wir gesehen haben, ist eine Exploration in die Tiefe und Breite entwicklungsangemessen. Klinisch bedeutsam ist dagegen die ruminative Exploration. Hier muss der Therapeut, der Berater, müssen Erwachsene eine gesunde Exploration zulassen, aber auch behilflich sein, aus dem Kreis der negativen Gedanken, des Auf-der-Stelle-Tretens, herauszufinden.

## Warum ist die Adoleszenz so zentral für die Identitätsentwicklung?

Man kann die Identitätsentwicklung in der Adoleszenz nicht verstehen, ohne nicht einen kurzen Blick auf die Selbst- und Identitätsentwicklung in der frühen Kindheit und die Veränderungen der Identitätsentwicklung in der sich an das Jugendalter anschließende Phase, dem »*emerging adulthood*«, zu werfen. Die Adoleszenz ist tatsächlich die zentrale Schnittstelle, von der aus die weitere Identitätsentwicklung Fahrt aufnimmt. Dazu war es wichtig, einige sozio-kognitive Veränderungen aufzuzeigen, die Jugendliche mit neuen, einzigartigen Fertigkeiten ausstatten. Im weiteren Verlauf des Buches wurde dann deutlich, wie sich die Identitätsentwicklung bei männlichen und weiblichen Jugendlichen unterscheidet und wie sie vom Entwicklungskontext und kulturellen Faktoren beeinflusst wird. Auf ein sehr zentrales Konzept der frühen Selbstentwicklung, die Spiegelmetapher, wurde immer wieder zurückgegriffen, wenn sich Jugendliche im Spiegel der anderen, z. B. in den sozialen Medien, sehen.

Junge Leute erreichen heute einen reifen Identitätsstatus nur wesentlich später als zu früheren Zeiten, u. a. auch, weil die Exploration im Bereich Beruf und Partnerschaft sehr lange andauert und eine Verpflichtung erst sehr spät einsetzt. Das Jugendalter aber stellt mit seiner beschleunigten sozio-kognitiven Entwicklung die entscheidenden Weichen für eine gelungene weitere Identitätsentwicklung. Wie belegt werden konnte, erstreckt sich eine intensive Identitätsentwicklung heute von der Adoleszenz bis zum Alter von 25 bis 30 Jahren – insofern kann man die Adoleszenz tatsächlich als die entscheidende Vorbereitungsphase ansehen (als »Vorwaschgang in der Identitätsentwicklung«).

## 11 Integration und Ausblick

## Differentielle Befunde: Unterschiede in der Identitätsentwicklung von Jungen und Mädchen

Wir konnten in diesem Buch sowohl für männliche als auch weibliche Jugendliche die engen Beziehungen zwischen körperlicher Entwicklung, Identitätsentwicklung und der Gestaltung der Beziehungen zu Freunden und Eltern belegen. Soziale Unterstützung in Jungenfreundschaften sind wichtig, aber noch bedeutsamer sind geteilte, gemeinsame Aktivitäten für die Entwicklung einer männlichen Identität. Allerdings führt die Tatsache, dass Jungenfreundschaften auch an Macht und Status orientiert sind, zu negativen Auswüchsen. Die Identität als Täter oder Opfer entsteht schon früh und ist in der Adoleszenz fest etabliert. Identitätsexplorationen in der Clique, im Freundeskreis, betreffen im weiteren Verlauf der Adoleszenz auch das Kennenlernen von potentiellen Partnerinnen, allerdings ist echte Intimität in Partnerbeziehungen ein recht langdauernder Lernprozess. In ähnlicher Weise zeigen Längsschnittstudien, dass männliche Jugendliche in der Identitätsentwicklung, besonders im Bereich der Exploration, den Mädchen hinterherhinken, jedoch zu Ende der Adoleszenz aufholen.

Insgesamt konnte ich herausarbeiten, dass die männliche Identität im Umbruch ist, besonders deutlich an der sich verändernden Identität von Vätern, was für männliche Jugendliche in Bezug auf die Orientierung besondere Möglichkeiten, aber auch Herausforderungen und Schwierigkeiten bietet. Anders als bei Mädchen sind auch die spezifischen männlichen Formen der Selbstrepräsentation, der Kommunikationsstil und das veränderte Verhalten in den Cliquen. Sie sind genauso wichtig für die Identitätskonstruktion, haben aber eine andere Form als bei Mädchen.

Für weibliche Jugendliche ist die Verunsicherung und Verletzlichkeit durch die körperliche Reife größer als bei Jungen, und die sozialen Folgen in Form von einer potentiell sehr rasch veränderten Identität (vom Kind zur Frau zur Ehefrau) massiver. Für die Suche nach dem neuen Ich bei Mädchen ist auch ihre stärkere intersubjektive Bezogenheit und ihre deutlich akzelerierte Schamentwicklung von Bedeutung. Sie führen dazu, dass weibliche Jugendliche sich selbst sehr viel kritischer sehen und auf die häufigeren (im Vergleich zu männlichen Jugendlichen) geäußerten Bemerkungen über ihr Äußeres, ihren sich verändernden Körper mit Scham und kritischer Selbstreflexion reagieren. Die Exklusivität, Nähe und Intimität der Mädchenfreundschaften ist der hauptsächliche Motor der Modellierung des neuen Ichs – nahezu alle Facetten der weiblichen Identität werden in diesen Aktivitäten und Reflexionen mit den besten Freundinnen ausprobiert. Dies gilt auch für die Annäherung an das andere Geschlecht, wo die Übertragung dieser Beziehungsqualität und der starke Fokus auf der relationalen Identität vielfach dazu führen kann, dass kaum Platz fürs Selbst bleibt. Längsschnittstudien zeigten progressive Veränderungen über die Adoleszenz bei Mädchen auf, besonders einen starken Anstieg der *exploration in depth*.

Elterliche Einflüsse sind insofern von Bedeutung, als die Behinderung von Exploration durch beide Eltern (»Identitätsbremse«) massiver ist als bei Jungen. Zugleich besteht die Gefahr, insbesondere durch die Gleichgeschlechtlichkeit mit der Mutter, dass die Tochter zum Selbstobjekt der Mutter und so die eigene Identitätsentwicklung eingeschränkt wird. Hier kann der Vater unterstützend eingreifen, Explorationsmöglichkeiten aufzeigen und einem zu negativem Bild vom Selbst gegensteuern. Es sollte allerdings immer eine Identifizierung mit Differenz bleiben.

## Geschlechtsidentität – keine einfache Entwicklung

Die Geschlechtsidentität lässt sich als ein Prozess der Integration und Differenzierung verstehen, der vor allem zwischen 13 und 16 Jahren zu erheblichen Verwerfungen führen kann. Wenn man bei der heteronormativen Orientierung bleibt, so bedeutet dies, dass

Omnipotenzphantasien, d. h. dass man beide Geschlechter sein kann, aufgegeben werden müssen. Man muss jetzt, auch bei biologischer Eindeutigkeit, zwischen einem männlichen oder weiblichen Körper wählen (genauer: man muss ihn annehmen), es müssen innere Repräsentationen der männlichen und weiblichen Genitalien aufgebaut und es müssen Ideen über die Objektwahl entwickelt werden. Die Aufgabe einer Position ist Voraussetzung für das sexuelle Begehren eines anderen Objektes. Im Übergang der Identifizierungen zwischen Vater und Mutter schwankt der Jugendliche zu beiden Positionen hin, entwickelt gleichzeitig schwärmerische Beziehungen zu beiden Geschlechtern. Am Ende steht die Etablierung einer Differenz auf der Ebene des Geschlechts und der Ebene der Generationen. Insofern ist die zunehmende Medialisierung von Transgender sicher kritisch zu betrachten und folgt einer gefährlichen Mode zur Selbstoptimierung: Während sich die wirklichen Prävalenzraten von Personen mit einem uneindeutigen Geschlecht nicht wesentlich erhöht haben (Schweizer et al., 2019), hat die Zahl von Jugendlichen zugenommen, die angeben, Transgender zu sein, oder die sich nicht eindeutig in ihrer Geschlechtsidentität festlegen wollen bzw. mit dem vorhandenen Geschlecht nicht einverstanden sind. Da es letztlich, wie dargelegt, auch um die Identifikation mit den Eltern geht, ist ein Transgender-Jugendlicher natürlich eine besondere Herausforderung für die Eltern. Und mit was kann man Eltern noch schocken in einer Zeit, wo alles möglich ist und Jugendliche fast alles dürfen?

## Wertorientierungen und ihre Bedeutung für die Identitätsentwicklung

Die Forschung, die zu Werthaltungen, Religion und politischem Engagement bei Jugendlichen durchgeführt wird, hat eine insgesamt eher positive, an den Erwachsenen-Werten angelehnte Orientierung der Jugendlichen ergeben, besonders deutlich in der Shell-Studie von 2015. Abgrenzungen oder gar Protest wie noch Jahrzehnte zuvor waren verschwunden. Was das genau in Bezug auf die Identität von Jugendlichen bedeutet, ist aber noch weitgehend unerforscht. Es gibt Hinweise, dass bestimmte Jugendbewegungen (Veganismus, *Fridays for future* wurden als Beispiele genommen) tatsächlich sehr mit der Identität ihrer jugendlichen Vertreter verbunden sind. Hier wurde auch besonders deutlich, dass die Definition des Selbst, der Identität mit einem Bezug zur Welt, insbesondere mit einem Bezug zur Verbesserung der Welt, verbunden ist.

Hatten Studien bislang eine ängstliche Zukunftsantizipation der Jugendliche ergeben, die sich auf ihre persönliche Zukunft bezog, so wird in den geschilderten Bewegungen der Weltbezug sehr deutlich, das Sich-Sorgen-Machen um die Welt und die Antizipation des eigenen Verhaltens in seinen Konsequenzen für Mitmenschen und Natur. Dieses selbstverantwortliche Handeln ist es, was Erikson (1968) meinte, als er die Identitätsentwicklung im Jugendalter beschrieb und forderte, der Jugendliche müsse zu einem vollgültigen Mitglied der Gemeinschaft werden.

## Die Spiegelmetapher und die neuen Medien

Über Jugendliche und die neuen Medien gibt es inzwischen zahlreiche Standardwerke (z. B. Schorb, 2013), die sich allerdings eher auf den Mediengebrauch und die Nutzung spezifischer Inhalte in den Medien bzw. die zeitliche Dauer der täglichen oder wöchentlichen Mediennutzung beziehen. In welcher Form die neuen Medien zur Identitätskonstruktion herangezogen werden, ist weniger gut untersucht, teilweise auch bedingt dadurch, dass man in die Medien, die dazu Informationen liefern könnten, nur mit Anmeldung

## 11 Integration und Ausblick

hereinkommt und auch in den sozialen Medien wie Blogs, Twitter und insbesondere WhatsApp der Teilnehmerkreis begrenzt ist. Hier wäre mehr Forschung vonnöten. Es deutet sich jedoch eine quasi-objektale Nutzung an, wie es beim Handy als Übergangsobjekt beschrieben wurde, sowie ein massives Bedürfnis nach Spiegelung und Resonanz. Das dazu früher – und auch heute noch – andere Medien benutzt wurden, ist offenkundig, und die Narrative, die hier vorliegen, etwa in Form von Jugendtagebüchern, sind aufschlussreich. Sie bestätigen das fortgesetzte Gespräch mit einem imaginierten Partner, der einem auf der Suche nach dem neuen Ich behilflich ist und mit dem man alle Erfahrungen und alle Sorgen in Bezug auf die Frage, »Wer bin ich«,« Wer möchte ich sein« und »Wie möchten die anderen, dass ich bin« teilen kann.

Die enorme Bedeutung der Kategorie *Selbst* und die vielen Eintragungen zur Selbstreflexion, zur Selbstkritik einschließlich der selbsterzieherischen Appelle verdeutlichen die Formung des Ichs. Dass Kategorien des *Selbst* und Kategorien der *Beziehungen zu Freundinnen* etwa bei Mädchen mit gleicher Häufigkeit auftauchen, unterstreicht die relationale Konstruktion der Identität, die bei Mädchen eine noch größere Bedeutung hat als bei Jungen.

Online- und Offline-Beziehungen sind dabei hilfreich und unterstützend, können aber auch eine Verführung zur »negativen Identität« darstellen. Die Verführbarkeit durch problematische und gefährliche Foren bedient sich entsprechender Merkmale, die für Jugendliche, speziell für Mädchen in diesem Alter, besonders wichtig sind und übt damit eine große Anziehungskraft und Suggestibilität aus.

## Sind Eltern hilfreich bei der Identitätskonstruktion?

Die Bedeutung der Familie für die Identitätskonstruktion und -veränderung wurde auf der Folie gesamtgesellschaftlicher Veränderungen (»Das narzisstische Zeitalter«) betrachtet, die auch das Verhältnis von Eltern und Jugendlichen betreffen. Die Zunahme des Wertes von Kindern für die Identität von Eltern und eine Zunahme psychologischer Kontrolle und elterlicher Separationsängste sind insbesondere vor dem Hintergrund der kleiner gewordenen Familien eine problematische Entwicklung. Die Identifikationsmöglichkeiten sind zwar einerseits stärker eingeschränkt, auf der anderen Seite aber auch durch Patchworkfamilien diverser und vielfältiger geworden, was zu diffusen Identitätskonzeptionen beitragen kann.

Ich habe versucht, die zunehmenden narzisstischen Phänomene bei jungen Leuten in einem gesamtgesellschaftlichen und familiendynamischen Zusammenhang zu stellen, der bislang in der Selbst- und Identitätsentwicklung eher ignoriert wurde. Dass die Realisierung eines Identitätsentwurfs nicht nur ein individuelles Problem ist, sondern der Entwicklungskontext hier Möglichkeiten oder Risiken bereithält, wurde herausgearbeitet. Es ist also aus meiner Sicht erforderlich, diese Entwicklung zu entpathologisieren. Vielmehr gilt für eine sehr breite Schicht junger Leute, dass gesellschaftliche und familiendynamische Entwicklungen zu einem erhöhten Narzissmus und einer deutlich veränderten und verlängerten Identitätsentwicklung geführt haben.

Selbst-Kohärenz und das Erreichen einer Selbstwirksamkeit (*self-agency* in Bezug auf die eigene Entwicklung) sind gegenwärtig für Jugendliche und junge Erwachsene zunehmend schwieriger geworden. Arbeit und Beruf als Orte der Selbstverwirklichung sind wegen des Wegfalls traditioneller Berufsbiographien kaum noch gegeben. Konkurrenz- und Leistungsideologien schlagen beruflich und im Freizeitbereich subtil oder direkt durch: Man will sich mit anderen messen, sucht unterschwellig oder direkt narzisstische

Bestätigung. Auch Partnerbeziehungen sind von dem größeren Selbstfokus, der Suche nach narzisstischer Bestätigung betroffen und haben sich sehr gewandelt. Auf dem Boden einer Erfahrung als narzisstische besetztes Selbstobjekt der Eltern, dem vieles abgenommen wird und das kaum Gelegenheit hat, Selbstwirksamkeit zu erfahren, kann sich nur schwer ein gesundes, kohärentes Selbst entwickeln.

Damit wird die Abgrenzung von pathologischen Phänomen des Narzissmus immer schwieriger. Übersehen wird dabei vielfach, dass für viele junge Leute dennoch ein großer Entwicklungsdruck entstanden ist, ein kohärentes Selbst zu erreichen und ihre Identitätsentwicklung voranzutreiben (Seiffge-Krenke, 2012a). Es sind diese Jugendlichen und jungen Erwachsenen, die den Weg in die Therapie finden. In der Tat zeigen Vergleiche zwischen gesunden Jugendlichen und jungen Erwachsenen und einer gleichaltrigen Patientengruppe (Seiffge-Krenke & Escher, 2018), wie sehr die Patienten in ihrer Identitätsentwicklung stagniert sind.

Es gibt allerdings auch Jugendliche und junge Erwachsene, die unter dem Gefühl der Wertlosigkeit für ihre Eltern leiden. Für Erikson war das Zeit seines Lebens ein Problem, dass ihm verschwiegen wurde, wer sein leiblicher Vater war, und er erst spät erfahren hat, dass Homburger nicht sein leiblicher Vater gewesen ist. Hier sei also nochmals unterstrichen, was in verschiedenen Kapiteln dieses Buches betont wurde: Dass sich der Selbstwert eines Kindes auch an dem orientiert, was es seinen Eltern wert ist, wie sehr es von diesen geliebt und geschätzt wird.

Insgesamt wurde deutlich, wie schwierig es für heutige Eltern ist, die Identitätsentwürfe ihrer Jugendlichen zu unterstützen: Es muss ein »good enough mothering« sein im Sinne Winnicotts (1971), aber auch ein rechtzeitiges Loslassen und Kompetenz erwerben lassen (*self-agency*). Vor allem aber muss die Angst ausgehalten werden, dass wir unsere Kinder in eine zunehmend unbestimmbare Zukunft entlassen.

## Universalität von Identitätsexploration und problematischem elterlichen Einfluss

In Eriksons Herangehensweise war der kulturelle Einfluss auf die Entwicklung der Identität unverkennbar, da er Identitätsprozesse in mehreren Kulturen untersuchte, darunter europäische und indianische Kulturen in den USA. Studien in den letzten Jahren haben gezeigt, dass sich dysfunktionale Verhaltensweisen der Eltern auf die Identitätsentwicklung von Jugendlichen und jungen Erwachsenen auswirken (Luyckx, et al., 2007). Es war zunächst noch unklar, ob sich die in westlichen Ländern festgestellten Zusammenhänge zwischen Identität, Erziehungsstilen der Eltern und psychischer Gesundheit auf die »Kinder« in nichtwestlichen Ländern verallgemeinern lassen.

In eigenen Studien (Seiffge-Krenke, 2019b und c) wurde daher der Zusammenhang zwischen familiären Faktoren und der Identität von Jugendlichen aus sieben Ländern untersucht. In der Tat fanden sich die Zusammenhänge nicht nur bei Jugendlichen aus Deutschland, sondern auch bei Jugendlichen aus Peru, Pakistan, der Türkei, Griechenland, Frankreich und Polen. Auffällig war jedoch die recht geringe Aktivität in Sachen Identitätsentwicklung bei deutschen (und teilweise auch bei französischen) Jugendlichen. Diese Jugendlichen, die in vergleichsweise behüteten Kontexten aufwuchsen, waren deutlich weniger aktiv, wenn es ums Explorieren in verschiedenen Lebensbereichen ging – ein Ergebnis, das die bereits erwähnte These, das zuviel elterliche Unterstützung problematisch ist für die Identitätsentwicklung, unterstreicht.

Unter welchem Identitätsstress Jugendliche in vielen Ländern stehen, wurde ebenfalls in einer eigenen Studie an Jugendlichen aus 20 Ländern belegt (Seiffge-Krenke in Vorb.). Ein Blick auf die Lebenswelt von Jugendlichen mit Migrationshintergrund, von Jugendlichen, die aus fernen Ländern nach Deutschland adoptiert wurden, unterstreicht, unter welchen Herausforderungen diese jungen Leute stehen und wie sie sie meistern. Für sie gilt, dass sich ihre Lebenswelt, d. h. die des Einwanderungslandes, stark von der Lebenswelt im Herkunftsland unterscheidet und dass sie versuchen müssen, diese verschiedenen Facetten in ihre Identität zu integrieren.

# 12

# Literatur

Arnett, J. J. (2004). Emerging adulthood: The winding road from the late teens through the twenties. New York: Oxford University Press.
Autorengruppe Bildungsberichterstattung (2010). Bildung in Deutschland 2010. Bielefeld: Bertelsmann-Verlag.
Ahnert, L. (2010). Wieviel Mutter braucht ein Kind? Heidelberg: Spektrum.
Altmeyer, M. (2019). Ich werde gesehen, also bin ich. Psychodnamik kompakt, Göttingen: Vandenhoeck & Ruprecht.
Aydt, H. & Corsaro, W. A. (2003). Differences in children's construction of gender across culture. American Behavioral Scientist, 46, 1306–1325.
Bailey, J. M., Bechtold, K. T. & Berenbaum, S. A. (2002). Who are tomboys and why should we study them? Archives of Sexual Behavior, 31, 333–341.
Barber, B. K. (2002). Intrusive parenting. How psychological control affects children and adolescents. Washington, DC: American Psychological Association.

Beebe, B. & Lachman, F. M. (1988). Mother-infant mutual influence and precursors of psychic structure. In A. Goldberg (ed). Frontiers in self-psychology. Hillsdale, NJ: The Analytic Press, 3–25.

Bernfeld, S. (1931). Trieb und Tradition im Jugendalter: Kulturpsychologische Studie an Tagebüchern. Zeitschrift für Angewandte Psychologie, 54, 1–89.

Berry, J. W. (1997). Immigration, acculturation and adaptation. Applied Psychology: An International Review, 46, 5–68.

Bion, W. R. (1967). Notes on memory and desire. Dt.: Anmerkungen zu Erinnerung und Wunsch. In E. B. Spillius (1991). Melanie Klein Heute, Band 2. München: Verlag Internationale Psychoanalyse.

Blos, P. (1954). Prolonged adolescence: The formulation of a syndrome and its therapeutic implications. American Journal of Orthopsychiatry, 24, 733–742.

Blos, P. (1973/2001). Adoleszenz. Eine psychoanalytische Interpretation. Stuttgart: Klett-Cotta.

Broughton, J.M. (1978). Development of concepts of self, mind, reality, and knowledge. In W. Damon (Ed.). Social cognition. San Francisco: Jossey-Bass.

Brown, B. B. (1999). »You're going out with who?«: Peer group influences on adolescent romantic relationships. In W. Furman, B. B. Brown & C. Feiring (Eds.). The development of romantic relationships in adolescence (pp. 235–265). New York: Cambridge University Press.

Budde, J. & Faulstich-Wieland, H. (2005). Jungen zwischen Männlichkeit und Schule. In V. King & K. Flaake (2005). Männliche Adoleszenz (S. 37–56). Frankfurt: Campus Verlag.

Buddeberg-Fischer, B. (2000). Früherkennung und Prävention von Essstörungen. Stuttgart: Schattauer.

Bundeszentrale für gesundheitliche Aufklärung (BZgA) (2010). Jugendlichensexualität. Repräsentative Wiederholungsbefragung an 14- bis 17-jährigen Jugendlichen und ihren Eltern. Köln: BZgA.

Burger, A. & Seidenspinner, G. (1988). Töchter und Mütter. Ablösung als Konflikt und Chance. Opladen: Leske + Budrich.

Camus, A. (1995). Der erste Mensch. Frankfurt: Rororo.

Castendyk, S. (2004). Zur Theorie der weiblichen Sexualentwicklung. Zeitschrift für Sexualforschung, 17, 97–115.

Chasseguet-Smirgel, J. (1981). Das Ichideal. Frankfurt a. M.: Suhrkamp.

Chodorow, N. (1999). The reproduction of mothering. Psychoanalysis and the sociology of gender. Berkely, Los Angeles.

Colette, S. G. (1957). Claudine erwacht (Original: 1900, Claudine á l'école). Budapest: Paul Szolney Verlag.

Connolly, J., Furman, W. & Konarski, R. (2000). The role of peers in the emergence of heterosexual romantic relationships in adolescence. Child Development, 71, 1395–1408.
Conzen, P. (2002). Wer sich nicht sorgt, stagniert. Zum 100. Geburtstag von Erik H. Erikson. Forum Psychoanalyse, 18, 156–175.
Conzen, P. (2017). Die bedrängte Seele. Identitätsprobleme in Zeiten der Verunsicherung. Stuttgart: Kohlhammer.
Côté, J. E. & Schwartz, S. J. (2002). Comparing psychological and sociological approaches to identity: Identity status, identity capital, and the individualization process. Journal of Adolescence, 25, 571–586.
Cramer, P. (2000). Development of identity: Gender makes a difference. Journal of Research in Personality, 34, 42–72.
Crittenden, P. M. & DiLalla, D. (1988). Compulsive compliance: The development of inhibitory coping strategy in infancy. Journal of Abnormal Child Psychology, 16, 585–599.
Damon, W. & Hart, D. (1988). The development of self-understanding from infancy through adolescence. New York: Cambridge University Press.
Davis, K. (2010). Coming of age online: The developmental underpinnings of girls' blogs. Journal of Adolescent Research, 25, 14–171.
De Bono, E. (1980). Kreativität. München: Kindler.
Deutsch, H. (1948). Psychologie der Frau. Bern: Huber.
Dornes, M. (2012). Die Modernisierung der Seele. Kind – Familie – Gesellschaft. Frankfurt a. M.: Fischer.
Elkind, D. (1967). Egocentrism in adolescence. Child Development, 38, 1025–1034.
Elkind, D. (1974). A sympathetic understanding of the child: Birth to sixteen. New York: McGraw-Hill.
Elmore, K. C. & Oysermann, D. (2012). If we can succeed, I can, too. Identity-based motivation and gender in the classroom. Contemporary Educational Psychology, 37, 176–185.
Erikson, E. H. (1959). Identity and the life cycle. New York: W. W. Norton. (Deutsch (1971): Identität und Lebenszyklus. Frankfurt: Suhrkamp).
Erikson, E. H. (1968). Identity, youth and crisis. New York: W. W. Norton.
Erikson, E. H. (1982/1997). The life cycle completed. Extended version by Joan M. Erikson. New York: W.W. Norton.
Erikson, E. H. (1983). Der Lebenszyklus und die neue Identität der Menschheit. Erik H. Erikson im Gespräch. Psychologie Heute, 12, 28–41.
Ernaud, A. (2019). Die Jahre. Frankfurt: Suhrkamp.
Farin, K. & Möller, K. (Hrsg.) (2014). Kerl sein. Kulturelle Szenen und Praktiken von Jungen. Berlin: Archiv der Jugendkulturen.

# Literatur

Flaake, K. (2019). Die Jugendlichen und ihr Verhältnis zum Körper. Stuttgart: Kohlhammer.

Flammer, A. & Alsaker, F D. (2002). Entwicklungspsychologie der Adoleszenz. Die Erschließung innerer und äußerer Welten im Jugendalter. Bern: Huber.

Flouri, E. (2005). Fathering and child outcomes. New York: Wiley.

Fonagy, P. (2003). Bindungstheorie und Psychoanalyse. Stuttgart: Klett-Cotta.

Fonagy, P. & Target, M. (1997). Attachment and reflective function: Their role in self-organization. Development and Psychopathology, 9, 679–700.

Frank, A. (1956). Das Tagebuch der Anne Frank. Frankfurt am Main: Fischer.

Franz, M. (2010). Wenn der Vater fehlt. Referat auf dem 7. Jahreskongress des BVPPF in Heidelberg.

Freud, A. (1960): Probleme der Pubertät. Psyche 14, 1–23.

Freud, S. (1905). Drei Abhandlungen zur Sexualtheorie. Gesammelte Werke, Bd. V. Frankfurt a. M.: Fischer, 30–145.

Freud, S. (1907/2000). Zur sexuellen Aufklärung der Kinder (Offener Brief an Dr. M. Fürst). Gesammelte Werke, Bd. VII. Frankfurt a. M: Fischer, 19–27.

Freud, S. (1909). Der Familienroman der Neurotiker. Gesammelte Werke, Bd. VII. Frankfurt a. M.: Fischer, 227–231.

Freud, S. (1923). Die infantile Genitalorganisation. Gesammelte Werke, Bd. XIII. Frankfurt a. M.: Fischer, 293–298.

Freud, S. (1932). Über die weibliche Sexualität. Gesammelte Werke, Bd. XV, Frankfurt a. M.: Fischer, 544–555.

Gambaroff, M. (1984). Utopie der Treue. Reinbek: Rowohlt.

Gelfand, M J., Raver, J. L., Nishii, L., Leslie, L. M., Lun, J., Lim, B. C., ... & Yamaguchi, S. (2011). Differences between tight and loose cultures: A 33-nation study. Science, 332, 1100–1104.

Georgas, J., Berry, J. W., van de Vijver, F. J. R., Kagitcibasi, C. & Poortinga, Y. H. (2006). Families across cultures: A 30-nation psychological study. Cambridge, UK: Cambridge University Press.

Gilligan, C. (1982). In a different voice: Psychological theory and women's development. Cambridge, Mass.: Harvard University Press. (Dt. (1982): Die andere Stimme. Lebenskonflikte und Moral der Frau. München u. a.: Piper).

Göppel, R. (2019). Das Jugendalter: Theorien, Perspektiven, Deutungsmuster. Stuttgart: Kohlhammer.

Graul, S. (2017). Das dritte Geschlecht der Binniza zwischen Globalisierung und Ethnizität. Forum Psychoanalyse, 33, 57–76.

Grossmann, K. & Grossmann, K. E. (2004). Bindungen. Das Gefüge psychischer Sicherheit. Stuttgart: Klett-Cotta.

Habermas, T. (1996). Geliebte Objekte. Berlin: Hildebrandt.

Haid, M.-L., Seiffge-Krenke, I., Molinar, R., Ciairano, S., Güney Karaman, N. & Cok, F. (2010). Identity and future concerns among adolescents from Italy, Turkey and Germany: Intra and between-cultural comparisons. Journal of Youth Studies, 13, 369–389.

Halberstadt-Freud, H. C. (1987). Die symbiotische Illusion in der Mutter-Tochter-Beziehung. In Psychoanalytisches Seminar Zürich (Hrsg.). Bei Lichte betrachtet wird es finster (139–165). Frankfurt a. M.: Athenäum.

Hannover, B., & Zander, I. (2016). Die Bedeutung der Peers für die individuelle schulische Entwicklung. In J. Möller, M. Köller, & T. Rieke-Bauleke (Hrsg.). Basiswissen Lehrerbildung. Schule und Unterricht (S. 91–105). Seelze: Klett-Kallmeier.

Hannover, B., Wolter, I. & Zander, L. (2018). Entwicklung von Selbst und Identität: Die besondere Bedeutung des Jugendalters. In B. Gniewosz & P. F. Titzmann (Hrsg.). Handbuch Jugend (S. 237–255). Stuttgart: Kohlhammer.

Hart, A. C., Laursen, B. & Cillessen, A. H. N. (2015). A survival analysis of adolescent friendship: The downside of dissimilarity. Psychological Science 26, 1–12.

Harter, S., Bresnick, S., Bouchey, H. A. & Whiteshell, N. (1997). The development of multiple role-related selves during adolescence. Development and Psychopathology, 9, 835–853.

Havighurs, R. J. (1956). Developmental tasks and education. The School Review 64, 215–232.

Hendry, L. B., Shucksmith, J., Love, J. G. & Glendinning, K. (1993). Young people's leisure and lifestyles. London: Routledge.

Henseler, H. (1974). Narzißtische Krisen. Heidelberg: Springer.

Hopf, H. (2007). Träume von Kindern und Jugendlichen. Stuttgart: Kohlhammer.

Hopf, H. (2014). Die Psychoanalyse des Jungen. Stuttgart: Klett-Cotta.

Horney-Eckard, M. (Ed.) (1980). The adolescent diaries of Karen Horney. New York: Basic Books.

Horney, K. (1926). Die Flucht aus der Weiblichkeit. Internationale Zeitschrift für Psychoanalyse, 12, 360–374.

Horney, K. (1935). Psychogenic factors in functional female disorders. American Journal of Obstetrics and Gynecology, 25, 694–703.

Ijaz, T. & Mahmood, Z. (2009). Relationship between perceived parenting styles and levels of depression, anxiety, and frustration tolerance in female students. Pakistan Journal of Psychological Research, 24, 63–78.

Kafka, F. (1919/75). Brief an den Vater. Frankfurt a. M.: Fischer Taschenbuch Verlag.

Kagitcibasi, C. (2007). Family, self, and human development across cultures: Theory and applications. Mahwah, NJ: Lawrence Erlbaum.

Kernberg, O. F. (1983). Borderline-Störungen und pathologischer Narzissmus. Frankfurt a. M.: Suhrkamp.

Keupp, H. (1999). Identitätskonstruktionen. Das Patchwork der Identitäten in der Postmoderne. Reinbek bei Hamburg: Rowohlt.

Kins, E., Soenens, B. & Beyers, W. (2011). »Why do they have to grow up so fast?« Parental separation anxiety and emerging adults' pathology of separation-individuation. Journal of Clinical Psychology, 67, 647–664.

Klimstra, T. & Denissen, J. J. A. (2017). A theoretical framework for the association between identity and psychopathology. Developmental Psychology, 53, 2052–2065.

Klimstra, T. A., Hale III, W. W., Raaijmakers, Q. A. W., Branje, S. J. T. & Meeus, W. H. J. (2010). Identity formation in adolescence: Change or stability? Journal of Youth and Adolescence, 39, 150–162.

Kohut H (1971). Narzißmus. Eine Theorie der psychoanalytischen Behandlung narzisstischer Persönlichkeitsstörungen. Frankfurt a. M.: Suhrkamp.

Krahé, B. (2009). Sexuelle Aggression und Opfererfahrungen unter Jugendlichen und jungen Erwachsenen. Psychologische Rundschau, 60, 173–183.

Kroger, J. (1997). Gender and identity: The intersection of structure, content and context. Sex Roles, 36, 747–770. doi:10.1023/A: 1025627206676.

Kroger, J., Martinussen, M. & Marcia, J. E. (2010). Identity status change during adolescence and young adulthood: A meta-analysis. Journal of Adolescence, 33, 683–698.

Laufer, M. & Laufer, M. E. (1989). Adoleszenz und Entwicklungskrise. Stuttgart: Klett-Cotta.

Lemoyne, T. & Buchanan, T. (2011). Does »hovering« matter? Helicopter parenting and its effect on wellbeing. Sociological Spectrum, 31, 399–418.

Lewis, M., Sullivan, M., Stanger, C. & Weiss, M. (1989). Self-development and self-conscious emotions. Child Development, 60, 146–156.

Loevinger, J. (1976). Ego development: Conceptions and theories. San Francisco: Jossey Bass.

Luyckx, K., Goossens, L., Soenens, B., & Beyers, W. (2006). Unpacking commitment and exploration: Preliminary validation of an integrative model of late adolescent identity formation. Journal of Adolescence, 29, 361–378. https://doi.org/10.1016/j.adolescence.2005.03.008.

Luyckx, K., Schwartz, S. J., Berzonsky, M. D., Soenens, B., Vansteenkiste, M., Smits, I. & Goossens, L. (2008a). Capturing ruminative exploration: Extending the four-dimensional model of identity formation in late adolescence. Journal of Research in Personality, 42, 58–82. https://doi.org/10.1016/j.jrp.2007.04.004.

Luyckx, K., Schwartz, S. J., Goossens, L., Soenens, B & Beyers, W. (2008b). Developmental typologies of identity formation and adjustment in female emerging adults: A latent class growth analysis approach. Journal of Research on Adolescence, 18, 595–619.

Luyckx, K., Soenens, B., Vansteenkiste, M., Goossens, L. & Berzonsky, M. D. (2007). Parental psychological control and dimensions of identity formation in emerging adulthood. Journal of Family Psychology, 21, 546–550.

Luyckx, K., Seiffge-Krenke, I., Schwartz, S., Crocetti, E. & Klimstra, T. A. (2014). Identity configurations across love and work in emerging adults in romantic relationships. Journal of Applied Developmental Psychology 35, 192–203.

Machleidt, W. (1992). Vater und Tochter. Weinheim: Deutscher Studienverlag.

Mahler, M. S. (1985). Studien über die ersten drei Lebensjahre. Stuttgart: Klett-Cotta.

Manago, A. M., Taylor, T. & Greenfield, P. M. (2012). Me and my 400 Friends: The anatomy of college students' facebook networks, their communication patterns, and well-being. Developmental Psychology. Advance online publication. doi: 10.1037/a0026338.

Marcia, J. E. (1966). Development and validation of ego-identity status. Journal of Personality and Social Psychology, 3, 551–558.

Marcia, J. E. (1993). The ego identity status approach to ego identity. In J. E. Marcia, D. R. Mattson, A. S. Waterman, S. A. Archer & Orlofsky, J. L. (Eds.). Ego identity: A handbook for psychosocial research (pp. 3–21). New York: Springer.

Marinovic, M. & Seiffge-Krenke, I. (2016). Depressive Väter: Prävalenz, Auswirklungen auf Kindesentwicklung und Unterstützungsbedarf. Psychotherapeut 61, 499–507.

McAdams, D. P. (1998). Ego, trait, identity. In P M. Westenberg, A. Blasi & L. D. Cohn (Eds.). Personality development: Theoretical, empirical, and clinical investigations of Loevinger's conception of ego development (pp. 27–38). Mahwah, NJ: Erlbaum.

McLean, K. C. & Breen, A V. (2009). Processes and content of narrative identity development in adolescence: Gender and well-being. Developmental Psychology 3, 702–710.

Meeus, W. H. J., Iedema, J., Helsen, M. & Vollebergh, W. (1999). Patterns of adolescent identity development: Review of literature and longitudinal analysis. Developmental Review, 19, 419–461.

Mills, R. S. L., Arbeau, K. A., Lall, D. I. K. & De Jaeger, A. E. (2010). Parenting and child characteristics in the prediction of shame in early and middle childhood. Merrill-Palmer Quarterly 56, 500–528.

Murray, K M., Byrne, D. G. & Rieger, E. (2011). Investigating adolescent stress and body image. Journal of Adolescence, 34, 269–278.

Müller, A. (2008). Die sexuelle Sozialisation in der weiblichen Adoleszenz. Münster: Waxmann.

Nagera, H. (1969). The imaginary companion. Its significance for ego development and conflict solution. Psychoanalytic Study of the Child, 24, 165–196.

Nelson, L. J., & Barry, C. M. (2005). Distinguishing features of emerging adulthood the role of self-classification as an adult. Journal of Adolescent Research, 20, 242–262.

Neumark-Sztainer, D. R., Wall, M. M., Haines, J. I., Story, M. T., Sherwood, N. E. & van den Berg, P. A. (2007). Shared risk and protective factors for overweight and disordered eating in adolescents. American Journal of Preventive Medicine, 33, 359–369.

Nielsen, L. (2012). Father-daughter relationships. Contemporary research and issues. New York: Routledge.

OECD's employment outlook, 2015.

Olivier, C. (1987). Jokastes Kinder. Die Psyche der Frau im Schatten der Mutter. Düsseldorf: Claassen.

Oyserman, D. & Markus, H R. (1990). Possible selves and delinquency. Journal of Personality and Social Psychology, 59,112–125.

Quenzel, G. (2015). Entwicklungsaufgaben und Gesundheit im Jugendalter. Weinheim: Beltz.

Persike, M. & Seiffge-Krenke, I. (2012). Competence in coping with stress in adolescents from three regions of the world. Journal of Youth and Adolescence, 41, 863–879.

Persike, M. & Seiffge-Krenke, I. (2015). Stress with parents and peers: How adolescents from 18 nations cope with relationship stress. Anxiety, Stress, & Coping, 29, 38–59.

Petermann, F. & Koglin, U. (2013). Aggression und Gewalt von Kindern und Jugendlichen, Berlin: Springer.

Piaget, J. & Inhelder, B. (1972). Die Psychologie des Kindes. Olten: Walter.

Radebold, H. (2000). Abwesende Väter. Folgen der Kriegskindheit in Psychoanalysen. Göttingen: Vandenhoeck & Ruprecht.

Richter, H. E. (1963). Eltern, Kinder, Neurose. Reinbek: Rowohlt.

Rosa, H. (2016). Resonanz. Berlin: Suhrkamp.

Rose, A. & Rudolph, K. D. (2006). A review in sex differences in peer relationship processes: Potential trade-offs for the emotional and behavioral development of girls and boys. Psychological Bulletin 132, 98–131.

Roth, M. (2000). Körperliche Beschwerden als Indikator für psychische Auffälligkeiten bei 12- bis 16-jährigen Schülerinnen und Schülern der Sekundarstufe I. Psychologie in Erziehung und Unterricht, 47, 18–28.

Sartre, J. P. (2005). Die Wörter. Frankfurt: rororo.

Schauder, T. (2012). Entwicklung des Selbstwertgefühls von Kindern und Jugendlichen. Praxis der Kinderpsychologie und Kinderpsychiatrie, 3, 198–214.

Schmidt, A. & Weigelt, S. (2019). Neuronale Prozesse in der Adoleszenz. In Gniewosz, B. & Titzmann, P. (Hrsg.). Handbuch Jugend (S. 35–52). Stuttgart: Kohlhammer.

Schorb, B. (2013). Identität und Medien und Jugendliche – Handbuch Medien. Heidelberg: Springer.

Schweizer, K., Köster, E. M. & Richter-Appelt, H. (2019). Varianten der Geschlechtsentwicklung und Personenstand. Psychotherapeut, 64, 106–112.

Sebanc, A. M., Pierce, S. L., Cheatham, C. L. & Gunnar, M. R. (2003). Gendered social worlds in preschool: Dominance, peer acceptance and assertive social skills in boys' and girls' peer groups. Social Development 12, 91–106.

Seiffge-Krenke, I. (1999). Families with daughters, families with sons: Different challenges for family relationships and marital satisfaction? Journal of Youth and Adolescence, 3, 325–342.

Seiffge-Krenke, I. (2000). Ein sehr spezieller Freund: Der imaginäre Gefährte. Praxis der Kinderpsychologie und Kinderpsychiatrie, 49, 689–702.

Seiffge-Krenke, I. (2001a). Neuere Ergebnisse der Vaterforschung: Sind Väter notwendig, überflüssig oder sogar schädlich für die Entwicklung ihrer Kinder? Psychotherapeut, 46, 391–397.

Seiffge-Krenke, I. (2001b). »Liebe Kitty, du hast mich gefragt ...«: Phantasiegefährten und reale Freundschaftsbeziehungen im Jugendalter. Praxis der Kinderpsychologie und Kinderpsychiatrie, 1, 1–15.

Seiffge-Krenke, I. (2001c). Die Bedeutung von Phantasieproduktionen für die Psychotherapie bei Kindern und Jugendlichen. Zeitschrift für Analytische Kinder- und Jugendlichenpsychotherapie, 109, 113–130.

Seiffge-Krenke, I. (2002a). Emotionale Kompetenz im Jugendalter: Ressourcen und Gefährdungen. In M. v. Salisch (Hrsg.). Emotionale Kompetenz entwickeln. Grundlagen in Kindheit und Jugend (S. 51–72). Stuttgart: Kohlhammer.

Seiffge-Krenke, I. (2002b). Väter: Überflüssig, notwendig oder sogar schädlich? Psychoanalytische Familientherapie. Zeitschrift für Paar-, Familien- und Sozialtherapie, 11, 19–32.

## Literatur

Seiffge-Krenke, I. (2003). Testing theories of romantic development from adolescence to young adulthood: Evidence of a developmental sequence. International Journal of Behavioral Development, 27, 519–531.
Seiffge-Krenke, I. (2008). Schulstress in Deutschland: Ursachen, Häufigkeiten und internationale Verortung. Praxis der Kinderpsychologie und Kinderpsychiatrie, 57, 3–19.
Seiffge-Krenke, I. (2009). Psychotherapie und Entwicklungspsychologie. Heidelberg: Springer.
Seiffge-Krenke, I. (2010). Erwachsen? Noch lange nicht! Heutige Herausforderungen an chronisch kranke Jugendliche, junge Erwachsene, ihre Eltern und Ärzte. Unveröffentlichter Vortrag, Zürich.
Seiffge-Krenke, I. (2011a). Suche nach sozialer Unterstützung – Veränderungen im Lebenslauf. In M. Tietjens & B. Strauß (Hrsg.). Facetten sozialer Unterstützung (S. 50–71). Sportwissenschaft und Sportpraxis Band 157.
Seiffge-Krenke, I. (2011b). Coping with relationship stressors: A decade review. Journal of Research on Adolescence, 21, 196–210.
Seiffge-Krenke, I. (2012a). Therapieziel Identität: Veränderte Beziehungen, Krankheitsbilder und Therapie. Stuttgart: Klett-Cotta.
Seiffge-Krenke, I. (2012b). Mehr Liebe und weniger Gewalt? Veränderungen von Vaterschaft und ihre Konsequenzen für die Kindesentwicklung und die therapeutische Arbeit. Psychotherapeut, 57, 148–160.
Seiffge-Krenke, I. (2013). Von der Lust, sich auszuprobieren – Mädchen in der Pubertät. In L. Reddemann (Hrsg.). Zeiten des Wandels. Die kreative Kraft der Lebensübergänge (S. 55–69). Freiburg i.Br.: Kreuz-Verlag.
Seiffge-Krenke, I. (2015a). Jungen und Freundschaft. In C. Blomberg & N. Neber (Hrsg.). Männliche Selbstvergewisserung im Sport (S. 61–76). Wiesbaden: Springer Fachmedien.
Seiffge-Krenke, I. (2015b). Identität, Körper und Weiblichkeit in Jugendtagebüchern unter spezieller Berücksichtigung der Tagebücher Karen Horneys. Analytische Kinder- und Jugendlichenpsychotherapie, 165, 29–48.
Seiffge-Krenke, I. (2015c). »Emerging Adulthood«: Forschungsbefunde zu objektiven Markern, Entwicklungsaufgaben und Entwicklungsrisiken. Zeitschrift für Psychiatrie, Psychologie und Psychotherapie, 63, 165–173.
Seiffge-Krenke, I. (2016a). Väter, Männer und kindliche Entwicklung: Ein Lehrbuch für Psychotherapie und Beratung. Heidelberg: Springer.
Seiffge-Krenke, I. (2016b). Männliche Jugendliche: Körper, Identität und Beziehungen. In B. Grimmer et al. (Hrsg.). Psychoandrologie (S. 32–51). Stuttgart: Kohlhammer.

Seiffge-Krenke, I. (2016c). Leaving home: Antecedents, consequences and cultural patterns. In J. J. Arnett (Ed). The Oxford handbook of emerging adulthood (pp. 177–190). New York: Oxford University Press.
Seiffge-Krenke, I. (2016d). Entwicklung von Aggressivität. In O. Bilke-Hentsch & K. Sevecke (Hrsg.). Aggressivität, Impulsivität und Delinquenz (S. 39–43). Stuttgart: Thieme.
Seiffge-Krenke, I. (2017a). Psychoanalyse des Mädchens. Stuttgart: Klett-Cotta.
Seiffge-Krenke, I. (2017b). Studierende als Prototyp der »emerging adults«. Verzögerte Identitätsentwicklung, Entwicklungsdruck und hohe Symptombelastung. Psychotherapeut, 62, 403–410.
Seiffge-Krenke, I. (2018). Bisexuelles Schwanken und homoerotische Bestrebungen bei Mädchen. Kinder- und Jugendlichen-Psychotherapie, 178, 291–312.
Seiffge-Krenke, I. (2019a). Essstörungen: Entwicklungspsychologische und entwicklungspsychopathologische Perspektiven. Kindheit und Entwicklung, 28, 197–209.
Seiffge-Krenke, I. (2019b). Was verursacht Zukunftsstress bei deutschen und immigrierten Jugendlichen und wie gehen beide Gruppen damit um? Praxis der Kinderpsychologie und Kinderpsychiatrie, 68, 606–622.
Seiffge-Krenke, I., Weitkamp, K., Cok, F., Glogowska, K., Pawlopoulos, V., Perchec, C., Rohail, I., & Saravia, J. C. (2019c). Psychopathologie bei Jugendlichen aus sieben Ländern. Welche Bedeutung hat die Kontrolle von Identitätsentwicklung und Familienbeziehungen? Zeitschrift für Kinder- und Jugendpsychiatrie und Psychotherapie, 47, 441–452.
Seiffge-Krenke, I. (in Vorber). Was verursacht Identitätsstress bei Jugendlichen? Eine Untersuchung in 21 Ländern.
Seiffge-Krenke, I. & Burk, W. (2013). »Friends« or »lovers«? Person- and variable-oriented perspectives on dyadic similarity in adolescent romantic relationships. Journal of Personal and Social Psychology 30, 711–733.
Seiffge-Krenke, I. & Escher, F. J. (2015). Die neue Entwicklungsphase des »Emerging Adulthood«: Typische Störungen und Entwicklungsrisiken sowie Ansätze zur Versorgung. In J. Heilmann, A. Eggert- Schmid Noer & U. Pforr (Hrsg.). Neue Störungsbilder – Mythos oder Realität (S. 63–84). Giessen. Psychosozial-Verlag.
Seiffge-Krenke, I. & Escher, F. J. (2018): Was ist noch »normal«? Mütterliches Erziehungsverhalten als Puffer und Risikofaktor für das Auftreten von psychischen Störungen und Identitätsdiffusion. Zeitschrift für Psychosomatik, Medizinische Psychologie und Psychotherapie 64, 128–143.
Seiffge-Krenke, I. & Gelhaar, T. (2006). Entwicklungsregulation im jungen Erwachsenenalter: Zwischen Partnerschaft, Berufseinstieg und der Gründung

eines eigenen Haushalts. Zeitschrift für Entwicklungspsychologie und Pädagogische Psychologie, 38, 18–31.

Seiffge-Krenke, I. & Haid, M.-L. (2012). Identity development in German emerging adults: Not an easy task. In S. J. Schwartz (Ed.), Identity around the world. New Directions for Child and Adolescent Development, 138, 35–59.

Seiffge-Krenke, I. & Irmer, J. von (2004): Wie erleben Väter Familienbeziehungen während der turbulenten Zeit der Adoleszenz ihrer Kinder? Zeitschrift für Familienforschung 15, 144–156.

Seiffge-Krenke, I. & Kirsch, H. (2002). The body in adolescent diaries – The case of Karen Horney. The Psychoanalytic Study of the Child, 57, 400–410.

Seiffge-Krenke, I., Persike, M. & Shulman, S. (2015). Gendered pathways to romantic attachment in emerging adults: The role of earlier body image and parental support. European Journal of Developmental Psychology, 12, 533–548.

Seiffge-Krenke, I. & Petermann, F. (2015). Kinder und Jugendliche als Täter und Opfer. In U. Egle, P. Joraschky, S. A. Lampe, I. Seiffge-Krenke & M. Cierpka (Hrsg.): Sexueller Missbrauch, Misshandlung, Vernachlässigung (S. 264–281). Stuttgart: Schattauer.

Seiffge-Krenke, I. & Schneider, N. (2012). Familie – nein danke?! Familienglück zwischen neuen Freiheiten und alten Pflichten. Göttingen: Vandenhoeck & Ruprecht.

Seiffge-Krenke, I. & Shulman, S. (2012). Transformation in heterosexual romantic relationships across the transition into adolescence. In B. Laursen & W. A. Collins (eds.). Relationship pathways. From adolescence to young adulthood (pp. 191–214). Los Angeles/London/New Delhi/Singapore: Sage.

Seiffge-Krenke, I. & Seiffge, J. M. (2005). »Boys play sport ...?« Die Bedeutung von Freundschaftsbeziehungen für männliche Jugendliche. In V. King & K. Flaake (Hrsg.). Männliche Adoleszenz (S. 267–285). Frankfurt am Main, New York: Campus Verlag.

Seiffge-Krenke, I., & Beyers, W. (2016). Hatte Erikson doch recht? Identität, Bindung und Intimität bei Paaren im jungen Erwachsenenalter. Psychotherapeut, 61, 16–22.

Seiffge-Krenke, I., Dietrich, H., Adler-Corman, P., Timmermann, H., Ratgeber, M., Winter, S. & Röpke, C. (2014). Die Konfliktachse der OPD-KJ-2: Ein Fallbuch für die klinische Arbeit. Göttingen: Vandenhoeck & Ruprecht.

Seiffge-Krenke, I., Kiuru, N. & Nurmi, J.-E. (2009). Adolescents as »producers of their own development«: Correlates and consequences of the importance and attainment of developmental tasks. European Journal of Developmental Psychology 7, 479–510.

Seiffge-Krenke, I., Bosma, H., Chau, C., Cok, F., Gillespie, C., Loncaric, D., Molinar, R., Cunha, M., Veisson, M. & Rohail, I. (2010). All they need is love? Placing romantic stress in the context of other stressors: A 17-nation study. International Journal of Behavioral Development, 34, 106–112.

Seiffge-Krenke, I., Persike, M., Chau, C., Hendry, L. B., Kloepp, M., Terzini-Hollar, M., Tam, V., Rodriguez Naranjo, C., Herrera, D., Menna, P., Rohail, I., Veisson, M., Hoareau, E., Luwe, M., Loncaric, D., Hyeyoun, H. & Regusch, L. (2012). Differences in agency? How adolescents from 18 countries perceive and cope with their futures. International Journal of Behavioral Development, 36, 258–270. doi: 10.1177/0165025412444643.

Serra, M. (2014). Die Liegenden. Zürich: Diogenes.

Shell-Studie (2015). 17. Jugendstudie. Frankfurt: Fischer.

Shulman, S. & Seiffge-Krenke, I. (1997/2016). Fathers and adolescents. Developmental and clinical perspectives. London, New York: Routledge.

Shulman, S., Seiffge-Krenke I. & Walsh, S. D (2017). Is sexual activity during adolescence good for future romantic relationships? Journal of Youth and Adolescence, 46, 1867–1877.

Shulman, S., Seiffge-Krenke, I., Scharf, M., Lev-Ari, L. & Lev, G. (2017a). Adolescent depressive Symptoms and breakup distress during early emerging adulthood: Associations with the quality of romantic interactions. Emerging Adulthood, 1–8.

Shulman, S., Seiffge-Krenke, I., Scharf, M., Boingiu, S. B, & Tregubenko, V. (2017b). The diversity of romantic pathways during emerging adulthood and their developmental antecedents. International Journal of Behavioral Development, 26, 1–8.

Sidor, A., Knebel, A. & Seiffge-Krenke, I. (2006). Ich-Entwicklung und frühere Partnerschaftserfahrungen als Determinanten des Intimitätsstatus. Zeitschrift für Soziologie der Erziehung und Sozialisation, 26, 295–310.

Soff, M. (1989). Jugend im Tagebuch. Weinheim: Juventa.

Spiel, C., Lüftenegger, M. & Schober. B. (2019). Das Jugendalter – Herausforderungen für die Schule. In B. Gniewosz & P. Titzmann (Hrsg.). Handbuch Jugend (S. 89–105). Stuttgart: Kohlhammer.

Stakelbeck, F. (2017). Ausgeschlagenes Erbe. Der vollständige Ödipuskomplex und das Homosexualitätstabu. Forum Psychoanalyse, 33, 1–18.

Statistisches Bundesamt (2012). Mikrozensus verschiedener Jahrgänge. Fachserie 1. Wiesbaden: Statistisches Bundesamt.

Steinberg, L. (2017). Adolescence. Eleventh edition. New York: McGraw-Hill.

Stern, D. (1985). The interpersonal world of the infant. New York: Basic Books (dt. (1994): Die Lebenserfahrung des Säuglings. Stuttgart: Klett-Cotta).

Stern, S. R. (2004). Expressions of identity online: Prominent features and gender differences in adolescents' world wide web home pages. Journal of Broadcasting & Electronic Media, 48, 218–243.

Stoiber, M. & Schäfer, M. (2013). »Gewalt ist keine Lösung, aber eine coole Alternative«. Was Täter bei Bullying so erfolgreich macht. Praxis der Kinderpsychologie und Kinderpsychiatrie, 623, 197–213.

Thrun, R. (2017). Jugendliche Identitäten im Veganismus. Psychosozial, 150, 115–135.

Voigt, M. (2015). Mädchenfreundschaften unter dem Einfluss von Social Media. Eine soziolinguistische Untersuchung. Frankfurt a. M.: Peter Lang.

Von Irmer, J. & Seiffge-Krenke, I. (2008). Der Einfluss des Familienklimas und der Bindungsrepräsentation auf den Auszug aus dem Elternhaus. Zeitschrift für Entwicklungspsychologie und Pädagogische Psychologie, 40, 69–78.

Von Salisch, M. & Seiffge-Krenke, I. (2008). Entwicklung von Freundschaften und romantischen Beziehungen. In R. K. Silbereisen & M. Hasselhorn (Hrsg). Enzyklopädie der Psychologie, Band 5: Entwicklungspsychologie des Jugendalters (S. 421–459). Göttingen: Hogrefe.

Waterman, A. S. (1999). Identity, the identity statuses, and identity status development: A contemporary statement. Developmental Review, 19, 591–621. doi:10.1006/drev.1999.0493.

Wendt, V. (2019). Die Jugendlichen und ihr Umgang mit Sexualität, Liebe und Partnerschaft. Stuttgart: Kohlhammer.

Winnicott, D. W. (1965). The maturational processes and the facilitating environment. New York: International University Press. (Dt. (1974/2002): Reifungsprozesse und fördernde Umwelt. Giessen: Psychosozial Verlag).

Winnicott, D. W. (1971). Playing and reality. London: Tavistock. (Dt. (1997): Vom Spiel zur Kreativität. Stuttgart: Klett).

Wolak, J., Mitchell, K. J. & Finkelhor, D. (2003). Escaping or connecting? Characteristics of youth who form close online relationships. Journal of Adolescence, 26, 105–119.

Wulf, A. (2016). Alexander von Humboldt und die Erfindung der Natur. Gütersloh: Bertelsmann.

Zeller, N. (2017). Zeitalter der Narzissten. Süddeutsche Zeitung, 20.5., S. 17.

Ziehe, T. (1975). Pubertät und Narzissmus. Frankfurt: DVA.

Zinnecker, J., Behnken, I., Machke, S. & Stecker, L. (2002). Null zoff und voll busy. Die erste Jugendgeneration des neuen Jahrhunderts. Opladen: Leske & Budrich.

Zorn, F. (1979). Mars. Frankfurt am Main: Fischer.